Berlin im »Querschnitt«

BERLIN IM »QUERSCHNITT«

Herausgegeben von
Rolf-Peter Baacke

Quadriga

Der Quadriga Verlag ist ein Unternehmen der
Econ Ullstein List Verlag GmbH & Co. KG

Lektorat: Melanie Ottenbreit, Berlin
Umschlaggestaltung: Büro Jorge Schmidt
Unter Verwendung eines Fotos vom Ullstein Bilderdienst
(Conrad Veidt mit Frau und Emil Jannings, 1927)
Satz und Lithos: LVD GmbH, Berlin
Gesetzt aus der Corinthian
Druck und Bindung: Spiegel Buch GmbH, Ulm

Printed in Germany 2001
3-88679-356-7

INHALT

»QUERSCHNITT«, KONTRASTE UND SENSATIONEN UNZULÄNGLICHER ALLTÄGLICHKEIT

»Es gibt viele Durchschnitte,
aber nur einen Querschnitt.«
Q 25/5/2

Industriezivilisation kennzeichnet die Städte am Anfang unseres Jahrhunderts. Hier im Umfeld der höchsten Konzentration der Geldwirtschaft manifestierte sich in konkurrierender, zugleich sich bedingender und oft unerwarteter Weise Kultur – Kultur bestimmt von internationalen Metropolen.

In vital unerschöpflich erscheinenden Produktionen wurden hier in den zehner, zwanziger, bis Anfang der dreißiger Jahre Kunst und »Ismen« sowie neue Kulturunternehmungen wie Film und Rundfunk simultan erfunden, erdacht und verwirklicht. Auto, Futurismus, Telephon, Expressionismus, Grammophon, Kubismus, Diktaphon, »Die Kunst ist tot, es lebe Dada«, Kino, »Hier kommt die ›Neue Sachlichkeit‹« sind nur einige Orientierungsmarken, die auch in der noch jungen Weimarer Republik und ihrer Metropole Berlin wirkten.

Das seinerzeit produzierte, intellektuell geprägte Kulturmaterial ist nicht nur Grundlage der Jahrzehnte nach 1945, sondern Fundament von Kunst und Kultur heute, gewissermaßen die Substruktur des Kulturverständnisses des zwanzigsten Jahrhunderts überhaupt.

Neben Paris und New York gehörte Berlin zwischen 1910 und 1930 zu den Zentren, in denen die Eigenart dieser internationalen Großstadtkultur forciert und genuin gelebt wurde. Berlin als jüngste Weltstadt Europas mit ihrer vielschichtigen, unverbrauchten Energie nutzte alle Mittel – Architektur, Ballett, Film, Malerei, Sport, Revue, Plastik, Mode, Literatur, Theater, Rundfunk, Musik – um in unvergleichlichem Rhythmus ihrer Befindlichkeit und ihren Überlegungen den adäquaten, zeitgemäßen Ausdruck zu geben.

Die heterogene, sich vielfach überlagernde Reizstruktur der internationalen Großstädte setzte einen neuen Typus Mensch, den Großstädter, frei. »Die psychologische Grundlage in der der Typus großstädtischer Individualität sich erhebt, ist die Steigerung des Nervenlebens, die aus dem raschen und ununterbrochenen Wechsel äußerer und innerer Eindrücke hervorgeht. (...) Es gibt vielleicht keine seelische Erscheinung, die so unbedingt der Großstadt vorbehalten wäre, wie die Blasiertheit. Sie ist zunächst die Folge jener rasch wechselnden und in ihren Gegensätzen eng zusammengedrängten Nervenreize, aus denen uns auch die

Steigerung der großstädtischen Intellektualität hervorzugehen schien ...« Dies erkannte der auf der Höhe seiner Zeit reflektierende Theoretiker Georg Simmel in seiner Untersuchung »Großtädte und das Geistesleben« schon 1903.

Blasiertheit und schlagfertige Verbalität als Präservativ gegen die Vergewaltigungen der großen Stadt, extraordinäre Aktivität und Snob-Appeal als Ausdruck und Reflex sind Überlebensstrategie und Widersatz der Individuen in den Metropolen – in rasender Schnelligkeit umgesetzt in Wort, Bild und Tat. Jede Möglichkeit, jedes Mittel, das dieses Lebensgefühl beschleunigt, wird auf Tauglichkeit hin erprobt und nach erfolgreichem Einsatz morgen schon vergessen.

In schier unglaublicher Vielzahl gab es *Presse* in dieser Zeit. Neben den Tageszeitungen, Morgenblättern, Abendblättern, Extrablättern, Wochen- und Monatsschriften mit diversen ideologischen Absichten und Richtungen auch die sich neu etablierenden Rundschauen.

Die Weltstadtkultur – die Weltkunst – und ihr Umfeld waren editorischer Anlaß für eine Presseunternehmung ganz besonderer Art, so neu wie ihre Zeit selbst, durch den sie den authentischen Querschnitt legte. Nicht einfach eine Rundschau, sondern das definitive Magazin als »Enzyklopädie zum Abbruch der bürgerlichen Ideologie«, wie Carl Sternheim es ernst-ironisch forderte. In der Tat ist der »Querschnitt« das Magazin, in dem das Lebensgefühl einer ganzen Epoche, ihr Kulturimpetus, am intensivsten und tatsächlichsten in die Welt getragen wurde.

Das Topmagazin der Metropole Berlin während der Weimarer Republik war zweifellos der von Alfred Flechtheim begründete »Querschnitt«, das »Magazin der aktuellen Ewigkeitswerte«, wie es der virtuose Herausgeber Hermann von Wedderkop seinerzeit selbst betitelte.

Diese unwiederbringliche Gesellschaft fand sich nicht nur auf den Seiten des »Querschnitt« wieder, sie war der kulturell bestimmende Teil dieser Stadt, des Universums »Stadtwelt Berlin«, und gab sich bei den Festen jener Zeit ein permanentes Stelldichein. Der Initiator des »Querschnitt«, Alfred Flechtheim, und sein genial charmanter Herausgeber, Hermann von Wedderkop, der permanent mehr als zwei Hände am Puls seiner Zeit hielt, waren oft, nicht nur in ihrem Magazin, Gastgeber ihrer Epoche. Zu einer der vielsagenden nächtlichen Veranstaltungen, dem »Kabarett der Unbegabten« (Q 28/1/53), marginalisierte Augusta von Oertzen in der entsprechenden Rubrik: »Querschnitt hier, Querschnitt da, Gesellschaft, Politik, Wissenschaft, Kunst, Sport, alles quergeschnitten, nach dem berühmten Rezept, Kontrastwirkung, Gegenüberstellung!«

Eine einschlägige Enzyklopädie aus dieser Zeit definierte: »Der Querschnitt soll neben der äußeren Umrißform die innere Beschaffenheit des geschnittenen Körpers (in bezug auf den ›Querschnitt‹ ist der kontrastreiche Kulturkorpus anzunehmen, Anm. d. Hg.) kenntlich machen.« Nach dieser Maxime wurden die Themen des Magazins gewählt: vor allem neueste Kunst, von der alten das Bleibende, das aktuell Ewige, Sport – und hier insbesondere Boxen und Autorennen – waren in immer neuen Varianten Thema von Text- und Bildbeiträgen. Neuer Tanz, Ballett und Revuen sowie Architektur, Gastronomie und Musik, Theater, Rundfunk und Film wurden vorgestellt und diskutiert, kritisiert, ironisiert, in einen für unmöglich erachteten Himmel gelobt oder vielsagend stillschweigend übergangen. Hier wurde Werbung in ihrer aktuellsten Typographie veröffentlicht. Typographie und Layout dieser ersten Hochzeit der Werbung verblüffen noch heute durch ihre vielgesichtige Vitalität und die Klarheit ihrer Konzepte.

In bis dahin unbekannter Fülle wurden Photographien, Kunstreproduktionen und Zeichnungen haarscharf kalkuliert in die Texte eingestreut oder als »Photostrecke« opulent in die einzelnen Hefte »eingeschossen«. Mit dieser »Technik des Erregens« stand der »Querschnitt« beispiellos, ja geradezu konkurrenzlos da. Dieses Konzept war sein Erfolg. Anläßlich des internationalen Weltreklamekongresses 1929 in Berlin stellte der Ullstein Verlag in einer dreisprachigen Publikation (deutsch, englisch, französisch) dieses changierende Magazin der Hautevolee vor: »Im *Querschnitt* pulsiert das geistige und künstlerische Schaffen modernen Lebens. Hier ist kein Platz für billige Sensationen; hier wird nicht einseitig einer bestimmten Tendenz das Wort gesprochen. Das Motto des *Querschnitt* lautet: für alles Freie, Sprühende, Lebendige, für alles Gegenwärtige und Zukünftige. – Gegen alles Muffige, Großväterliche, Zünftige, Kleinliche, Spießige! – Kein Wunder, daß eine Zeitschrift mit einem derartigen Programm ein besonders aufnahmefähiges, für neue Dinge empfängliches Publikum sein eigen nennt. Die Gemeinde des *Querschnitt* setzt sich aus jenen Schichten zusammen, die – selbst Träger einer modernen Lebenskultur – mehr als andere durch geschmackvolle Inserate zum Kauf angeregt werden können.«

Das Besondere des Erscheinungsbildes des »Querschnitt« war nicht nur die von internationalen Künstlern gestaltete Titelseite, sondern vor allem das sensationelle Layout im Heft. Das, was die »Technik des Erregens« ausmachte, war die heterogene Text-Bild-Montage, die in den Textfluß unerwartet Abbildungen und Werbung setzte, um einerseits aus der Kontrastwirkung solcher Gegenüberstellungen eine neue Wahrnehmung zu provozieren oder andererseits die Inhalte zu verstärken, beziehungsweise ironisch zu überhöhen. Man produzierte exakt gegen die *nur* die Texte illustrierenden gewöhnlichen und alltäglichen »Blätter«. Die Simultanität der Zeitereignisse sollte im »Querschnitt« ihr Gesicht bekommen.

Der gleichwertige Einsatz von Text und Bild ergab als Symbiose die neue Querschnitt-Qualität.

Vergleichbares versuchten Carl Einstein und Paul Westheim mit ihrem »Europa Almanach« 1925, der sich – der Name war Programm – auf die neueste europäische Kunst konzentrierte. Zu dieser Publikation veröffentlichte der »Querschnitt« in seinem typischen blasierten Ton: »... ein Durchschnittsversuch durch das, was ist. Es gibt viele Durchschnitte, aber nur einen Querschnitt.« (Q 25/5/2)

Alfred Flechtheim selbst nutzte die auf Verfremdung und Überraschung basierende Layout-Strategie *seines* »Querschnitt« nochmals in konzentrierter Weise 1931 und 1932 in dem von seiner Galerie als Zeitschrift und Jahrbuch edierten »Omnibus« – heute in kleinem Kreisen als erstrangige Quelle der Kunst, Architektur etc. und insbesondere des Kunsthandels jener Jahre hoch geschätzt. Hier engagierte sich Flechtheim radikal und nachdrücklich für die neuesten Strömungen der »Weltkunst«. Wie die Geschichte zeigt, blieb dieser Einsatz über Jahre hin ungehört.

Die Politik wurde nur in allgemeinen Tendenzen reflektiert und mit intelligent-distanzierter Ironie vorgestellt, was dem Stammpublikum des »Querschnitt« links und rechts vom Kurfürstendamm offensichtlich ins Weltkonzept paßte. Tagespolitische Themen, die die Weimarer Republik betrafen, fanden hier keinen Raum. Um so merkwürdiger erscheint gegen Ende der zwanziger Jahre die ambivalente Haltung des Herausgebers Hermann von Wedderkop zum italienischen Faschismus und seine indifferente Wahrnehmung Mussolinis – in dieser Dimension eine Ausnahme im Magazin, auch wenn sich zum Ende der zwanziger Jahre ein deutlicher Zuwachs im Bereich der allgemeinen politischen Themen erkennen läßt.

Dieses Magazin, dem es epocheumspannend gelang, liberale auf- und abgeklärte Aufsätze, Berichte und Glossen über alle erdenklichen Themen, Kurzcharakteristiken von Begebenheiten, Büchern, Grammophonplatten und Erzeugnissen der Publizistik selbst, daneben in ausgewähltem Umfange Dichtungen, Illustrationen, Kunstbeigaben und Photographien im extravaganten Neben- und Nacheinander überzeugend zu veröffentlichen, wurde von seinem Begründer, dem großartigen Kunsthändler Alfred Flechtheim kreiert. Seine Wurzeln sind in den seit 1913 unperiodisch erscheinenden Katalogen der Kunstgalerie Flechtheim in Düsseldorf zu sehen, die sich absichtsvoll und kämpferisch in Wort und Bild für die neuesten Tendenzen der Kunst im allgemeinen und für die ausgestellte Kunst bei Flechtheim im besonderen engagierten. Nach dem Krieg nahm das Interesse an Kultur und Kunst – besonders in der jungen Republik nach der Novemberrevolution – rasch zu, und die Kataloge von Flechtheim, jetzt umfänglicher an Seiten und Themen, wurden nun »Marginalien der Galerie Flechtheim« genannt. Sie erschienen auch als »Querschnitt-Jahrbuch« 1921 und 1922 festgebunden in einer limitierten Auflage mit einer Kunstbeilage.

Ottomar Starke, der Namensgeber des Magazins, erinnert sich 1956 in »Was mein Leben anlangt«: »Unter dem Stichwort ›Querschnitt‹ ließ sich praktisch alles unterbringen, allerdings wollten wir uns auf das Neueste beschränken. Flechtheim war ein großer Sportfanatiker, aus diesem Gebiet strömten ihm sofort hundert Themen zu ... Die große Gesellschaft sollte einbezogen werden, ein reiches, witzig zusammengestelltes Bildmaterial, frappierende Gegenüberstellungen, satirische Graphik. Aus Bleis (Franz Blei, der geniale Förderer von Literatur und unerschöpfliche Herausgeber diverser Periodika ist hier gemeint; Anm. d. Hg.) ›Summa‹ übernahmen wir die dem Hauptteil anzugliedernden Marginalien, die ein polemischer Anhang sein sollten ...«

Flechtheim hatte 1921 und 1922 nacheinander Niederlassungen seiner Stammgalerie Düsseldorf in Berlin, Frankfurt und Köln eröffnet.

Die neuen französischen Bilder, die nach dem Kriege nach Deutschland kamen, eröffneten Flechtheim eine neue, radikal dem Expressionismus abgewandte Kulturorientierung, die sich vehement auch im »Querschnitt« widerspiegelte.

In seinem Rückblick »Zehn Jahre Kunsthändler« notierte Alfred Flechtheim: »Der Querschnitt, die Marginalien der Galerie Flechtheim (...) lösten meine Ausstellungskataloge, die ich denen Felix Fénéons nachgebildet hatte, ab.« Natürlich war dem Kunsthändler, nicht nur aus profan werblichen Gründen, der »Querschnitt« wichtig, aber mit dem zunehmenden Erfolg war auch seine nicht nur zeitliche und finanzielle Anspannung für das Magazin so enorm, daß andere Möglichkeiten zu dessen Realisierung erwogen werden mußten. Flechtheim berichtet weiter: »Eines Tages aber kam Albert Dreyfuß aus Frankfurt mit seinem Bruder Willy, dem Bankier, und Heinz Tiedemann, dem Buchhändler, zu mir und machten aus all diesen Sachen (gemeint sind hier die ›Kunsteditionen‹, seine Verlagserzeugnisse und der ›Querschnitt‹; Anm. d. Hg.) die Querschnitt-Aktiengesellschaft, setzten Hermann von Wedderkop in meine Zeitschrift und mich kalt. Das war mein vierter Kunsthändlererfolg.«

Ein *Nachbar* des »Querschnitt« kolportierte die weltoffene Einmaligkeit dieses Magazins. In der »Weltbühne« vom Mai 1922 findet man folgendes Kompliment: »Dieser Querschnitt ist unmöglich! Da gibt es zwischen ernsthaften Aufsätzen von Meier-Graefe, Friedlaender, Gropius, ... Fragen moderner und alter Kunst plötzlich ein unanständiges Gedicht von Ringelnatz und eine Schilderung des Boxkampfes zwischen Carpentier und Dempsey; und zwischen den neuesten Bildern von Picasso, Matisse, Derain, Fiori, Großmann, Hofer, Photographien berühmter

Boxer. Neben einem rührenden Bild des gicht-verkrüppelten Renoir ein ebenso rührendes aus einem Chaplin-Film.«

Auch mit dem kongenialen und erfolgreichen Kulturpublizisten Hermann von Wedderkop, der selbst zu den Spitzen seines Querschnitt-Publikums gehörte und Überragendes, »Spitzenmäßiges« in seiner Rundschau veröffentlichte, gab es – trotz der Aktiengesellschaft »Querschnitt« – finanzielle Probleme, die sich natürlich unter anderem aus dem weltweiten Mitarbeiterstab ergaben. Diese Mitarbeiter und Informanten, Zuträger, Künstler und Photographen von »Querschnitt-Originalität«, waren auf Dauer ein äußerst kostspieliges Unterfangen für die »Permanenz der ewiglichen Aktualität«, nach der die Redaktion des »Querschnitt« und sein Publikum immer schielte.

»Schließlich«, so erzählt Hermann Ullstein, »brachte Flechtheim im Jahre 1924 seine Zeitschrift zu uns und bat uns, daß wir uns seines Lieblingskindes annähmen. ›Päppeln Sie es hoch, ziehen Sie es auf‹, sagte er, ›ich habe andere Dinge zu tun‹, wenn es danach ginge, so konnten wir freilich von uns selbst das gleiche sagen, aber es freute uns, neben allen unseren populären Massenblättern auch solche seltene Kostbarkeit bringen zu können.«

Und in der Tat, mit dem »Ullsteinschen-Apparat« ließ sich die Auflage steigern, und damit war es wohl für dieses Unternehmen keine allzu große Zeitverschwendung, vom finanziellen Aspekt und dem werbewirksamen Renommee einmal freundlich abgesehen.

In seinem Werk »Zeitungsstadt Berlin« vermerkt Peter de Mendelsohn: »Unter seinem Gründer hatte der Querschnitt eine Auflage von nur wenigen tausend Exemplaren. Mit seinem Übergang in das Haus Ullstein stieg die Auflage, ohne daß seine Eigenart sich spürbar veränderte, langsam, aber stetig. Nach zwei Jahren waren bereits 13 000 erreicht; zu Beginn des Jahres 1930 waren die 20 000 überschritten; im April 1931 erreichte der Querschnitt mit einer Auflage von 25 000 seinen höchsten Stand. Nimmt man an, daß jedes Exemplar im Durchschritt 5 Leser hatte, was kaum zu hoch gegriffen ist, so wurde die Zeitschrift in ihrer Blütezeit von nicht mehr als 125 000 Menschen gelesen.« Quantitativ war das für Ullsteins Begriffe in der Tat eine unwesentliche Auflagenhöhe. »Aber der Einfluß«, so berichtet Peter de Mendelsohn weiter »den die Zeitschrift ausübte, reichte weit über seine Leser hinaus. Er machte sich im Geschmack und Lebensstil, in der geistigen Haltung auch der Menschen spürbar, die den ›Querschnitt‹ nie gesehen hatten und kaum wußten, daß es ihn gab.«

Die überregionale wie internationale Einflußsphäre des »Querschnitt« läßt sich mit statistischem Material kaum verifizieren. Konzeptuelles und zugleich einen

Zwischenstand entnehmen wir der programmatischen Schrift »Der Siegeszug des Querschnitt« (Q 24/1/90), die Hermann von Wedderkop verfaßte: »Tatsächlich wird heute der Querschnitt nicht nur in Deutschland, sondern ebenso in Wien, Prag, Moskau, Paris, in der Schweiz, Holland und in den skandinavischen Ländern gelesen, und selbst in dem zeitschriftenüberfütterten und äußerst verwöhnten Amerika hat sein Erscheinen in den Kreisen, die mit europäischem Leben und europäischer Kultur Fühlung haben, Sensation hervorgerufen.« Nach diesem siegesgewissen Resümee wird die publizistische Idee, das Konzept des »Q-Magazin« auf das deutlichste vorgestellt: »Spezialität des ›Querschnitt‹ ist sein *reiches Abbildungsmaterial.* Neben regelmäßigen Illustrationen aus dem Gebiet der *alten* und *neuen Kunst* bringen wir ein *reiches und aktuelles Material,* das *die Zeit und ihren augenblicklichen Gehalt schlagend illustriert.«*

Zum festen Bestandteil des »Querschnitt« gehörten auch Kurzvorstellungen von Büchern – damals noch herausragende internationale Medien- und Kulturträger. »Ein ausgedehnter *Bücherquerschnitt,* der nicht nur zu den neuesten und prägnantesten Erscheinungen auf dem deutschen Büchermarkt, sondern insbesondere auch zu den *ausländischen,* vor allem der *amerikanischen, russischen, französischen Lit*eratur, kurz nach Gehalt und Inhalt Stellung nimmt, ist jeder Nummer beigefügt. Das *Nichtsalonfähige* erscheint in den ›Marginalien‹, die nicht, wie manche Leser meinen, Hauptsache, aber mit ebensoviel Liebe wie wachsamen Auges zusammengestellt sind.«

Zur Reichweite der Themen und Absicht des »Querschnitt« formuliert Wedderkop die folgenden Prämissen: »Für kein Thema, sei es noch so bedeutend oder unbedeutend, ist an sich der Querschnitt verschlossen. Voraussetzung ist lediglich die Stärke seiner Beziehung zur heutigen Zeit. (…) Wir haben nur *eine Tendenz,* die *der Lebendigkeit,* indem wir davon ausgehen, das zu betonen, was andere bequem zu unterschlagen geneigt sind, daß diese Zeit ihr eigenes Gesicht hat …

(…) Der Leser des Querschnitt erhält somit ein Organ, das ihn, wie kein anderes zur Zeit über Kunst, Leben, Wissenschaft, Musik auf dem laufenden halten wird, *ohne ihn anzustrengen oder zu ermüden.«*

Realisiert wurde dieses »Bevorratungsunternehmen«, dieses gut sortierte Magazin, von dem sich auch noch nach Jahrzehnten vielerlei Interessenten inspirieren ließen und die aus dieser authentischen Quelle schöpften, von einer fast unüberschaubaren Zahl von Mitarbeitern; Publizisten, Künstler, Sportler, Photographen, Zeichner, Regisseure, Rennfahrer, Mannequins, Architekten, Wissenschaftler, Literaten, Droschkenfahrerinnen kamen ebenso zu Wort wie Tänzer oder Boxer.

Hier seien aus allen Bereichen, stellvertretend für die vielen, einige Namen in guter Querschnitt-Manier willkürlich kalkuliert genannt: natürlich die Initiatoren Alfred Flechtheim, Hermann von Wedderkop und Ottomar Starke; sodann Blei, Einstein, Großmann, Benn, Huelsenbeck, Gorki, Wolfskehl, Gert, Poelzig, Majakowski, Jacobsohn, Quinz, Tucholsky, Tzara, Valéry, Braque, Belling, Chagall, D'-Annunzio, Larbaud, Ehrenburg, De Chirico, Cocteau, France, Breitensträter, Joyce, Goll, Neiße, Gide, Léger, Brecht, Lasker-Schüler, Picasso, der »Zöllner«, Apollinaire, Laszlo Moholy-Nagy, Reinhardt, Dempsey, Sternheim, Hemingway, Gómez de la Serna, Stein, Hausenstein, Kuh, Kästner ... – Es ist ein unmögliches Unterfangen, aus allen Bereichen, zu allen Themen, auch nur andeutungsweise eine repräsentative Auswahl an Namen zu nennen, die in ihrer Vielzahl die Spitzenstellung der Publikation »Querschnitt« ermöglichten.

Wilmont Haacke, der Altmeister unter den Zeitungswissenschaftlern und selbst Mitarbeiter des »Querschnitt« in seiner letzten, von den Nationalsozialisten schon arg bedrängten Periode, formulierte Gültiges 1987 anläßlich der ersten großen Alfred-Flechtheim-Ausstellung in Düsseldorf: »Es kam nichts Neues von Rang und nichts Altes von überzeitlicher Bedeutung auf die Märkte von Kunst und Kultur der zwanziger Jahre, das der ›Querschnitt‹ nicht aufgegriffen oder aber strikt abgelehnt oder absichtlich (sozusagen ›aus gutem Grund ist Juno rund‹) übersehen hätte. Die Qualität einer Schöpfung entschied darüber, ob sie im ›Querschnitt‹ registriert, gar gefeiert, bespöttelt oder glatt verschwiegen wurde.«

Der ruhmlose Schluß dieser für Deutschland auch heute noch so einmaligen Rundschau ist schnell erzählt. Von 1929 –1933 hatte Victor Wittner, der zuvor schon Mitarbeiter des »Querschnitt« war, die Verantwortung der Herausgeberschaft übernommen, zeitweilig auch Ottomar Starke. Der »Querschnitt« wechselte den Verlag, war kurzfristig im damaligen Kurt Wolff Verlag Berlin untergekommen, und versuchte sich in Anpassung, aber genau das war nie sein Konzept. Esprit, Satire, Niveau und Weltsicht lag nicht in der propagandistischen Absicht des Machtgefüges 1933. Einmal noch, im eigens gegründeten Heinrich Jenne Verlag Berlin unter dem Herausgeber E. F von Gordon, der sich unter diesen Umständen redlich bemühte, *anständig* zu »querschnitten«, flackerte der »Querschnitt« im Jahr der internationalen Olympiade 1936 in Berlin auf. Dies war berechnendes Kalkül der Propagandisten der nationalsozialistischen Machthaber. Das Septemberheft 1936 war der letzte verkaufte »Querschnitt«. Das Magazin wurde offiziell verboten, die ausgedruckte Oktobernummer, ein England-Themen-Heft, kam nicht mehr zur Auslieferung und gehört heute zu den Raritäten.

Der Verbotsanlaß ist nur bei flüchtigem Hinblicken banal und bei direkter Inaugenscheinnahme geradezu katastrophal erschreckend. Goebbels und seine Gefolgsleute fürchteten sich vor einem (satirischen) Fremdwörterbuch, in dem unter anderem mitgeteilt wurde:

»*Absurd* ... wenn einer auf bessere Zeiten hofft
Charakter ... ein Hindernis in der Karriere
Erotik ... ein beliebtes Gesellschaftsspiel zu zweien
Journalismus ... Seiltanz zwischen den Zeilen
Kapital ... ein mythologischer Ausdruck für eine schöne Sache
Makulatur ... die öffentliche Meinung von gestern
Statistik ... Mädchen für alles
Zivilisation ... der Beweis, daß ein Stück Seife wichtiger ist, als die Vernunft.« (Q 36/9/555)

Daß der »Querschnitt« ein weltstädtisches Phänomen war, wurde mehrfach betont. Seine originäre Aussagekraft verdankte er der Vehemenz und der Dynamik der großartigen Metropole der Weimarer Republik, der jüngsten Weltstadt Europas, Berlin. In vielen Beiträgen und Photos ist Berlin Gegenstand von sowohl ernsthaften als auch kritischen und ironischen Wort- und Bildreflektionen. Eine Auswahl zum Thema Berlin aus den »Querschnitten« der Jahrgänge 1921–1933 ist hier zusammengestellt worden. Beiträge von *produktiver* Blasiertheit spiegeln das *eitle* Lebensgefühl dieser Metropole im ersten Drittel des 20. Jahrhunderts in authentischer Weise wider. Der »Internationale Jargon« ist natürliches Ausdrucksmittel seiner Zeit und gepflegtes Stilmittel der »Querschnitt«-Mitarbeiter. In feiner »Querschnittsqualität« wurden die einzelnen Beiträge und Abbildungen kreuz und quer durch die Jahrgänge ausgewählt und markant hintereinander montiert, gleichsam als Versuch, ein »Querschnitt«-Themen-Heft mit dem Haupttitel »Berlin« zu veranstalten. Es ist etwas umfangreich geraten, man möge es mir nachsehen, es ist meine Referenz an ein Magazin, an ein Berlin, das mir »quergeschnitten« in seiner Zeit mächtig imponiert, denn ich schiele begeistert auf die »ewigliche Aktualität«.

Zum besseren Auffinden an ihrem ursprünglichen Orte, hat jeder Text am Ende einen Nachweis: **Q** = für »Querschnitt«, in der Futura, dem typographischen Erkennungszeichen des Magazins, dann folgt das Jahr/die Heftnummer/und die Seitenzahl. Die Abbildungen wurden nicht nachgewiesen, sie sind nicht im akademischen Sinne benutzt worden, sondern stehen hier beispielhaft für das (Gestaltungs-) Konzept des »Querschnitt« und wurden in den Ablauf von »Berlin im ›Querschnitt‹« mit luzider Absicht eingestreut.

Berlin, April 2001 Rolf-Peter Baacke

EINDRÜCKE AUS DEM BERLINER ZOO

Rudolf Großmann

Das im Frühsommer angekommene Menschenaffenpaar, die beiden Orangs im Berliner Zoo, sollen schwindsüchtig geworden sein. Die beiden rötlich behaarten Gesellen verdienen unsere ganze Sympathie und, falls sie eingehen, einen Nekrolog. Sie kamen kürzlich aus dem Schlafwagen von weither mit urwaldscheuem Gesicht, das den Affekt des Gefangennahmeerlebnisses und der plötzlichen Versetzung in das zivilisierte Europa widerspiegelte.

Im Vergleich zu den älteren teils im Zoo geborenen Insassen: dem alten Orang Besseck, der Schimpansin Titine, die sich schon ganz zivilisatorisch uns angepaßt, und deren Triebleben automatisch abkurbelt, konstatierte ich bei diesen beiden Ausdrucksbewegung, wie ich sie mal bei einer neu in die Irrenanstalt Eingelieferten gesehen habe, in deren Mienen noch des frischen Erlebnisses Erregung zu lesen war. Vor den Blicken der gaffenden Menge verbargen sie sich, indem sie ihre Schlafdecken mit biblisch großer Geste über den Kopf warfen. Zuerst wagte das Weibchen sich heraus, noch scheu, die Menschenblicke meidend. Nach Wochen kam das Männchen oft nur kurz aus seinem Verschlag mit unsagbarem Ernst, wie ein alter Patriarch, immer denselben Weg mit den gleichen Gesten zurücklegend. Gewaltig wuchsen ihm die Schultern über dem kurzen, breiten Nacken, an dem der Kopf mit fliehendem Winkel wie ein Negerfetisch schreckhaft, oft mit dem Ausdruck unsäglichen Leidens sitzt. Ging ich mit dem Wärter Bleibetreu zu »Rübezahl« (wie unzutreffenderweise dieser ihn getauft hat) in den Käfig, so flohen er und sein Weib entrüstet über den Eindringling an die Decke, die äußerst bewegliche Oberlippe schob sich rohrartig vor (Ausdruck der Entrüstung) und stieß kurze, schnalzend blökende Töne aus. Sie entleerten sich nach beiden Seiten und benützten den ersten unbeobachteten Moment, um mit Getöse durch die Klappe

Rudolf Großmann

in den zweiten Käfig, der ins Freie nach dem Garten hinging, zu entkommen. – Die Affen waren im Grunde gutmütig und äußerst furchtsam; nicht jeder merkte dies gleich, und als eines Tages Bleibetreu einen Arbeiter, der eine Reparatur vornehmen sollte, in den Käfig beorderte, wollte dieser erst nicht hinein. »Mehr Männlichkeit«, rief Bleibetreu vor versammelten Zuschauern sich in Szene setzend und ging voran. Zaghaft schlüpfte der Arbeiter nach. Die Affen flüchteten in die Ecke; beide, Arbeiter und Affen, sahen sich furchtsam nacheinander um. Dann siegte der Arbeiter, die Affen verließen mit entrüstetem Geschnalz den Innenkäfig. – Eines Tages war Bleibetreu beim Orang Besseck, der, guter Laune, ihn nicht fortlassen wollte und mit täppischer Hand an der Jacke vorne festhielt. Die Jacke platzte und Besseck machte ein Gesicht voll Angst und Schreck; er glaubte, er habe Bleibetreu die Haut aufgerissen.

Rudolf Großmann

Besseck ist tagsüber müde, meist in seine Decke verkrochen, nur gegen Abend hat er seinen Auftritt. Da kommt er oft mit großer, fahriger Geste, eine Orange im Maul, breitschultrig aus der Klappe. Leider ist es mir nicht gelungen, Flechtheim und Mopp zu bewegen, mit in den Käfig zu kommen, von deren Annäherung an die Menschenaffen ich mir am meisten versprach.

Die Bären:

Im Bärenkäfig ging brummig der alte Bär, der aussah wie E. Klöpfer, auf und ab. – Man hatte ihm (die Brunstzeit sollte bald kommen) eine Bärenbraut in seinen Käfig gesperrt. Diese, jünger und viel kleiner als er, fühlte sich gar nicht wohl und zog sich scheu auf die Felspartie im Hintergrund zurück. Klöpfer nahm die Witterung, tappte etwas am Gestein herum, wo sie lag; hinaufzugehen schien ihm wohl zu gefährlich, jedenfalls nicht ratsam. Drehte er den Rücken, so wischte die Bärin schnell herunter und eilte flüchtig kokett durch ein Loch in den Nebenkäfig. Klöpfer beroch ihre Spur und schlüpfte ihr nach. Als er sich ihr näherte: Gebrüll – sie langte ihm eins und ließ ziemlich deutlich durchblicken, daß sie keine Annäherung wünsche. Klöpfer, etwas verlegen, machte sich im Käfig zu schaffen, den er von Speiseresten und dürren Blättern mit seinen Tatzen reinfegte.

Indessen wischte die Bärin wieder auf ihren alten Sitz zurück. Dieses Spiel wiederholte sich so oft, bis es dem alten Klöpfer zu dumm wurde; er stieg seufzend in das kalte Bassin – blieb da zehn Minuten und schlief dann stehend, vornübergebeugt und resigniert, in der Sonne trocknend, langsam ein.

Q 26/11/829

Rudolf Großmann

BERLINER TYPEN

Jean Richard Bloch

Piscator. »... Das also ist das erwartete Ungeheuer?! Ein »vieux-saxe«, ein richtiges altmeißener Porzellan! Man kann sich nichts Eleganteres, Graziöseres, Aristokratischeres vorstellen. Bestimmt, diese Figur ist soeben aus einer jener Karossen gestiegen, wie sie in Märchen beschrieben werden, hergestellt aus einem Kürbis. Piscator hat die Füße einer Herzogin, Hände einer Fee, den Mund eines Kindes, das Lächeln eines jungen Mädchens, Grübchen der Liebe, eine feine, gerade Nase, eine sanfte, gedämpfte Stimme, zärtlich, ein wenig nasal. Eine vollendete Sicherheit des Benehmens, Mischung sozialistischer Kameraderie und englisch-lässiger Haltung ..., aber, oho, Achtung vor dieser Dummkopfattrappe!! Dieser reizende Schäfer, dieser entzückende Marquis, hat einen Händedruck, der einem die Knochen zerbricht. Er besitzt einen Blick, wie man ihn sich schmeichelnder nicht vorstellen kann, aber sein Auge ist teuflisch durchdringend, kalt, forschend. Sein Mund ist purpurn, sein Lächeln verführerisch, aber seine Lippen sind dünn und hart, ihre Winkel voller Geheimnisse. Die schöne Stirn ist eingerahmt von einer Fülle kastanienbraunen Haares, üppig, jünglingshaft, aber sie ist rechtwinklig, eng, leicht fliehend, glatt, ohne Tiefen und Höcker ... im Profil, ohoho!! Die Nase begnügt sich nicht, lang und graziös zu sein, sie ist schneidend, sie bildet mit der Stirn zusammen jene schreckliche ununterbrochene Linie, wie die Klinge eines Säbels, die so schamlos Eitelkeit und Fanatismus verrät ... eine Entdeckung von hohem Reiz; welche Umwege mag dieses Bibelot aus geschmiedetem Eisen in dieses Land der Kolosse gebracht haben?! ...«

Leonard Frank. »... Schmal, rassig, nervös, düster, sehr sorgfältig gekleidet, zeremoniös und kalt; ein sonderbares Antlitz: lang, gerade, ausgehöhlt, unter einer schweren, fast lästigen Stirne. Die schönen Augen verbergen sich in sorgenvollen Grotten, und aus der Tiefe dieser umbuschten Arkaden betrachten sie die Außenwelt mit tiefer Traurigkeit. Ein Süddeutscher bäurischer Herkunft, später Metallarbeiter in Würzburg ... ein gotisches Gesicht, herabgestiegen von der Fassade einer Kathedrale, und bereit diesen Platz in einer Nische sofort wieder einzunehmen ...«

Theodor Däubler. »... ein haariger Koloß, Poseidon mit naiven Augen, mit schilfbewachsenen Backen, dessen Stirn eng wird zwischen den Wassergewächsen der Brauen und den schimmernden Algen, die sie krönen ... der deutsche Hesiod, der Seher, der letzte epische Kopf; aus seinem Munde rollen die Hexameter wie eine klingende Flut und umfluten die Erde wie der Ozean ... der einzigste Philhellene, den Deutschland hervorgebracht hat, unser Byron, unser Hugo! Er liebt Frankreich, und Frankreich kennt ihn nicht, er besingt es, und Frankreich weiß nichts davon. Unter diesem grauen, struppigen Barte klopft ein jünglinghaftes Herz, diese mächtige Haartolle sträubt sich über einem kindlich-frischen Geist ...«

Walter Mehring. »... ein schmales, feines Gesicht, ein langes Kinn, in den Wangen Grübchen, Pupillen einer Houri, die Taille eines Kindes, das Erröten eines jungen Mädchens. Dieses zarte Kind war eine der Flammen der spartakistischen Bewegung in Berlin!«

Alfred Döblin. »... sehr lebhaft, mager, ein langes, unregelmäßiges Gesicht, ein stechender Blick. ›Sie brauchen nicht so zu tun, als kennten Sie meine Bücher, der größte Teil meiner Mitbürger würde sich über Sie wundern, sie erklären sich für unfähig, sie zu lesen und zu verstehen ...‹ Döblin ist einer der letzten Mitglieder der preußischen Akademie; zwischen seinem geistreichen Ausdruck, seiner heiteren Ruhe und der Ungeniertheit dieser Bemerkung war ein sonderbarer Mißklang, ich beschloß, ihn näher kennenzulernen.«

Der Graf von Coudenhove-Calergi. »... schlank, groß, vorstehende Backenknochen, leicht geschlitzte Augen, matter Teint auf dem Antlitz wie auf einem Email, ein rätselhaftes Lächeln. Zwei Kontinente in einem einzigen Manne: Mitteleuropa und das Reich der Mitte haben sich vermählt, um diese feine Blüte der Zivilisation hervorzubringen. Coudenhove vermischt die erstarrte Höflichkeit des Lamourai mit der musikalischen Courtoisie des österreichischen Grandseigneurs. Fügen Sie noch einen Tropfen russischen Blutes hinzu, Erbteil einer slawischen Schönheit, die vor einem Drittel-Jahrhundert an den Höfen Europas Sensation erregte. Der Graf ist geboren aus einer Ehe zwischen einer reizenden Japanerin und einer Persönlichkeit großen Stils, die Österreich in Tokio vertrat. Gibt es einen andern so vollkommenen Weltbürger??! Dieser Mann, der von nirgends und von überall her stammt, träumt von einem neuen Europa; kennen Sie Pan-Europa? Ebenso gleichgültig gegen die kommunistischen Sarkasmen wie gegen die nationalistische Empörung hat dieser schweigsame und starrköpfige Diplomat es verstanden, Briand, Stresemann und Mussolini für seine Ideen zu interessieren. Aber lassen Sie sich nicht durch dieses Lächeln irreführen, es ist schneidend und undurchdringlich zugleich, Fächer und Dolch! ... Kalt überläßt er Amerika seine Dollars, England sein Weltreich, Rußland sein Asien. Vom Nordkap bis nach Sizilien und zum Kongo, von der Weichsel bis zu den Karpaten baut dieser sanfte Träumer mit den kalten Augen einen Block zusammen aus den alten Reichen, die nicht mehr fähig sind, aus eigenen Kräften und aus eigenen Mitteln zu existieren. Ein

Block der Krabben!! Was vermögen gegen eine solche Koalition die moskowitischen und britischen Fischer, was die Yankees?! ... Coudenhove findet kein Genügen daran, eine Doktrin auszuarbeiten, eine Liga zu konstruieren, eine neue Politik zu verkünden, er hat eine Sekte gegründet. Einigkeit, Freiheit, Barmherzigkeit. Passen Sie auf! Wittern Sie nicht darin etwas von Nesselrode, von Mazzini, von Lamartine? Aber versuchen Sie diese drei Worte auszusprechen unter dem Gelächter von Lenin und von Lloyd George! Als Wappen: ein griechisches Kreuz in einer Sonne, eine Huldigung des heidnischen Gestirns und eines vergeistigten ›roten Kreuzes‹. Sie sehen, noch hat uns die Mystik nicht verlassen.«

Ida Roland. »... eine der begabtesten heutigen Schauspielerinnen, von verteufelter Heiterkeit, Verve, von ungestümem Temperament. Ein großer, ausdrucksvoller, geistreicher Mund, bewegliche Augen, lebhafte, scharfe Züge. Ebenso unbeherrscht, wie ihr Gatte, der Graf von Coudenhove-Calergi, verhalten ist.«

Q 29/4/276

BERLIN, DAS NEW YORK ALT-EUROPAS

Paul Morand

Wer nach Berlin mit Vorkriegserwartungen und -vorstellungen kommt, wird ungeheuer überrascht. Wo ist die Wache, wo sind die kaiserlichen Autos, deren Hupen in dem Motiv des Siegfriedhorns erklangen? Was ist aus den Dackeln und dem Säbelklirren geworden? Berlin ist jetzt eine große Kosmopolitin mit mehr jüdischem und slawischem als preußischem Anstrich, bei Nacht gerade so hell erleuchtet wie der Broadway, an Bummeln und spätes Zubettgehen gewöhnt – so lebendig und international wie ein großer Seehafen. – – –

Es ist ein Kulturzentrum geworden, das Paris Konkurrenz macht.

Germania trägt nicht länger den Helm, sondern den Tennisschirm, wie Helen Wills. Adjutanten haben Boy Scouts das Feld geräumt; die Philologie überläßt ihren Platz dem Sport. Aber die unausrottbare Ordnungsliebe der Deutschen bleibt bestehen; in einer Reise-Ausstellung, die im vergangenen Frühjahr in Dresden stattfand, konnte man einen künstlichen Wald mit unechtem Rasen sehen, der mit fettigen Papieren und leeren Büchsen bedeckt war, und dabei ein Schild mit der Aufschrift: »Wie der Wald nicht aussehn darf«. Daneben sah man einen grünen, unberührten Flecken mit dem Schild: »Wie der Wald am Sonntagabend aussehn soll«.

Schon ist der fette Deutsche, mit kurz gestutztem Haar, dicken, rasierten Wangen, Tiroler Hütchen und Schnurrbart à la Wilhelm II. von der Bildfläche verschwunden. In den leeren Hallen des Berliner Schlosses, in den Räumen des Kaisers, die jetzt den Touristen preisgegeben und aller Möbel beraubt sind – außer einem Pult, an dem die Kriegserklärung unterzeichnet wurde –, die so aller Arroganz jetzt bar sind, dort fühlt man, weit deutlicher als in Paris oder London, daß eine neue Hauptstadt geboren ist, menschlicher, intelligenter, schöner als die alte mit ihrem Militarismus und ihrer Politik. »Lebendigkeit und Freimut«, schrieb Harold Nicolson so treffend von dieser neuen Stadt. »Berlin ist das New York Alt-Europas.«

Q 31/5/332

BERLIN, NICHT PARIS!

Jean Giraudoux

Berlin ist keine Gartenstadt, Berlin ist ein Garten. Der durchschnittliche Franzose, ganz abgesehen von einem Architekten oder Bauunternehmer, verunstaltet die natürliche Schönheit der Landschaft, obwohl sie – sie hat es bewiesen – durch Menschenhand noch vervollkommnet werden kann. In Deutschland verschönert die Anwesenheit des Menschen, sein Haus, eine von Natur aus reizlose Landschaft. Es gibt in Frankreich keine neuzeitliche Erfindung, Bahnhof, Straßenbahn, Garage, Elektrizitätswerk, deren Namen nicht schon allein die Vorstellung von schmutzigen und für ewige Zeiten prostituierten Stadtteilen erwecken würde. In Deutschland hingegen verbinden sich die Worte: Gas, Dampf, Elektrizität mit Begriffen, die bei uns Parkanlagen und Gärten bedeuten. In Berlin gibt es keine Haltestelle, kein Lagerhaus, keine Zeitungsdruckerei, die man nicht mit Blumen oder Bäumen im Vordergrund fotografieren könnte. Keine Stadt der Welt hat so viel Straßenbahnen wie Berlin, aber sie fahren zwischen Bäumen und über Rasen. Jede Abfahrt aus Paris und jede Ankunft in Paris greift ans Herz. Man kann die sogenannte Stadt des Luxus weder erreichen noch verlassen, ohne die furchtbarsten Elendsviertel durchqueren zu müssen, man kann die Stadt der Künste weder erreichen noch verlassen ohne seine Augen durch all das, was eine verantwortungslose Stadtverwaltung an schlechtem Geschmack, Niedrigkeit der Auffassung und Minderwertigkeit der Ausführung angehäuft hat, verletzt zu haben; man kann die Stadt der Freiheit von den Kornfeldern der Brie bis zum Louvre nicht durchqueren, ohne ununterbrochen die Beweise der scheußlichsten und erniedrigendsten Zweckmäßigkeit betrachten zu müssen, die nur eine falsche Auffassung des modernen Lebens zustande bringen konnte.

Das Wort »Vorort« ist in der deutschen Sprache das vielversprechendste und an Ermunterung reichste, und in unserer ist es der schrecklichste der Begriffe in einem Wortschatz der Häßlichkeit und der Trauer. Berlin war besiegt, zugrunde gerichtet, ohne städtebauliche Vergangenheit, inmitten von Schwemmland und Sümpfen. Paris war reich und sieghaft; jeder der von seinen Königen und Kaisern verwirklichten städtebaulichen Pläne hätte in einer von Schlössern und Gärten umsäumten Umgebung ausgebaut werden können. In Berlin ein schwarzer Fluß, ein Kanal. In Paris ein schöner Strom, belebt von Inseln, Krümmungen und Abhängen. Der Vormarsch zum reinen Wasser, der für den einzelnen ebenso wie für den Staat das Gesetz aller Zivilisation ist, war zur Zeit von Flaubert oder Maupassant für den Pariser beinahe schon beendet.

Was blieb von diesem wunderbaren Vorsprung? Ein übervölkertes »no-man's-land«, in dem all die schönen Denkmäler der Zukunft, Schulen, Bibliotheken und Krankenhäuser nichts als Baracken sind. Ein Fluß mit kahlen Ufern, ohne Glanz, ohne Wimpern, dessen Wasser Schlamm ist, dessen Inseln an Schuttstätten erinnern. Die Rechte sind den Stadtvätern anvertraut, damit sie ihre Sorgfalt und Zärtlichkeit auf die Fuchsien des Luxembourggartens und die Pegonien der Tuilerien verschwenden oder in einem meilenweiten Umriß auf alle Bäume und Pflanzen-Jagd machen und jeden Kubikmeter noch reiner Luft, die doch vor jedem historischen Denkmal zu schützen wäre, mit Eisenbeton ausfüllen.

Berlin hingegen frißt sich mit seinem Platingebiß in eine Ebene hinein, die flach ist wie ein Tisch und der nur der Abglanz der Jahreszeiten Reiz verleihen kann. Die letzten Roggen- und Kartoffelfelder Brandenburgs berühren unmittelbar die mustergültigsten, gewagtesten und elegantesten Siedlungen und ihre Rhododendren- und Geraniengärten. Die Mauern Berlins sind farbige Zitadellen, in denen die geringsten Arbeiterwohnungen Badewanne und Telefon besitzen. Und an diese Zitadellen des Außengürtels werden sich schon in den nächsten Jahren neue Züge von Siedlungen und Villen reihen, in welchen niemand gefangen sein wird als die eingefriedeten Pappeln, Fichten und Seen. – Den Aufbau des Vaterlandes, den sich eine besiegte Generation nicht leisten kann, hat sie inzwischen durch den Aufbau ihres Hauses ersetzt. Alle architektonischen Ausschweifungen und städtebaulichen Ausschmückungen, die früher nur ein siegreicher König zu unternehmen wagte, leistet sich nun dieses besiegte Land durch Selbstüberwindung, indem es sich seinen demokratischen Institutionen und seinem Gemeinschaftsleben widmet, worin es heute seine einzige Zukunft sieht. Ein Stab begabter Architekten: Peter *Behrens,* Erich *Mendelsohn,* Hans *Poelzig* und Max *Taut* fanden im Herzen Berlins, was unsere Architekten bloß in Marokko, im Sand und in der Steppe fanden: Raum, Linie und Freiheit.

Weite Straßen, auf denen man nie von einer Verkehrsstockung aufgehalten wird und zu denen noch eine Autostraße nach Wannsee hinzukommt, führen in eine offene, luftige Stadt hinein, deren riesige öffentliche Gebäude, selbst wenn sie unvollkommen sind, von einer vorbildlichen Architektur der Zukunft und nicht der Vergangenheit inspiriert zu sein scheinen.

Die Armee ist ein Frage der Kasernen, sagte einst ein deutscher General, der aus seinen Mannschaftsquartieren ein vorbildliches Heim mit Bibliothek und Schwimmhalle und aus seinen Mannschaften ein mustergültiges Korps gemacht hatte. Die Nation, sagt heute der deutsche Staatsmann, ist eine Frage des Städtebaues. Auf diesem Gebiet verdient Berlin die Führerrolle, die ihm Deutschland anvertraut hat. Ein Volk, das aus Individuen besteht, die die Freiheit der Bewegung haben, wird früher oder später zur freien Entfaltung seiner Zivilisation gelangen.

Dieses neue Berlin von Lichterfelde bis zum Grunewald ist ein Badeort ohne Heilquellen, ein Seebad ohne Meer, aber der Begriff der Ferien, der sich für den französischen Bürger zwischen den Julihitzen und den Septemberregen verliert, ist hier täglich und stündlich zu finden. Dreimal täglich gewähren die Ruhepausen die Annehmlichkeiten des Reichtums, der Muße und – wir zählen das Jahr 1931 – eines uns unbekannten Sieges.

Q 31/5/295

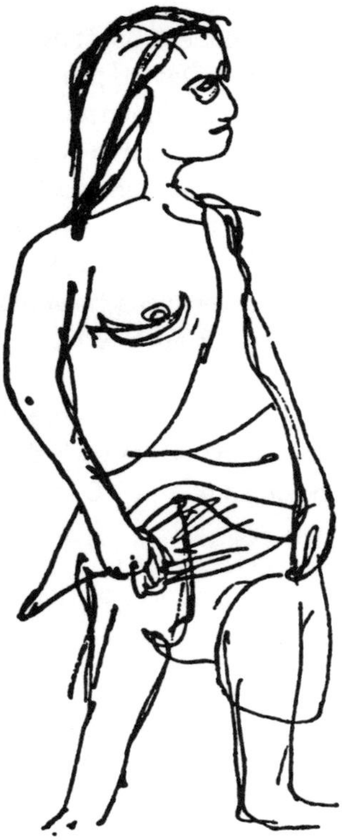

Kokoschka · Penthesilea

BEI JAZZ-MUSIK GESCHRIEBEN

Maurice Dekobra

Manche Leser werden mit Erstaunen an Einzelheiten in meinen Romanen festgestellt haben, daß mir das Leben in Berlin und in Deutschland überhaupt keineswegs fremd ist. Ja, ich habe meine Jugenderinnerungen, die mich an den Strand der Spree zurückführen, nicht vergessen. Das war die Sturm- und Drangperiode, als wir in den Cafés am Kurfürstendamm mit flammender Begeisterung über die ästhetische Offenbarung der Secession in Charlottenburg disputierten, über Max Liebermann, Slevogt und Leistikow; als mein Freund Benno Jacobsohn für Alexander im Residenz-Theater die neuesten Pariser Lustspiele übersetzte; als ich die schöne Marie Sulzer – damals noch nicht Baronin Liebenberg – im Trianon-Theater anschwärmte; als wir, ohne uns ein bißchen zu genieren, bei Aschinger für fünfzig Pfennig Mittagbrot aßen und dabei lebhaft über »Kleine« von Johannes Schlaf, Arno Holz' Schüler, debattierten. Damals triumphierte gerade Victor Holländer in Berlin, und unsere kleinen Freundinnen, die Tietz-Mädels oder die russischen Studentinnen, trällerten die allerneuesten Schlager.

Wie waren wir jung damals! Einstein hatte uns noch nicht infiziert mit der Erkenntnis der Relativität aller Dinge, auch der Liebe. In den Zelten, nicht weit von dem Institut für sexuelle Wissenschaften, wo jetzt Dr. Hirschfeld seine merkwürdigen Studien über die Anomalien der armen Menschheit betreibt, tranken wir unseren Dämmerschoppen, und das Bier war noch heller als das Blondhaar unserer kleinen Mädchen.

Ja, jung waren wir! Und wenn wir im Tiergarten unter den Bäumen schlenderten, schien uns die Zukunft so strahlend und rosig wie die Sonne, die vor unseren Augen langsam zum Horizont niedersank. – – – Das Leben hat uns gelehrt, daß auch die Sonne Flecken hat.

Q 27/1/41

CHAPLIN

Hans Siemsen

Wir kennen in Deutschland Chaplin noch kaum. Wir wissen, das er 40 oder 400 oder 444 (es kommt ja heutzutage nicht so genau drauf an; und dann bei den Valutaschwankungen!), also wir wissen, daß er ein paar Hundert Millionen verdient; daß er in Galizien, Fontainebleau, London und Amerika geboren wurde; daß er vor einiger Zeit in Berlin war; daß er hier, zum Staunen der Reporter und Journalisten, nicht den Kurfürstendamm, nicht die Autorennbahn, nicht das große Schauspiel und auch nicht das Zeughaus besichtigt hat, sondern daß er durch das nördliche Berlin, durch die Arbeiterviertel gebummelt ist, daß er sich in den Laubenkolonien mit den einfachsten Leuten angebiedert und in einer Bierbudike zu Abend gegessen hat; daß er, und das verstanden die Journalisten nun gar nicht, daß er minutenlang ein paar Kindern zusehen kann, die auf der Straße spielen, oder einem Hund, der gar nichts tut; und daß er also tatsächlich Berlin wieder verlassen hat, ohne überhaupt den Kurfürstendamm und die Tauentzienstraße, und was es sonst noch so gibt, gesehen zu haben.

Wir wissen, daß er der beliebteste Filmschauspieler jener Welt ist, zu der Deutschland seit vielen Jahren nicht mehr gehört. Und wenn wir so glücklich waren, irgendwo in jener Welt (oder irgendwo in Deutschland) ein paar seiner Filme zu sehen, so wissen wir außerdem, daß er, dieser Clown mit dem wehmütigen Kindergesicht, dem steifen Hut, den schlecht sitzenden Hosen und den viel zu großen Schuhen an der Grenze zwischen Ulk und Ernst hintorkelnd durch alle beschämenden Abenteuer dieses unseres sonderbaren Lebens – wir wissen dann, daß er einer der größten Schauspieler unserer Zeit, einer der guten, alten, ernsten Spaßmacher, einer jener weisen Narren ist, die den Menschen bis auf den Grund durchschauen und ihn trotzdem (das ist das schwerste) lieb behalten.

Wir verstehen dann den Herrn Tokine, der in dem ersten Heft des »Esprit Nouveau« in einem längeren Aufsatz über »L'esthetique du Cinéma« kaum Worte findet für seine Begeisterung, wenn er von Chaplin spricht. Er sagt: »Was soll ich von ihm reden? Wir kennen ihn ja alle. Il est notre joie. Emotion et rire, admirable Chaplin, nous t'aimons.«

Ja, es ist wahr, wir, die wir ihn kennen, wir lieben ihn.

Q 21/6/213

»TRAULICHE HÜTTEN« UND »PALEHS«

Karl Scheffler

Es wird in Berlin kaum noch eines jener Miethäuser gebaut, die vor dem Krieg alljährlich in langen Straßenzügen, die gleich kilometerweis entstanden. Und doch gibt es wenig Arbeitslosigkeit im Baugewerbe. Die Erklärung findet man auf einem Spaziergang durch die westlichen Vororte: von der Kolonie Grunewald durch Dahlem nach Steglitz, Lichterfelde und Zehlendorf. Man sieht einer Bautätigkeit zu, von deren Emsigkeit man in der inneren Stadt nichts ahnt. In allen möglichen Zuständen erblickt man viele hundert Landhausbauten; vielleicht sind es sogar einige tausend. Baustellen, die seit Jahrzehnten unverkäuflich waren, finden einen Liebhaber und werden eilig bebaut. Bis tief in den Wald wagt sich der Pioniermut. Phantastische Bodenbewegungen werden vorgenommen, unwirtliches Land wird mit festen Zäunen eingehegt, und auf dicken Schichten von Dung werden Ziergärten mit Rasenflächen, Staudenbeeten und Obstbaumreihen angelegt. Während das Wirtschaftsleben in Krisen taumelt, vergrößern sich die Landhauskolonien mit einem mächtigen Ruck; während der Bau von Mietquartieren vollständig stockt, ist im Bau von Heimstätten Hochkonjunktur. Groß ist die Zahl derer, die sich ein eigenes Haus mit Garten und meistens auch mit Garage leisten können, die für eine Heimstätte mehrere Millionen ausgeben, denen beim Rucken und Springen der Preise während des Bauens der Atem noch nicht ausgegangen ist, und die es sich zutrauen, das neue Anwesen auch unterhalten und komfortabel ausfüllen zu können. Denn mit der Überlegung, daß man durch den Bau einer Heimstätte schnell erraffte Papiergeldgewinne in Goldwerte verwandeln kann und daß man so der Gefahr entgeht, zur Linderung der Wohnungsnot Räume abgeben zu müssen, ist es doch nicht getan. Haus und Garten bestimmen die Lebenshaltung.

Ein solcher Spaziergang ist wie eine Entdeckungsreise. Es ist höchst interessant, kritisch die ausgedehnten Baugelände zu durchstreifen und zu raten, was da werden will. Immer wieder kommt es vor, daß man vor einem Rohbau steht und sagt: nein, ein Landhaus kann das nicht werden; das wird ein Stiftsgebäude, ein feines französisches Restaurant oder eine kleine Privatsynagoge. Am Ende aber wird es doch ein Landhaus. Der Bauherr sieht heute eben anders aus als vor dem Kriege. Der Bauherr der Vorkriegszeit wirkt, so aus der Ferne gesehen, ganz aristokratisch; der Bauherr der Gegenwart aber ist ein Draufgänger. Das ist freilich das Beste, was man von ihm sagen kann; aber es ist auch nicht wenig. Wenn die Weltgeschichte irgendwie nicht weiter kann, schickt sie die Unbedenklichen vor. Über die Grenzen der alten Landhauskolonien wagt sich der neue Bauherr weit hinaus, ihn schreckt nicht der trostloseste Wald, nicht der dürrste Boden, und er greift oft zu Dimensionen, die auf unermüdlichen Eifer, die Familie alljährlich zu vergrößern, schließen lassen. Ein verwegenes Geschlecht! Aber eben darum auch ein Geschlecht von Unbekannten. Was man leicht feststellen kann, weil nach gesetzlicher Bestimmung am Eingang zur Baustelle ein Schild mit den Namen des Bauherrn und des ausführenden Architekten angebracht werden muß. Es ist nicht weiter verwunderlich. Gesellschaftsbildend ist ja die Schicht der neuen Reichen noch nicht. (Kommt aber auch noch.)

Verwunderlicher ist, daß einem die Namen der Architekten in fast allen Fällen unbekannt sind. Auch ein neues Architektengeschlecht ist heraufgekommen, zu einem Teil besteht es aus Leuten, deren Begabung darin besteht, Baumaterialien einzuhandeln, und die, wenn Steine und Holz da sind, auch ein Haus daraus zu machen verstehen; zum andern Teil besteht es wohl aus Polytechnikern, die Soldat werden mußten, nachdem sie in das Künstlerische ihres Berufs eben hineingerochen hatten, die dann weit auf östlichen, südlichen und westlichen Kriegsschauplätzen herumgekommen sind und nun Architekturerinnerungen mit ihrer polytechnischen Halbbildung zusammenwerfen, um unverzagt die dumpfen Vorstellungen ihrer Bauherren zu realisieren. Ihnen allen wird die Legitimation am Eingang der Baustelle zur wirksamen Reklame. Der Besitzer des Terrains nebenan liest den Namen; er kennt keinen andern und sagt zu dem Architekten: Bauen Sie mir auch so ein Ding. Wirklich: Diese Art von Architektur wird oft nicht anders bestellt wie eine Fuhre Kohlen.

Der Niederschlag solcher Gesinnung ist in der Form zu spüren. Unter den neuen Heimstätten gibt es ein paar, die mit persönlichem Talent künstlerisch gestaltet sind. In diesem Fall sind die Namen der Baumeister von früher bekannt und haben einen guten Klang. Daneben gibt es eine Anzahl von Landhausbauten, wo die vor dem Krieg ausgebildeten Formen mit Anstand benutzt werden. Es sind dieses Häuser in jenem schlichten, sachlichen Landhausstil, der als eine Kreuzung von englischen Einflüssen und Biedermeiertraditionen angesprochen werden kann und der sich einer schönen handwerklichen Pflege des Baumaterials befleißigt. Diese Beispiele verschwinden aber in der Masse. Zusammenfassend kann man sagen, daß die schönen Anstrengungen, die vor dem Kriege gemacht worden sind, um zu einem charaktervollen Bautyp zu gelangen, fruchtlos geblieben sind. (Wobei aber betont sei, daß vom Siedlungsbau hier nicht die Rede ist.) Die Führer erscheinen vom Bauen nicht nur ausgeschlossen, sondern man spürt nicht einmal in weiterem Umfange den wohltätigen Einfluß dessen, was Baumeister wie

Muthesius, Bruno Paul, Behrens, Tessenow, Straumer, Baumgarten, Bartning, Mebes und andere in Vorbildern hingestellt haben. Wo sie nachgeahmt werden, da werden sie fast immer auch mißverstanden.

Die kuriosesten Dinge kommen einem vor Augen. Es wird nach einer Musterkarte gebaut. Erhalten hat sich die Bauroutine; der feinere Handwerkssinn aber, der vor dem Krieg wieder erwachte, scheint vernichtet zu sein. Und Hand in Hand mit dieser Vergröberung geht ein Rückfall in die schlimmste Stilarchitektur, die in Gründerzeiten jemals von einer wild gewordenen Baugewerkschüler- oder Maurermeisterphantasie ersonnen worden ist. Neben dem Hüttchen mit »traulichen« Fenstern und hohem Spitzdach (Motto: klein, aber mein!) erheben sich »Palehs« mit italienischen Säulen und französischen Fenstern. Keine Form wird mehr durchgearbeitet; man sieht, wie der Bauherr nicht zu fordern, der Architekt nicht zu gestalten versteht, daß beide nicht interessiert über den Plänen gesessen haben. Etwas Subalternes und Provinzielles kommt wieder in die Architektur; es ist, als sei dem Bauhandwerk das Beste: der Sinn für Qualität, im Krieg nahezu abhanden gekommen.

Der auch in dieser neuen Heimstättenarchitektur grassierende Expressionismus tut ein übriges, dem Dilettantismus zum Sieg zu verhelfen. Es wird Originalität erstrebt durch gekünstelte Fensteranordnung, durch Willkür im Grundriß, durch tolle Dachbildungen, durch spielerische kubistische Flächenverschiebungen oder durch grelle Farben. Dieser Lehrlingsexpressionismus macht alles um jeden Preis anders, er schweift die Mauern, wölbt romantische und gotische Torbogen – und muß sich dann dem banalsten Bedürfnis doch wieder an anderer Stelle ratlos fügen. Auf der einen Seite wird eine falsche Gemütlichkeit erstrebt und auf der anderen Seite gewaltsam eine Stimmung von Feierlichkeit. Neben dem Knusperhäuschen steht eine Normannenburg im Diminutiv. Auf ungesunde Romantik kommt es in jedem Fall heraus. Von einem schönen Leben der Verhältnisse, von Klang und Melodie ist nicht entfernt die Rede, genügen die Häuser doch nicht einmal vergeistigten Bedürfnissen.

Das Ganze hat etwas von einer Architekturposse. Mit einem Grundzug von starkem Unternehmermut, der, sozial betrachtet, auch wieder nicht ohne Hoffnung ist. Zudem ist die materielle Arbeitsleistung für ein eben besiegtes Volk enorm. Leider geben diese neuen Heimstättenkolonien den Vororten auf Jahrzehnte hinaus nun wieder das Gesicht. Sie stehen da wie ein Denkmal der Zeit. Sie loben unser Volk insofern, als sie beweisen, daß die Lebenden den Mut nicht sinken lassen; aber sie bringen auch zur Erkenntnis, wie arm unsere Baukunst an jungen Talenten ist und wie geschickt die neuen Bauherren sind, die Bauaufgaben den wenigen vorhandenen Talenten, den wirklich Tüchtigen zu entziehen. Sie sind ein Beweis mehr, daß Berlin eine Stadt, ja das Deutschland ein Land ist, deren Schicksal es ist, immerfort zu werden und niemals zu sein.

Q 22/12/203

ZWISCHEN ZWEI FENSTERN

Mascha Kaleko

Ob Se 't nu jlooben oda nich –:
Von Bumkens, die Meta, die jeht uff'n Strich!
Wat, Meyern, ick sachte doch ofte schon,
Die takelt sich uff wie 'ne richtje »Person«;
Na, ick hah's die Bumken schon imma jesacht,
Die Jöre, die treibt sich doch rum jede Nacht!
Un denn mit die Kerle in'n Hausflur pussiehrn,
ick meene, det kann zu wat Jutet nich fiehrn!
Aba ick jloobe, *die* sieht det noch jern!
Schon frieher, wo se mit den möblierten Herrn – – –
Na – ick will ja weiter nich drieba reden,
Aba die Olle erzähltet ja jeden.
Die bild't sich wat in uff det goldije Kind,
Na, meine Tochter, die derft et nich sind!!!
Det is ja ne Schande for't janze Haus,
Wie sieht denn det Mechen schon heite aus!
Bemalte Fassade, de Haare wie Stroh,
Det Reckchen, det reicht ihr man knapp bis zum Po …
Die schickste Kleedasche is der nich ze teier,
Bis jetzt truch se Kluft von Brenninkmeyer …
Ick frare Ihn'n nu, wo kommt det woll her???
Uff Arbeet jeht die doch seit Wochen nich mehr!
Bei Tare stempeln, de Nächte zum Tanz –
Un Sonntachs riecht's stets nach jebratene Jans – – –
Det soll eena jlooben?! Na, det ick nich lache! –
– Aba det is ja die Bumkens ihre Sache – – –
Wat jeht mir det an? – Na, denn jute Nacht,
Sonst heest's: unsaeens hat Tratsch jemacht!

Q 29/6/435

MILLIONÄRE, HERAUS!

Hanns Heinz Haller Jun.

Eine amerikanische Idee!
Ein amerikanisches Geschäft
für
Ein amerikanisches Berlin.

Millionäre heraus! Ich brauche Geld ... viel Geld für meine Ideen. – Kurz: Es ist eine Millionen-Angelegenheit. Aber es muß im voraus gesagt werden: Die Idee ist rentabel. Sie ist rein amerikanisch, aber für Deutschland bearbeitet. Entstanden ist sie mir drüben, als ich das Land der unbegrenzten Möglichkeiten studienhalber von Ost nach West durchquerte. Sie ist nichts anderes als eine Zusammenfassung aller drübigen großen, neuen Unternehmungen, die ihre Rentabilität bereits bewiesen haben. Ich nenne die Theater, die mir die Anregung für meine Idee gaben, sie in einem Supertheatergebäude zusammenzufassen. Es sind: das Paramount Theatre, das Ziegfeld Theatre und Keiths Hippodrome in New York, und das Egyptian- und Chinese Theatre von Syd Grauman in Hollywood, Calif. – – –

Um meine Ideen auch Laien verständlich zu machen, muß ich leider erst weit in die Materie unseres hiesigen Theater- und Filmgeschäftes zurückgreifen. – Ich will damit den Unterschied der Geschäftswege hier und drüben herauskristallisieren.

Ich muß jetzt zum Filmgeschäft übergehen, weil drüben das Theater geschäftlich immer mehr und mehr das Filmgeschäftliche nachahmt, weil diese beiden Geschäfte sich von Jahr zu Jahr näherkommen und jetzt oft schon eine Firma bilden. – – –

Also wie zum Beispiel bildet man drüben eine Filmgesellschaft?

Man kauft sich ein Stück Land (für Grundstücke findet man immer Geldleute). Dann sucht man sich seine Geldleute für die Fabrikation, die wieder nur das Geld auf die Ateliers geben, durch die sie gesichert sind, da man bei schlechtem Geschäftsgange die Fabrikation einstellen kann und die Ateliers als solche verpachten. Die Grundstückgläubiger sind auch gedeckt, da das Grundstück, wenn es nur in einer einigermaßen guten Gegend liegt, sich von selbst verzinst, da es von Tag zu Tag wertvoller wird. – So ist der Geschäftsgang drüben.

Wie ist es hier!?!

Man nimmt sich ein Zimmer in der Friedrichstraße, schreibt zum Beispiel dran:

Herodes Film-Ges., pumpt sich nun von ein paar Dummen 100 000 Mark zusammen, mietet ein Atelier für einen Monat und fängt an zu produzieren. Und was produziert man? Einen Film, der im Notfall bis Kottbus laufen kann. So etwas muß schief gehen. Sollten selbst zehn Filme so erfolgreich sein, daß man zwanzig neue von dem Gewinn herstellen kann, was ist damit erreicht? Sind die kommenden zwanzig Filme aber nun kein Geschäft, so ist die Firma pleite. – Als rettender Engel zum Armen kommt dann manchmal eine große Gesellschaft und läßt die kleine Firma im Jahre drei Filme à 150 000 Mark (ungefähr – mal mehr, meistens weniger) für sich herstellen. Das heißt: Man gibt der Gesellschaft 150 000 Mark pro Film. Mehr darf er nicht kosten, und was er weniger kostet, das ist der Verdienst der kleinen Gesellschaft. – Und nun frage ich Sie: Ist das ein Geschäftssystem? Kann es da erstaunlich sein, wenn lauter Dreckfilme fabriziert werden? Doch eines bleibt mir schleierhaft. Woraufhin bekam die Gesellschaft das Geld? Auf das Zimmer in der Friedrichstraße hin oder auf die paar Meter Rohfilm?

Meine Damen und Herren! Das waren Beispiele. Doch jetzt zu meiner Idee. Ich will ein Gebäude bauen, in dem enthalten ist: ein Theater mit 3000 Plätzen, ein Kino mit 6000 Plätzen, ein Konzert- und Ballsaal mit Nebensälen mit einem Fassungsvermögen von 3000 Personen, ein Nachtlokal mit 1500 Plätzen, ein Restaurant mit 500 Plätzen, ein Bad für 500 Personen, 50 Läden und ein paar Hundert Büroräume.

Warum darf man in Deutschland nicht so etwas als Aktiengesellschaft gründen? Die Aktien des Roxy Theaters, New York, werden dort auf der Börse gehandelt.

Meine Damen und Herren! Ein Theater für 3000 Personen stellt eine Jahresmiete von 300 000 bis zu 350 000 Mark vor. Ein Kino mit 6000 Plätzen, einer richtigen Bühne und einer Wurlitzer Orgel unterbietet alle Konkurrenzbetriebe, weil es, durch seine Beschaffenheit ein halbes Varietétheater, Programm zeigen und trotzdem das billigste Theater bleiben kann. Man bietet drei bis vier Vorstellungen von 3 bis 1 oder 2 Uhr. Durchschnittspreis 1 Mark. Das sind pro Vorstellung 6000 Mark und stellt bei selbst nur drei Vorstellungen eine Bruttoeinnahme von 18 000 Mark pro Tag dar. Ein moderner Saal (wie der neue Kroll) für 3000 Personen im Westen, würde zweifellos alle Bälle und großen Konzerte an sich reißen. Ein Bad, eine Mischung von Admiralsbad und Lunapark-Wellenbad, für 500 Personen im Westen dürfte bestimmt eine Goldgrube sein. Dann ein Restaurant, für 500 Personen, eine Art Aschinger, vereinigt mit dem amerikanischen Drugstore. Und dann noch die Läden und die Büroräume. Die Läden und Büroräume hätten natürlich einen Baukostenzuschuß zu zahlen. Bei den anderen Lokalitäten hängt das natürlich davon ab, wie man über sie disponiert. – Wenn das Terrain groß genug ist, täte man gut, noch ein Hotel mit 2000 bis 3000 Betten in das Gebäude zu bauen.

Die geeignetsten Terrains wären die Häuser in der Joachimsthaler Straße, zwischen Kurfürstendamm und Kantstraße.

Ja, das wäre ein Geschäft! Aber wer hat heute mehrere Millionen Mark cash. Da kämen in Deutschland wohl nur ganz große Brauereien in Frage, die das Baugeld und die Summen zwecks Erwerbung der Terrains aufbringen könnten.

Müßte man nicht eine Gesellschaft zur Ausbeutung dieser Idee gründen? Finanzleute – Finanzgruppen herbei! Herbei!

Ich warte, Interessenten, ich warte und rufe nur noch einmal in die Welt den Ruf: Millionäre heraus!

Q 28/7/484

Eduard Braun

HOCHSTAPLERS STUNDE

Nikolaus Petersen

Er bat zum Essen
um Toast und Tee,
er hob gemessen
das Portemonnaie,

ihm saß der Frack
wie angelötet,
der Augensack
erschien gerötet,

des Teints Zinnober
jedoch erblaßte,
als ihn der Ober
am Ärmel faßte.

»Beamte warten –«,
»Ich folge gleich«.
Die Gabeln scharrten,
er grinste weich.

Er griff zum Hals,
als nebenan
der Bostonvalse
gedämpft begann.

Er warf zum Fisch
die Georgine
und ging vom Tisch
mit Adlermiene.

Er strich die Haare
im Lüsterlicht,
ertrunkne Jahre
vor Augen dicht:

Sekunden sangen
von Kokosstämmen,
Nevadawangen,
Biskayakämmen,

von Autotouren
im Engadin,
Dobrudschafluren,
wenn Störche ziehn,

von Ceylonsternen,
Südostpassaten,
Fabrikkonzernen,
sozialen Taten.

Man teilte Nüsse
als Tafelschluß,
versprach sich Küsse –
da fiel der Schluß.

Q 30/12/808

Rudolf Großmann

ÜBER EINEN POKERKÜNSTLER

Billie Wilder

Eine Aktiengesellschaft müßte gegründet werden, eine, deren Ziel es ist, diesem sonderbaren Mann die Chance zu geben, ein einziges Mal in Palm Beach mit Ford, Rockefeller, Vanderbilt pokern zu dürfen: Die A. G. würde sich nach diesem Abend im Besitze der Detroiter Automobilwerke und der größten Vermögen der Welt befinden. Ja, auf Ihren Einwand, daß die Gesellschaft einen Falschspieler finanziere, muß ich Ihnen erwidern, daß sich der Mann – das Poker-Genie – nicht sträuben würde, wenn 20 Detektive das Ganze mit der Zeitlupe beobachteten. Man würde ihm nichts nachweisen, gleichwohl er jedesmal Vierlinge oder Flushs hätte. Die Augen der argwöhnischen Beobachter würden das Tempo nicht durchhalten, in dem er seine Volten schlägt. Und die schlägt er rascher und besser als irgendwer auf der ganzen Welt. Gleichwohl 70 Jahre – die hatte er im März schon hinter sich – die Finger ein wenig zittern machen.

Er heißt *Fritz Herrmann,* Herrmann mit zwei r und mit zwei n, und ist der Besitzer eines Delikatessenladens im Norden Berlins. Magere Weddinger Kinder pressen ihre sommersprossigen Nasen gegen die Auslagenscheibe, dahinter stehen Himbeerbonbons und glitzern wie eine Fata Morgana, unerreichbar weit. Es gibt auch Waschpulver zu kaufen, Essig und Senfgurken, in der Ecke steht eine verstaubte Pyramide aus Suppenwürzewürfeln, alles Pappendeckel. Der Laden wird von Frau Herrmann geführt, ihn interessiert er gar nicht. Um so mehr hängt er aber mit aller Liebe an dem Weinkeller unter dem Laden, einer brillanten Sammlung der seltensten Marken, die Herrmann, wie einer Briefmarken sammelt, aus den Erträgnissen seiner Zauberei zusammengetragen hat. Die ersten Berliner Häuser decken hier ihren Bedarf, bei Onkel Herrmann gibt es die ausgefallensten Marken, und worauf er besonders stolz ist, das sind die österreichischen Weine: Vöslauer, Gumpoldskirchner, Jahrgänge, von denen es nur mehr Flaschen gibt.

Der Monte Castello ist auch nicht schlecht, ein roter »Grenzwein«, sagt Onkel Herrmann, »er hat nicht die Herbe des Bordeaux und nicht die Süße des Spanierweins«. Wir sitzen in einem Hofzimmerchen, hinter dem Laden, so oft einer ins Geschäft kommt und etwas kaufen will, klingelt es, aber es klingelt selten. (Alles Mitleid mit dem Ladenbesitzer muß schon an dieser Stelle von dem Schreiber aufs entschiedenste zurückgewiesen werden: Herrmann ist ein steinreicher Mann, ob er das Waschpulver verkauft oder nicht, das ist ihm piepe, er hält sich den Laden des Amüsements halber.) Es ist 11 Uhr vormittag. Wir pokern. Was kann man um diese Stunde auch Besseres machen? Ich habe ein neues Spiel aufgerissen und mische gewissenhaft. In dem Hofzimmer riecht's ein bißchen muffig, aber der Monte Castello ist außerordentlich. Ich gebe die gemischten Karten meinem Partner, er hält sie eine halbe Sekunde lang zwischen zwei Fingern, gibt sie mir dann zurück: »Teilen Sie!« Ich teile, eine ihm, eine mir, jedem fünf Karten. Er sieht sich sein Blatt gar nicht an, gießt sich wieder von dem Rotwein ein und sagt ganz nebenbei: »Ich eröffne!« Meine Karten habe ich übereinandergelegt und öffne sie, raffiniert langsam, wie einen Fächer. Ein paar Könige sehe ich schon, noch ein König, also auf jeden Fall zumindest ein Drilling, kein schlechtes Blatt. Ich drücke weiter: ein vierter König! und dazu die Karo Neun. Also, ich habe ein hervorragendes Blatt, vier Könige. Schlagen können mich nur mehr vier Asse und eine Royal Flush, das heißt fünf in einer Farbe und in einer Reihenfolge. »Wieviel kaufen Sie?« frage ich Herrmann, der immerzu trinkt und sein Blatt noch gar nicht kennt. »Keine!« Himmel, was kann er haben? Full hand? Flush? Straight? Alles zu wenig. Vielleicht hat er eine Royal Flush? Soviel Glück trau' ich ihm nicht zu. Ich kaufe zum Scheine eine Karte, sehe sie mir interessiert an, als ob ich noch einen fünften König kaufen könnte. Es tut mir eigentlich leid, daß wir nicht um Geld spielen, ich würde ihn raisen – überbieten – bis er grün wird. So aber, da es nicht einmal um Erbsen geht, decke ich lachend mein Blatt auf. Bis zu diesem Augenblick hat er sein Blatt immer noch nicht gesehen. Er schaut auf meine vier Könige und sagt ruhig: »Zu wenig!« Langsam legt er seine Karten um: vier Asse. Als er die gemischten Karten die halbe Sekunde zwischen den Fingern hielt, hat er die entscheidende Volte geschlagen. Die großen Berliner Pokerpartien, die, die Herrmann noch nicht kennen, müßten vor ihm gewarnt werden: Man kann die Hosen an ihm verlieren. Zum Glück spielt Herrmann nicht Karten. Er spielt nur mit ihnen.

Im Schuljahr 1874 gab es an dem Görlitzer Gymnasium keinen unbegabteren Schüler als Fritz Herrmann. Das Zeugnis brachte er auch nicht nach Hause, mit dem lief er über die Grenze nach Österreich, zu einem winzigen Wanderzirkus, bei dem er als Plakatmaler unterkam. Der Junge lernte Parterre- und Luftgymnastik, gleichwohl er dafür nicht recht taugte. Mit sechzehn Jahren kommt er nach Wien und wird Lehrjunge bei Kratky Baschik. Wer den Wiener Prater kennt, der weiß, das heute noch eine Schaubude existiert, die Kratky Baschiks Namen führt. Herrmann lernte viel bei seinem Meister, er bekam 30 Kreuzer für die Vorstellung, das heißt, er bekam sie versprochen, bei der Abrechnung wurden fünf daraus. Meister Baschik hatte es mit der Lunge und mußte eines Tages aufhören. Herrmann sprang für ihn ein. Er war immer ein guter Redner gewesen, und vom Zuschauen war er ein geschickterer Zauberer geworden als der dicke Baschik. Die Deutschmeister und Dienstmadeln applaudierten sehr, der Erfolg wuchs, gutes Publikum kam und eines Tages auch Herr Rosenbaum, der Herrmann für das damals eben erbaute »Venedig in Wien« engagierte, 50 Gulden den Abend. Feine Leute saßen Abend für Abend da, Herrmann bekam einen guten Namen. Sogar ins Sacher lud man ihn ein, einige Herren wollten eine Privatvorstellung für sich haben. Herrmann ging ins Sacher, in der linken Tasche trug er schon seit Monaten drei kleine Sperlinge, die er halbverhungert in der Hauptallee aufgelesen hatte und die nach einer genauen Dressur auf einen Pfiff davonflogen und wiederkamen. Es schienen feine Leute zu sein. Der eine zeigte auf eine Platte, auf der drei gebratene Krammetsvögel lagen und sagte: »Wenn du sie lebendig machen kannst, dann will ich dir meine goldene Uhr schenken!« Herrmann nahm einen Krammetsvogel in die Hand, changierte ihn geschickt mit einem Sperling, der aufflatterte. So kam auch Leben in die zwei anderen Vögel. Die Uhr bekam Herrmann und, weil er die Herren so fein unterhalten hatte, auch noch tausend Gulden. Wie er dann vom Kellner erfuhr, war der Mann mit der Uhr König Milan von Serbien, die andern Herren waren Baron Rothschild, Baron Springer, Erzherzog Ferdinand und Erzherzog Este. Einmal in so guter Gesellschaft, ließ sich Herrmann nicht mehr aus ihr hinausdrängen. Vierzig Jahre lang reiste er kreuz und quer durch die Welt, immer bei besten Leuten das beste Amüsement. Er war sieben Jahre in Konstantinopel, am Hofe des Sultans. Über Auftrag des Schiffsreeders Ballin fuhr er ein dutzendmal nach Amerika und zurück, um einen Falschspieler zu entdecken, der den amerikanischen Passagieren alles Geld im Poker abnahm, ohne daß man ihm auf den Trick hätte kommen können. Auch Herrmann brauchte zwölf Reisen dazu: Der Mann war ein österreichischer Offizier und hatte beim Spiel immer eine goldene Tabatière vor sich liegen. Diese Tabatière war auf der einen Seite matt, auf der andern spiegelnd. Wenn dieser Offizier die Karten austeilte, so hielt er das Spiel über dieser spiegelnden Seite und kannte so die Karten der Partner: Wenn er den Joker nicht im Spiel sah, zog er ihn aus seinem Ärmel, den er eigens dafür präpariert hatte. Herrmann legte dem sympathischen Mann das Handwerk.

Der heute Siebzigjährige ist zweifellos der größte Kartenkünstler der Welt. Alle Varieté-Angebote lehnt er ab. Er tritt auf, aber nur in Privatgesellschaften, deren Hausherren ihm 1000 Mark für zwei oder drei Stunden Arbeit bieten können. Im Augenblick zum Beispiel packt er die Koffer und fährt nach Monte Carlo, wo er im Kasino zwei Abende hat, zu denen alle Billette vergriffen sind: Die Monte-Carloer Ganoven werden sich die Augen aus dem Kopfe gucken, ohne auch nur einen einzigen Trick zu kapieren oder gar für sich verwenden zu können. Dann wieder ist Herrmann Gast beim Deutschen Klub in Paris. Und tags darauf die Attraktion im

Hause eines Bankmagnaten, dessen Gäste er so verblüfft, daß sie vierzehn Nächte lang nicht schlafen können. Der französische Botschafter wird keine einzige von den hundert Partien Ecarté gewinnen können, der amerikanische Konsul wird mit einem Vierling das Pokergame verlieren. Den Damen des Hauses wird der charmante Herrmann Treff As für den Herz Buben vormachen, er wird, ohne die Karten anzurühren, die gedachte Karte erraten. Und alles mit einer solchen Eleganz, wie man sie bei Kartenkünstlern gar nicht kennt, denn Herrmann ist auch mehr als das. Er ist ein Phänomen, wie Schermann eines ist.

Q 29/6/446

Wilhelm Wagner

DAS AUSWÄRTIGE AMT

Von einem englischen Journalisten

Um den Begriff der Wilhelmstraße klarzustellen, nenne ich sie die »Whitehall« von Berlin. Whitehall ist die Straße, in der Karl der Erste enthauptet wurde, und in der die englischen Ministerien den Steuerzahler zugrunde richten. Whitehall verdankt dem ersteren Geschehen in der Hauptsache seinen Ruhm. Aus diesem Grunde hinkt der Vergleich durchaus. Denn ich bin überzeugt, daß in der Wilhelmstraße weder ein König noch ein anderer Sterblicher je seinen Kopf – in welchem Sinne auch immer – verloren hat. Ob das Kaiserreich durch die in der Wilhelmstraße schlecht oder gut geleitete Politik in die Brüche ging, darüber mag die Geschichte nach Belieben entscheiden; der englische Staatsmann Burke sagte einmal, daß es ebenso unmöglich ist, eine Politik anzuklagen wie eine Nation.

Daß, auch im übertragenen Sinne, kein einziger in der Wilhelmstraße seinen Kopf verlor, bin ich bereit, zu beschwören. Nicht einmal Trebitsch Lincoln, der recht glücklich ist, sein kostbares Haupt nicht tatsächlich eingebüßt zu haben.

Ich bitte um Verzeihung, wenn ich meine geringfügigen Betrachtungen über »Das Auswärtige Amt« im Zusammenhang mit diesem Individuum beginne, und kann es nur damit entschuldigen, daß bei näherer Prüfung er als Erster im Gedächtnis haftete und er die stärkste Persönlichkeit war, der ich im Laufe vieler Jahre unter all den flüchtigen Bekanntschaften in der Wilhelmstraße begegnet bin.

Das ist an sich eine vernichtende Tatsache, wenn ich an die vielen auswärtigen Minister denke, die im Laufe der Jahre kamen und gingen und keinerlei Spuren hinterließen, und an die weitaus größere Zahl der Leiter der Ministerial-Abteilungen, von denen einige kaum so lange dort waren, um sich mit ihren Stenotypistinnen auf freundschaftlichen Fuß zu stellen, da sie für ihre Nachfolger schon wieder den Platz räumen mußten. Aber es ist nun mal Tatsache; Tatsache ist auch, daß Trebitsch Lincoln den Kopf nicht verlor, als Ludendorff, Kapp und seine Mitverschwörer in jenen Tagen des »Putsches« kopflos wurden.

Trebitsch, möchte ich bemerken, ist mit den Räumen eines englischen Gefängnisses so gut vertraut wie mit den Räumen des englischen Unterhauses und kennt sich bei den Verbrechern hier wie dort aus.

Nun seht und hört! Er bewahrte als Chef der auswärtigen Presseabteilung bei der Kapp-»Regierung« ebenfalls die Ruhe. Wie groß war der Aufruhr bei den Engländern über die Art dieser wundervollen neuen deutschen »Regierung«! Und in meiner Eigenschaft als Korrespondent einer Londoner Zeitung war es mir eine willkommene Pflicht, den Aufruhr noch zu schüren. Ich verkündete der erstaunten Menge, daß Trebitsch Lincoln, des Verbrechens der Veruntreuung überführt, gleichzeitig Spion der gegnerischen, kriegführenden Mächte – nun Staatsbeamter der neuen Regierung sei.

Aber ich hatte ohne meinen Trebitsch gerechnet. Eine seiner Aufgaben war es, die Telegramme englischer Journalisten zu zensurieren: hauptsächlich, wie ich vermute, um einen Dieb auf die Suche nach dem anderen zu schicken. So händigte ich Trebitsch meinen Bericht aus; er war sehr lang, wiewohl nur der eine Satz von wirklicher Bedeutung war: »Trebitsch Lincoln ist der Chef der auswärtigen Presseabteilung bei der Kapp-Regierung.« Diesen prägnanten Satz strich – während meine Augen sich mit Tränen füllten – der Blaustift des Zensors aus.

»Aber, Mr. Lincoln«, sagte ich, »das entspricht den Tatsachen – was haben Sie dagegen einzuwenden?«

Blitzartig kam die Antwort: »Sie sehen also, ich brauche nicht in mein eigenes Horn zu blasen.« Bescheidener Mr. Lincoln! Sie haben sicher niemals Ihren Kopf verloren!

Diesen erregten Tagen folgten noch erregtere, dann Monate und Jahre der Revolutionen, die keine waren, Minister kamen, die nichts zu verwalten hatten, Kanzler und Staatssekretäre erlebten vergänglichen Ruhm und stürzten noch schneller als die Mark. Und bei alledem verlor das »Auswärtige Amt« seinen Kopf nicht.

Täglich gab es eine neue Krisis; wir auswärtigen Journalisten pilgerten täglich nach der Wilhelmstraße, um uns Stoff für unsere Arbeiten zu holen; wohl fanden wir ihn, aber das Material war bei näherer Betrachtung so langweilig und eintönig, daß wir keine Absatzgebiete dafür gefunden hätten. Denn das Auswärtige Amt verlor seinen Kopf nie, es schüttelte ihn nur immer. Hier einige Beispiele davon aus verschiedenen Perioden:

»Wird Deutschland den Versailler Vertrag unterzeichnen?«

Das Auswärtige Amt: »Nein!«

»Wird Deutschland sich mit einem Gerichtsverfahren gegen die offensichtlichen Kriegsverbrecher einverstanden erklären?«

Das Auswärtige Amt. »Nein!«

»Wird Deutschland den passiven Widerstand an der Ruhr aufgeben?«

Das Auswärtige Amt: »Nein!«

Zum Schluß mußten wir es aufgeben. Es war eine Phase, ich sage es mit Erröten, wo Deutschlands auswärtige Politik, wie Unbeteiligte vorausgesagt hatten, feierlich in der Adlon-Bar debattiert und entschieden wurde. Wir fühlten, was immer wir auch fragten, daß das Auswärtige Amt seinen Kopf schüttelte und

»Nein« sagte. Und eine Enttäuschung nach der andern ließ uns zu dem Resultat kommen, daß, wenn das Auswärtige Amt »Nein« sagte, die Regierung geneigt war, »Ja« zu sagen. Das von dem Auswärtigen Amt betonte »Nein« blieb auch bei der Hauptentscheidung bestehen.

Die schmerzlichen Erfahrungen dieser Tage haben noch andere »Auswärtige Ämter« als das in der Wilhelmstraße belehrt; dieses scheinbar noch nicht genug. Gelegentlich sagt das Auswärtige Amt noch immer »Nein«; ich brauche nur an ein berühmtes Dementi der jüngeren Zeit zu erinnern, welches uns weismachen sollte, daß gewisse französische und deutsche Sachverständige, die an Deutschlands schnellerer Aufnahme in den Völkerbund interessiert waren, sich nicht in Berlin getroffen hätten. Am nächsten Tage wußte die ganze Welt, daß jene Sachverständigen sich doch in Berlin getroffen hatten. Weder die Sachverständigen noch die Welt verlor darum an Wert.

Ein Dementi ist in der ganzen diplomatischen Welt ein Dementi. Es wird, wenn ich so sagen darf, nicht nach seinem Wert, sondern nach seinem Unwert bemessen. Dementis sind auch manchmal erlassen worden von der »Wilhelmstraße von London«, um diese Parallele umzukehren. Ich bin doch ganz sicher, daß Whitehall nie ein Dementi, so wertlos es auch war, ergehen ließ, ohne sicher zu sein, daß es innerhalb der nächsten Stunden nicht widerlegt werden konnte. Meine Herren, die Welt ist schlecht, aber in den diplomatischen Kreisen dieser Welt ist es ein größeres Verbrechen, dumm als schlecht zu sein.

Der Dummheit reiht sich im Strafregister die Humorlosigkeit an.

Nennt in England einen Mann einen Bolschewisten, beschuldigt ihn, seine Großmutter ermordet zu haben, er wird sich vielleicht dagegen auflehnen, jedoch ohne Heftigkeit. Sagt ihm aber, daß er keinen Sinn für Humor habe, und ihr habt ihn lebenslänglich zum Feinde. Von diesem mangelnden Sinn an Humor kann ich ein schmerzliches Zeugnis ablegen, Die Pflicht rief mich zur März-Konferenz des Völkerbundes nach Genf. Als ich spät in der Nacht ankam, stürzte ich in das Metropol-Hotel und fand dort die Wilhelmstraße vollzählig versammelt. Von Minister Stresemann angefangen bis zu den Herren Verfassern der berühmten Dementis. Zu einem Beamten, mit dem ich befreundet war, sagte ich: »Fein, ich habe Glück, eben erst in dem mir völlig fremden Genf angekommen, falle ich gleich in die Völkerbund-Konferenz hinein.«

Dieser Ulk, dieser lächerliche Einfall von mir – wollt ihr mir glauben –, wurde ernstgenommen. Ein paar Tage später wurde ich angestarrt und ausgefragt; man hatte mich folgendermaßen beschrieben: »Der Engländer, der ins Metropol-Hotel ging und dachte, dort sei der Völkerbund.«

Ich zittre jetzt, daß die Witze, die ich hier niedergeschrieben habe, in der Wilhelmstraße todernstgenommen werden. Ich hoffe es nicht; ich hoffe, daß meine Äußerungen für eine Art »Presse-Mischung« gehalten werden. Damit Sie wissen, was eine »Presse-Mischung« ist, will ich Ihnen gleich die Erklärung geben, »Presse-Mischung« ist der wundervollste Cocktail der Welt. Er wird jeden Freitagnachmittag in einem ehemaligen Hohenzollern-Palais, das jetzt den nützlichen Zwecken der Presse-Abteilung des Auswärtigen Amtes dient, in sehr kleinen, aber sehr häufig gefüllten Gläsern serviert. Nominell ist diese Zusammenkunft eine »Team-Party«. Es gibt auch Tee dort, ebenso Gebäck und Sandwichs, zu schweigen von der mündlichen Beköstigung, die einige Zyniker mit »Stumpfsinn« bezeichnen.

Manche gehen wegen des »Stumpfsinns« hin, manche wegen der »Presse-Mischung«. Ich habe sogar munkeln gehört, daß einige Vertreter obskurer Zeitungen von Ländern mit unaussprechlichen Namen, von denen man nur hört, wenn es sich um Pogrome handelt, nur wegen der Sandwichs hingehen. Aber die meisten von uns auswärtigen Korrespondenten kommen hin, um die Leute von Angesicht zu Angesicht zu sehen, die die Geschicke Deutschlands lenken; und weil diese Männer, die uns freundschaftlich-vertraulich begegnen, uns sagen, was ihre Herzen bewegt und unsere oft ermüdenden Fragen beantworten und somit die Räder der internationalen Beziehungen ölen helfen.

In diesen Tagen ist natürlich Dr. Stresemann unser Teestundenopfer; ich schätze seine Art, in der er Aufrichtigkeit mit Diskretion vereint und bei guter Laune bleibt, wenn auch die Fragen oft indiskret sind, die meistens große Leute kleiner Zeitungen an ihn stellen.

Manchmal werfen auch Dr. Stresemanns Vorgänger oder Kollegen im Auswärtigen Amt einen Blick auf den Schauplatz ihrer einstigen Bemühungen. Herr Brockdorff-Rantzau bringt aus Moskau seine farblose Undurchdringlichkeit mit. Dr. von Rosenberg kommt, immer noch die Haltung des letzten überlebenden Diplomaten der alten Schule, er erinnert mich an den Typ des überzeugenden, ruhigen Engländers; überzeugend, weil er das Äußere dazu hat, ruhig, weil er nichts zu sagen weiß. Kürzlich kam auch Ulrich Rauscher hin, gutmütig und freundlich, einstiger Chef der Presse-Abteilung – jetzt Minister in Polen! *Facile decensus Avernus*!

Ja, ja, Minister kommen, Minister gehen. Aber die »Presse-Mischung« möge ewig aus einem unerschöpflichen Brunnen strömen.

Sie ist eine starke Mischung, ich fürchte sie mehr als alle übrigen Bestandteile der Riesenmaschine »Das Auswärtige Amt«. Ich bin sicher, daß das ersehnte Ziel dieses Riesen-Mechanismus »Friede«, vollendeter »Friede« ist. Und selbst wenn das nicht der Fall wäre, so will ich Ihnen sagen, warum mich das nicht schrecken könnte, wenn Ihnen auch der Grund weithergeholt erscheint.

Ich habe den Potsdamer Platz gesehen. Ich komme nie nach Berlin, ohne vorsätzlich dahin zu gehen. Ich habe die Verkehrsregelung beobachtet – angefangen von dem Schutzmann mit der lustigen kleinen Trompete bis zur heutigen, eindrucksvollen Ausstattung mit Turm, Lichtsignalen und bewaffneten Leuten, die schwedische Gymnastik machen. Aber der Potsdamer Platz bleibt der alte lustige Malstrom. Und ich bin zu dem Resultat gekommen, daß ein Volk, das den Potsdamer Platz nicht beherrschen kann, Europa nie beherrschen wird – selbst wenn es möchte. Und ich glaube nicht einmal, daß es möchte!

Q 27/1/1

DREI FRANZÖSISCHE SCHRIFTSTELLER IN BERLIN

* * *

Es waren ebenfalls drei, die fast gleichzeitig nach Paris gekommen waren: drei der exponiertesten, der berühmtesten, der repräsentativsten. Die drei deutschen Schriftsteller Unruh, Sternheim und Rilke. Tapfer und großmütig ließ Sternheim auf alle französischen Gesichter, die ihm vorgeführt wurden, alsbald Backpfeifen niederprasseln. Boshafte Leute brachten ihm keine Liebe entgegen, andere mit einem kleine Staunen gemischten Respekt. Unruh dagegen war anfangs weich. Er teilte Handküsse aus, schickte Blumen, betrog, in Gedanken wenigstens, Irene. Die Nasenstüber behielt er sich für später vor. In den berühmten »Flügeln« versucht er, den Ruf einiger junger Frauen und die griechische Nase der Madame de Noailles zu verbergen. Wie alles in Tränen aufgelöst ist, kommt Rilke, trocknet die Tränen, findet selbst bei unseren Herzöginnen Talent und spielt die zarteste Flöte und gewinnt die Herzen.

*

Um die gleiche Zeit kamen drei französische Schriftsteller nach Berlin, die lyrische Dichtung und die Académie Française wie Raadica und Doodica, paradox zu einem Wesen vereinigt – das große Boulevard-Theater, in ein breites, väterliches Lächeln gebadet –, die Personifikation der unabhängigen Kritik und der unbestechlichen Zeitschriften, Paul Valéry, Tristan Bernard, André Gerlain. Ich war dabei, ich hatte ihr Vertrauen, also ist es meine Aufgabe, ihre Opfer und die von ihnen Beglückten zu registrieren und ihrem Aufenthalt den Nachruf zu halten.

*

Beginnen wir mit Tristan Bernard. Er verdient unsere Aufmerksamkeit. Er hat einen großen Bart, 70 Jahre auf dem Buckel, die Würde eines Weihnachtsmannes und das Wohlwollen des Präsidenten einer Republik. Der Schatten von Anatole France und das Andenken des Präsidenten Loubet scheinen nicht weniger seine Delegaten gewesen zu sein als die Société des Auteurs.

Während ich trinke, denke ich an Tristan Bernard, und furchtbare Kämpfe toben in mir. Was sein Werk betrifft, so bin ich aus diesem wenigstens als Sieger hervorgegangen. Es seien außerhalb des Bereichs unserer eigenen Neigungen weite Gebiete, die eine Existenzberechtigung haben, ihm zugestanden, wenn er sich mit dem traditionellen Husarenhelm an das nationale Lachen wendet, das sich in Edmond Rostant und in Tristan Bernard inkarnierte. Jetzt, nachdem der Autor von Cyrano tot ist, ist ihm der Dichter von Triplepatte als Theaterfürst, als Beherrscher der Boulevards, dessen Werk und dessen Physiognomie nie aufhören wird, die Herzen der braven Bürger zu erfreuen, nachgefolgt. Berlin hat sich vernünftigerweise dieser offiziellen Majestät eines anerkannten Werkes, und ich kann hinzufügen, nach einer universellen Abstimmung, gefügt.

Was den Menschen betrifft, ebenfalls. Er hat gesegnet und alle Welt zufriedengestellt. Theodor Wolff hat ihm ein sehr schönes Diner gegeben, ein anderer Wolff einen Ball. Chapiro und die hübsche Madame Chapiro haben über ihn gewacht wie die Schutzengel.

Welche Erinnerungen hätte ich von einer Rede zurückbehalten können, die fortwährend von Toasten, Jazzmusik und Hochrufen unterbrochen wurde. Sein Segen brach über mich herein, seine Anekdoten begannen schon, ihren kleinen Schachteln zu entsteigen, aber von den Wohltaten, die er mir zudachte, riß mich stets im letzten Augenblick irgend etwas fort: die Angst vor dem nächsten Toast oder dieser Heiligenschein des Genies auf der mächtigen Stirn Gerhart Hauptmanns oder diese entzückenden Gesichter, die diesen Gefahrenorkan durchzogen, Ossi Oswalda, kurzgeschnitten wie ein Rasen; sie will die Garçonne vortäuschen und bleibt gegen ihren Willen eine naivverwirrende junge Frau – die Baronin Uxküll, reizend wie eine Japanerin, deren Ahn ein Vogel war – und diese Pensionärin, die eben erst aus dem Kloster gekommen sein muß, frisch wie das Ave Maria der Nonnen, funkelnd und vollendet, wie das Verderben, Grete Mosheim; aus unseren Herzen, die diese jungen Frauen mit Liebe und Zukunft erfüllt hatten, war alle Sorge um eine noch so patriotische Vergangenheit, alle Verehrung für die Heiligen der Republik verdrängt, und St. Petrus Bernard blieb unbeachtet vor mir stehen mit dem Schlüssel in der Hand; ich wollte mit seinem Paradies nichts mehr zu tun haben.

*

Fünf großmütig gewährte, voraus in allen Einzelheiten festgelegte Tage von einer ganz offiziellen Strenge waren Valéry gewährt worden. Die französische Botschaft, die über ihn wachte wie ein Hof über seinen Prinzen, hatte ihm den Pen-Klub, Potsdam, Minister, Akademiker, Bankiers und alte Theologen zugedacht. Sie hatte strengstens verboten, daß ihm irgendein junger Schriftsteller oder eine Frau unter 50 Jahren vorgestellt wurde. Und so glaubte sich der Dichter, der nicht das Recht hatte, den Fuß selbständig zur Erde zu setzen, immerfort in Gesandtschaftsautos spazierengefahren wurde und durch seine Unkenntnis der Sprache eingeschüchtert war, in einem Traum voller Greise und Denkmäler. Professor Harnack und Ludwig Fulda zeichneten durch den Nebel des Brandenburger Tors für ihn wenig deutlich das Gesicht Berlins.

Trotz allem wurden in diese um den Akademiker errichtete Mauer grausamster Strenge einige Breschen geschlagen. Dem temperamentvollen, freimütigen René Lauret, der alle die wirklichen Schätze Deutschlands kennt und liebt, gelang es, bei einem intimen Dejeuner den Dichter zwischen die Großnichte Hindenburgs und Elisabeth Bergner zu setzen. Dieses Mahl hatte glückliche und unvorhergesehene Folgen. Als zwei Tage darauf Valéry in dem größten und scheußlichsten Saale Berlins einen Vortrag schloß, sah man plötzlich aus den Tiefen der gotischen Schatten ein bezauberndes Gesicht auftauchen, verbreitete ein riesiger Rosenbusch seinen Duft, und eine junge Gestalt, deren kindliche Unbefangenheit sich etwas Starkem und Königlichem verbindet, beherrschte die Versammlung. Elisabeth Bergner sprach; oder richtiger, nachdem die Poesie lange heraufbeschworen war, stand sie plötzlich vor uns, wild wie eine Mänade und geheimnisvoll wie eine Quelle.

Endlich, als er schon seine Koffer packte, versetzte ihn ein liebenswürdig angezetteltes Komplott plötzlich mitten unter die reizendsten Frauen von Berlin. Unmöglich, dieses Bouquet zu malen. 15 junge Damen, in deren jungen Gesichtern ältester Ruhm wieder aufblühte, das Blut von Liszt in den Adern einer jungen Musikerin, Seele und Name einer Bettina bei zwei Exemplaren von sehr verschiedener Schönheit, bei deren Anblick ein Dichter ohne Entzauberung die nach hundert Jahren noch magischen Worte Arnim und Brentano aussprechen durfte.

Man hätte erwartet, daß der Dichter, im Begriffe, Berlin zu verlassen, sich diesen jungen Damen zugeneigt hätte, wie man einen Blumenstrauß entgegennimmt. Aber etwas Sonderbares geschah: Er hatte sich so sehr an den ihm aufgezwungenen Stubenarrest gewöhnt, daß er sich zu der einzigen anwesenden Fünfzigerin setzte und brav auf dem Sofa neben ihr ausharrte. Gewiß, sie hat während einer Parforcejagd versucht, einem Hirsch das Leben zu retten. Vielleicht hatte der Dichter dies erraten, und es war vielleicht mehr der Wunsch, ein großes Herz zu ehren, als den entzückenden Blicken zu entfliehen, die ihm untersagt waren.

*

Und André Germain? Im Theater, am Telephon, in der Gesellschaft kann man ihn nirgends fassen. Es würde mir sehr schwer fallen, wenn ich Ihnen sagen sollte, was er in Berlin gemacht hat. Er ist durch einige der offiziellen Salons gekommen, in denen Valéry geglänzt hat, war auf einigen Banketts, die von Bernard geheiligt worden sind, er ist wie ein Irrlicht überall herumgeflitzt. Er kennt Berlin seit 16 Jahren und hat natürlich überall alte Erinnerungen aufzufrischen, die Träumereien im Tiergarten, den Salon von Marie v. Bunsen, in dem eine tapfere und treue Lampe wacht, und wo auf den Gesichtern der Charme der alten Musen, die er suchte, wieder auflebte.

Dank einem sicheren Tip, der mir gegeben wurde, konnte ich ihn endlich fassen und ein wenig ausführlicher mit ihm sprechen. Es war bei Schwannecke, wo er fast jeden Abend zu treffen war. Ich gestehe, daß ich ihn hierin begreife. Dies ist der einzige Ort, wo er sicher war, die Schriftsteller zu finden, die ihm am sympathischsten sind, und die Frauen, die er am meisten bewundert. Wie sollte man auch nicht all den Ministerien, all den Salons, all den Botschaften dieses Saloncafé vorziehen, in das plötzlich die tollkühnsten und begabtesten Schriftsteller, ein Kisch, ein Klabund, eintreten und der vornehmste aller Rebellen, Leonhard Frank, und last not least diese blendend jungen, schönen und durch eine souveräne Schlichtheit gefangennehmenden Schauspielerinnen, und unter ihnen, wie eine Prinzessin unter ihren Rivalinnen, die stürmische und liebenswürdige, tyrannische und großmütige – Tigerin und Kind –, die reizende, genialische, die unwiderstehliche Carola Neher.

Q 27/1/34

WEEKEND BERLIN

Amédée Ozenfant

Berlin war noch voriges Jahr eine ernsthafte Reise: Nachtfahrt. Jetzt geht man früh 7.55 auf den Nordbahnhof und schläft kurz nach Mitternacht in einem Berliner Hotel. Eine schöne normale Nacht durch. Man hat den ganzen Sonntag, einen richtigen langen Tag und einen Abend, so lang man ihn haben will; denn Montag braucht man erst um 8 Uhr abzufahren. In Paris 22.50. Dank der Eisenbahngesellschaft Nord sind Paris und Berlin Nachbarstädte geworden. Mehr als das: Denn Briefe aus Paris sind in Berlin rascher als in manchen Vororten, 25 km von Paris.

Also Berlin um Mitternacht. – Paris, Stadt des Lichts? Nichts mehr davon, jammervoll! Berlin, Paradies der Elektrizität. Ihr seid recht gewachsen seit der Obertertia, ihr zerbrechlichen, verstaubten Geiglerschen Röhren! Wenig Neonlicht und Gas, dafür gewaltige faustische und mephistophelische Wunder: Riesige Schnörkel preisen die hunderttausend Überflüssigkeiten der Zivilisation an, vom Auto bis zum Parfüm. Lichtsäulen machen die Nacht sonnenhell; färben sogar die preußische Nacht blau-weiß-rot: liebenswürdige Zauberei der Wunderfee Elektrizität.

Der Berliner Tag ist von beliebiger Länge, und man könnte vieles sehen, was ich nicht sah; aber andere haben so ausführlich darüber berichtet, daß ich mir's schenken und schlafen gehen konnte. Es gibt allerhand Musik in Berlin, aber ich höre sie mir in Paris an, dank der zarten Antennen, die draußen über Charlottenburg gespannt sind. Nachtleben, wem's gefällt, ich habe es festgestellt, als ich am Morgen zur Bahn ging: Der Kurfürstendamm ist früh morgens fast genau so belebt wie die Puerta del Sol in Madrid zur gleichen Stunde.

*

In Paris arbeitet die Atmosphäre der Ile-de-France mit den Architekten zusammen, macht selbst die gleichgültigsten Steine reizvoll, behandelt die Stadt als Landschaft. In Berlin nichts von Himmel, alles künstlich, ich meine: Werk des Menschen; keine europäische Stadt ist großstädtischer.

*

Vor dem Kriege graute einem vor jenem jämmerlichen Berlin in Halbtrauer oder tiefer Trauer, mit seinen schauerlichen Plakaten, den Emailbuchstaben, weiß auf schwarz oder schwarz auf weiß, wie alter schmutziger Schnee bei Tauwetter:

Nichts mehr von jener Stadt der »Pietät und Heimkehr« (Ich will aber nicht übertreiben in meinem optimistischen Artikel: ein bißchen gibts noch hier und da von diesem und jenem.); der Esprit Nouveau und Paris 1925 haben gewirkt: schöne Fassaden, anständige Läden, Schilder mit hübscher, eleganter, feiner Schrift. Die Künstler tun wirklich viel für die Völkerversöhnung ...

Berlin wird elegant.

Wir haben vor dem Krieg weidlich raisonniert über die grünen Hütchen mit Federstutzen, die grünen Lodenmäntel: die Gatten zu den Reform-Sackkleidern; und über die unglückseligen Ehehälften dazu (weißt du noch, mein Freund Raynal?). Aber jetzt lasse man sich mal nach der Methode Kutjepow verpacken, Augen und Ohren verbinden und an ein unbekanntes Ziel verschicken: lasse sich in irgendeiner Straße, irgendeinem Café Berlins auspacken: wo bist du? Man rät: Neuer Boulevard Haussmann. Gut geraten! Aber einer mit fabelhafter Beleuchtung!

Schon gut, liebe Freunde, ihr hattet etwas anderes erwartet ... ich sehe aber heute mal rosig.

*

Nicht sehr viele Autos. Man kommt leicht und schnell vorwärts. Wer an die Schwierigkeiten des Pariser Verkehrs gewöhnt ist, an die intelligente Beweglichkeit des Beamten, der von Fall zu Fall entscheidet, der amüsiert sich über den strengen Automatismus des Berliner Verkehrspolizisten: starr, überlebensgroß steht er auf seinem kleinen Sockel, wie ein Zeigertelegraph, wie ein Standbild der Vertikalität. Er streckt genau rechtwinklig und in exakten Zeitabständen erst den rechten, dann den linken Arm aus, um oft gar nicht vorhandenen Wagen die Durchfahrt freizugeben oder zu wehren.

Das Land des »Esprit des Lois« ist anders. Man darf hier schon ein bißchen lächeln. Aber die deutschen Autos werden Junge kriegen, alles funktioniert schon, als ob ... Man kann nie früh genug anfangen: Vorsicht ist besser als Nachsicht.

Kurzer Besuch im Kino: Charlie. Wer behauptet, es müsse unbedingt Grenzen geben? Kino »Universum«, von Erich Mendelsohn, dem großen Berliner Architekten; 2000 Plätze, aber weder kolossal noch pathetisch, wie es zur Zeit von Behrens gewesen wäre. Vernünftig, doch ohne posierenden Rationalismus.

Weite Proportionen, üppig, aber kultiviert; von einer gewissen Vornehmheit. Manche unsrer französischen Architekten, die sicherlich die Anreger waren, bleiben allzu lange streng sachlich. Du, der große Vorläufer, mein lieber Auguste Perret, warst immer menschlich. Das Zeitalter des Staubsaugers ist zu Ende, wenn es auch für die jüngeren heilsam war und gute Früchte gebracht hat.

Im Privathaus des Architekten. Im neuen Berlin W, mit Auto zwanzig Minuten vom Zentrum, auf einer endlosen Allee, Genre Zukunftsstraße Paris-St. Germain. Eine Villa auf einem jener entzückenden mit Fichten bestandenen Hügel (Fichten, nicht traurige Tannen). Sie liegt hoch über einer Seengruppe, auf der es von unzähligen Segelbooten wimmelt. (Von diesen Seen aus könnte Gerbault über Hamburg nach New York segeln: Berlin W – Welthafen der Zukunft?) Fünfzig Kilometer weite Sicht über riesige Buchten. Man drückt auf einen Knopf, die Glaswände verschwinden lautlos in der Erde. Natur und Haus fliegen ineinander. Es wird kühl, Druck auf den Knopf, die Glasscheiben steigen empor. Ölheizung setzt sich durch einen Temperaturanzeiger automatisch in Betrieb, brennt an, wärmt, nimmt zu, löscht aus. Zweihundertprozentiger Komfort.

Das Skelett dieses Hauses ist aus Eisen. Verwendung von Eisenbeton geht in Deutschland zurück. Bevorzugte Technik ist verkleidete Eisenkonstruktion (wie das Gebäude der Sozialversicherung bei der Ecole Militaire in Paris). Eisen ist der schlimmste Menschenvertilger. Paßt nicht recht zu einem Zeitalter des Überkomforts und der Hyperhygiene. Der Eisenbeton braucht wenig Eisen; das Eisengerüst verschlingt viel. Desto besser. Der Achtuhrzug führt über Essen, und all das Eisen, das viele Eisen dort ist beunruhigend: Man mag Häuser daraus bauen. Und was das Kampfbedürfnis anlangt, das uns im Blute liegt, so wollen wir die internationalen Rugbywettkämpfe vermehren und mit Leidenschaft austragen: die Eiterbeule lokalisieren. Frieden.

*

Guter Rat: Sucht euch euer Hotel nahe beim Aquarium: Da schwimmen majestätisch in hundert Glasbehältern kolossale Schildkröten, Haifische, Ungeheuer von Fischen und andere wie Blumen. Die Seeanemone wedelt mit einem entzückenden Federfächer vor ihrem Munde, der gleichzeitig ihr Verdauungskanal ist: Standardisierung, Prinzip der Ökonomie. Unter Scheinwerfern der Tropensonne führen zehn Meter lange Riesenboas behaglich ein normales Dasein in schönen

Felsen. Bienen bereiten vor euren Augen ihren Honig, und man hat der Königin zur leichteren Bewachung ein rotes Krönchen aufgesetzt: republikanische Vorsichtsmaßnahme. Die Scheiben der Aquarien sind blitzsauber, denn in Deutschland versteht man sich auf die Kunst des Reinemachens; und man hat absichtlich einige Wasserschnecken hineingesetzt, die über die Innenwände der Glasscheiben kriechen und sie aufs peinlichste sauber halten. Es gibt auch ein tropisches Palmarium, durch das ein Fluß fließt, und wenns eurer Fußspitze Spaß macht, könnt ihr die vierzig Krokodile krabbeln, die dort in relativer Freiheit leben. Alles, was kriecht, schwimmt und fliegt, lebt höchst vergnügt in diesem künstlichen irdischen Paradies Berlin W. Die abstrakte Stadt Berlin hat diesem erstaunlichen Rendez-vous der Schöpfung eine Arche zur Verfügung gestellt.

*

Paul Morand bezeichnet Berlin als ein mißglücktes New York. Wer weiß, ob nicht in zwanzig Jahren New York ein mißglücktes Berlin ist! Man mag sagen, was man will: Berlin ist europäisch. Paris ist noch die ideale Hauptstadt, aber man muß weiterkommen. Berlin bekommt jetzt etwas von Paris, etwas von New York.

Reisen wird immer leichter, bald wird es ganz überflüssig sein: europäische Mimikry, später universelle.

Berlin und Paris haben mancherlei miteinander ausgetauscht. So beginnen oft Liebesbeziehungen, aus denen glückliche Ehen werden können.

*

Reist nächsten Sonnabend ab, Weekend Berlin, um einige Vorurteile zu revidieren und manches Wertvolle kennenzulernen.

Q 31/5/297

MEINE BERLINER AUSSTELLUNG

Fernand Léger

Flechtheim bittet mich, etwas über meine nächste Ausstellung zu plaudern – es ist freilich eine Indiskretion: Aber wie könnte man unserem großen Berliner Manager irgend etwas abschlagen?

Mag es also sein! – Ich denke mir ungefähr folgendes: Sie werden im Februar eine Bildersammlung mit einem Minimum an Perspektive und an Tiefenwirkung zu sehen bekommen – eine vertikale Kunst.

Soweit ist kaum etwas besonders Neues daran – die Primitiven, die Impressionisten haben schon gegen die Perspektive gekämpft, die uns die italienische Renaissance, die typische Dekadenz-Epoche, vererbt hat.

Aber es gibt noch etwas anderes, was diese italienische Renaissance uns gebracht hat: Das ist das Sujet. – Die Primitiven haben es nicht fertiggebracht, sich ganz über das Sujet hinwegzusetzen – ihre Zeit erlaubte es ihnen nicht, aber sie haben es geringgeschätzt, sie verwenden es eben nur. Die Renaissance dagegen hat sich ihm unterworfen, sich förmlich in ihm gewälzt, sie hat mehr optische Stoffabbildung gegeben als plastische Kunst. Es war nötig, um jeden Preis zu vermeiden, wieder in die Geleise zu geraten. Die Modernen haben eine gewaltige Anstrengung gemacht. Die Modernen beginnen bei Mariet und den Impressionisten – schon sie haben versucht, sich zu befreien; sie sind *weniger darstellend* als ihre Vorgänger –, ihre Leidenschaften, ihre Stilleben sind einfache »Motive«, das »Sujet« ist wohl darin, die Kunst der Behandlung aber ist wichtiger, steht darüber.

Die Kubisten haben die Befreiung schärfer betont – sie haben das »Sujet« zerschlagen, verrenkt, pulverisiert –, sie haben ihre Eroberung fortgeführt bis zur Einführung des »abstrakten« Bildes. An dieser äußersten Position angekommen, gab es eine vollständige Konfusion. Ein ausgesprochen anarchischer Zustand hat sich aller Kreise im Zusammenhang mit diesem Ereignis bemächtigt.

Trotzdem braucht man natürlich etwas, um ein Staffeleibild zu schaffen. Eine weiße Leinwand – genügt nicht –, ein Kreis und ein Viereck auf dieser weißen Leinwand – genügen auch nicht –, ein »Sujet«, das wäre ein Rückschritt, ist also unerwünscht. Die gegenwärtige Lage ist demnach ungefähr folgende:

Um ein Staffeleibild zu malen, darf man weder »abstrakt« sein, noch im »Sujet« befangen.

Die »abstrakte« Kunst hat ihre streng abgegrenzte Domäne in der »Wand«kunst, einer Kunst, die in Beziehung zur Architektur steht. Da kann sie sich entwickeln und einen sehr wichtigen Zweig moderner Kunstbetätigung schaffen – wie aber steht es mit dem Staffeleibild?

Das Staffeleibild muß ein lebendiger Organismus sein, voller Abwechslung, reich, intensiv. Es muß ebensoviel Raum auf einer Wand beherrschen können, wie das auffallendste, hübscheste, beweglichste Fabrikationsprodukt.

Und was weiter?

Ich persönlich habe das Gefühl gehabt, daß es gegenwärtig in unserer Umgebung eine überraschende, sehr aktuelle Tatsache gibt: das Hervortreten der Gegenstände, der »Objekte«. (1924 habe ich einen kleinen Film hergestellt, »Das mechanische Ballett«, der fast ausschließlich aus »Objekten« besteht.) Es handelte sich nun darum, dieses »Objekt« plastisch hinzustellen. In der Malerei bemühe ich mich selbst schon seit mehreren Jahren darum. Die Schaufensterkunst hat seit einiger Zeit gelernt, es uns aufzuoktroyieren, es in den Raum zu stellen, zu isolieren, zu personalisieren. Ein Schuh, ein Paar Strümpfe in einem Schaufenster sind Individuen geworden, eine Frucht bei einem Obsthändler drapiert sich, ein Hammel im Schlächterladen wird eine wichtige, aufs wirksamste inszenierte Persönlichkeit.

Das Kino mit seiner großen Fläche hat auch das »Objekt« zur Geltung gebracht; eine Hand, ein Finger, ein Fuß, ein Auge, zehnmal vergrößert, wird zu einem Objekt, einem Individuum – und nun, folgen Sie mir, bitte, genau: Ein »Sujet« ist natürlich aus Objekten zusammengesetzt, aber, wenn Sie denken: »Sujet«, wenn Sie von der Idee: »Sujet« beherrscht werden, dann werden Sie natürlich dies »Objekt«

dem »Sujet« zum Opfer bringen – und das heißt: eine alte, unmoderne Blickeinstellung haben.

Aber: Wenn Sie mit klarem Blick im heutigen Leben stehen, wenn Sie das »Objekt« erfühlt haben, dann werden Sie ganz einfach das »Sujet« dem »Objekt« opfern, Sie kehren die Formel um; das sieht nach nichts aus und scheint sehr einfach – aber trotzdem: Es ist das Gegenteil, und dieses Gegenteil ist, nach meiner Meinung, im höchsten Grade aktuell. Und darauf stütze ich mich nach dem Aufbau meiner Bilder.

Die ältere Malerei wird umfaßt durch den Begriff: »Sujet«, und ich glaube, daß es bei der modernen Kunst statt dessen das »Objekt« heißen muß.

Es ist natürlich sehr schwer, diesem »Objekt« zu einem plastischen Wert zu verhelfen; dazu bedarf es einer ganz bestimmten Arbeitsweise.

Ich persönlich benütze es, damit es einen plastischen Wert erhält, in Kontraststellungen, ich respektiere es so sehr als möglich, ich gehe sogar so weit, die konzentrische Stellung zu vermeiden, und trachte danach, es in zentrifugaler Lage in den Raum zu stellen.

Sie werden also nun bei meinem Freund Flechtheim Werke der letzteren Art zu sehen bekommen – ziemlich neuartig – glaube ich –, geschaffen nach dieser Auffassung des »Objektes«, in Kontrastwirkung gegeben zu einem plastisch gedachten Hintergrund.

Folgendes sei noch hinzugefügt: Von meiner Liebe zum »Objekt«, von meiner Arbeit um das Schaffen dieser neuen Technik, habe ich Ihnen soeben, glaube ich, in genügend klarer Weise berichtet. Diese Klarheit aber verdanke ich scharfblickenden Köpfen wie Christian Zervos, Teriade, Waldemar Georges, Maurice Raynal, die in ihrem Artikel über meine Arbeit der letzten Jahre dieses Suchen, dessen ich mir am Anfang kaum selbst bewußt war, schon gefühlt und scharf und klar zum Ausdruck gebracht haben. Ich entwickle in diesem Artikel einfach das, was sie gesehen, gefühlt haben – das ist alles. Und Ähnliches fühlten meine Sammler – ich nenne nur die deutschen: Lange und Remisch in Krefeld, Reber und Flechtheim.

Q 28/I/35

BERLIN'S THE BUMMEL TOWN

David Fish

London has its club life, its hotel restaurants, a few smart expensive night clubs where drinking stops at 12.30, some twenty small foreign restaurants in Soho, the Café Royal, and practically nothing else. How could one »bummel« there? it would cost a fortune, even if it could be done – and it simply can't.

Paris, oh yes, we all know the gaiety of the nightly round of Montmartre, the bluff of the Latin quarter, and the countless restaurants where one can eat to, enjoy; but there lingers a feeling that it is all a show for us, the foreigners. Where are the French?

But Berlin, what can it provide? There are a thousand »Konditoreien« – they are all more sumptious, much more modern than those of Paris or Vienna, but they aren't »gemütlich«, they are always on the go, but they have one saving point, »Hier findet man Anschluß«.

To see the Berliners' real night life one must avoid the eternal round of the bars and dancing places in the west, these are too international – besides being very expensive – they might be in any city. One must explore, get away to the East, South and North; in fact, one must go on a »bummel«. Some of the following brief descriptions will no doubt be recognised by many.

An old cellar, the walls are black with the smoke of a hundred years, the ceiling too low for anyone but a dwarf. Bare wooden tables. Students sitting with their girls, empty bottles of wine gradually lined up in close formation on the tables. Students still sitting, embracing their girls; students singing lustily, singing of their girls. All in good humor – no one disgraces himself in spite of the fixture provided for »Seekranken« – these are historical rooms.

A café in a setting of Japan, strangely full of very ordinary up-from-the-country people drinking a cup of coffee quite innocently in Berlin.

Something looks rather queer with that lady over there, her hands seem rather big. Suddenly she speaks in a loud bass-voice. It gradually dawns on one that they aren't women after all. There are two tables of them, but nobody takes any notice of them. One is told that this café is at the end of their beat.

Everybody knows the engraving of this, perhaps the oldest, certainly the quaintest, cottage of old Berlin. Famous men have lived here, now it is a small »Bierstube«. They say that the caricaturist Zille started his career sketching here, and certainly copies of his works adorn the walls; it can at least provide types for an apache ball. And they are interesting too, one would soon become interesting here, beer cost ten pfennigs and corn brandy twenty pfennigs a glass. There are four out-of-works who play cards all day long – at least three of them do – only one of them works at a time and he keeps the rest of them in beer.

Here we are in one of the few dance places in Berlin that is always full. From the advertisements, one would expect to find all the men in evening dress, or at least in smoking, telephoning rapidly and automatically to someone across the room, but so far as the dress is concerned it isn't so. The idea of the »table telephone« is certainly good and i might be used more if there was anyone pretty to telephone to, and i the women and male companions were more obliging in passing the telephone to the girl of ones choice. There is a sharp contest in this part of the town for the most original lighting effect, a fountain or many fountains being now-a-days an absolute necessity to the scheme of things. When at last a dance partner has been found by means of the automatic telephone, she invariably says that she is here for the first time.

Downstairs there is a dance place which is rather reminiscent of the arcades of the Palais Royal in Paris on the 14th of July, whilst two floors up, in another novelly lighted hall, the extreme youth of Berlin behaves itself exactly as its elders are doing down below, and in fact dances to the same music which is broadcasted from one central band.

A large hall where at least 300 men are dancing together is a sight which is quite common in Berlin. The seriousness of the affair is really what is most amazing: and although gestures of affection are not lacking there is usually a fair amount of restraint. These places are to a certain extent used as clubs where men can talk together without having to pay for a girl's drink. Although one or two women may get into such company, it is more or less impossible for a man to get admitted to a similar place reserved for the opposite sex. Although the presence of a mere man causes pleasure to some, it causes great anxiety to the others – and womanise boxing matches have been prohibited in Berlin.

The propaganda lectures on free love at the cabaret that seeks to be informing are taken very seriously, but, in spite of the lecturer's assurance, it is extremely difficult to understand how a man can really find delight in the thought of his wife's unfaithfulness. These performances are attended almost exclusively by men, but numerous ladies of the house appear in time for the lighter side of the evening's entertainment which includes »tableaux vivants« and dancing.

One can sit in the midst of a Bavarian village in the heart of Berlin. Typical Bavarians in national dress – natives of Berlin – serve beer, drink beer and sing to their hearts content but quite regardless of the guests, except to stop to hit new arrivals on the back as they enter. An aged monk leads one down to a crypt, where to the assembled congregation sitting on coffins he expounds the erotic life of Berlin.

The »Bummel« could be prolonged indefinitely but it is limited by ones capacity for drink and by the 3 o'clock closing time. There are »boites« copied from Paris – French songs but no French. Students »Kneipe« underground or in imitation grottoes, where one can join in with their songs. Bars remarkably like the »Puffs« of former days and cabarets which, in spite of excellent performances, look as though they could never pay for the artists, barmaids and attendants far outnumber the beer-drinking guests. One can dance in huge halls which are disguised as the Bavarian Alps or with the aged in places reserved »Nur für ältere Jugend«. And then to wind up at one or other of the few places which still have night concessions – crowded and very smoky of course – where to the music of a guitar or a piano one drinks beer out of the bottle and seeks to recognize popular actresses or stars of the criminal world. *Sic transit gloria mundi!*

Q 29/4/244

George Grosz

MIT DEM NACHTTAXI IN BERLIN

Von einem Chauffeur

Auch in Deutschland kommen wir dahin, alle Dinge, die das praktische Leben angehen, mit den »zufassenden« Augen des Amerikaners anzuschauen! So ist es interessant und erkenntnisreich zugleich, als Taxiführer bei Nacht durch die vielen hellen und dunklen Straßen der großen Stadt zu eilen, die das Herz Europas genannt wird und deren Pulsschlag zu jeder Nachtstunde deutlich fühlbar bleibt! Der Taxi-Chauffeur hat ihrer eine eigene Kenntnis, die sich sowohl auf Bezirke, Straßen, Brücken und Plätze, wie auch auf die in ihr wohnenden Menschen erstreckt!

Seitdem ich mein Studium abbrechen mußte, fahre ich Nachttaxi! Der Berliner Droschkenjargon würde mich allerdings als »Greifer« bezeichnen! Wie viele Dinge, die Taxifahrer verkehrspolizeilich »verbrechen«, ist auch »Greifen« durchaus verboten! Es bedeutet nachts ein langsames Fahren durch die Straßen, über ihre Kreuzungen, besonders des Westens, an Lohntagen, Sonnabenden und Sonntagen aber auch der ganzen Stadt! Dabei heißt es, die Fahrgäste schnellstens als solche erkennen! Wo eine weiße Schleppe oder ein Frack sichtbar wird, wo zu später Stunde eine Gestalt nicht mehr das normale Gebaren des Homo sapiens zeigt, wo eine Gruppe von Menschen ein Haus oder ein Lokal verläßt, schießt der flinke Taxiführer heran und verlockt zum Einsteigen in das schnellste und bequemste Verkehrsmittel! Chancenreich ist Greifen sowohl zur Theaterzeit als auch um und nach Mitternacht, wo der Berliner sich an den Haltestellen leicht überzeugen läßt, daß ein Taxi unwesentlich teurer als der Nachtautobus ist, auf den man lange warten muß und in dem man gestoßen und gedrängt wird!

Zum erfolgreichen Greifen gehört ein ganz bestimmtes, erfahrungsgemäß aufgebautes Schema, in dem sowohl die einzelnen Stunden und Zeiten, wie auch die verschiedenen Verdienst-Chancen in den einzelnen Gegenden und Bezirken zu den Hauptausgehtagen in Beziehung gesetzt werden müssen! Am meisten Betrieb in der Stadt ist freitags und sonnabends, aber auch Mittwoch und Sonntag gehen! Bei den Hauptfeiertagen ergibt sich eine besondere Beliebtheit zum Ausgehen für die zweiten; die größte Nacht des Jahres aber, in der es kein »Abrutschen« gibt, ist die Neujahrsnacht! Auch die ersten Nächte jedes Monats habe ich in meinen Kasseneinnahmen immer deutlichst feststellen können!

Für den Taxifahrer sollen Höflichkeit und eine gewisse nicht unbedingt servile Dienstbereitschaft die Grundzüge seines Wesens bilden, die es neben schnellem und umsichtigem Handeln, also sicherem Fahren, sehr bald ermöglichen, das Vertrauen des Fahrgastes zu erwerben!

Mir liegt sehr an diesem Vertrauen, welches mich mehr in persönlicher, oft auch in finanzieller Hinsicht entschädigt! So bezeichne ich es als Vertrauen, wenn ein hoher süddeutscher Beamter (als solcher durch den Portier des Kaiserhofes legitimiert) vor dem Kaiserhof mitten in der Nacht eine halbe Stunde mit mir über Berliner Verkehrsfragen diskutierte! Viele wertvolle Bekanntschaften zu unvoreingenommenen Künstlern und Gelehrten haben sich für mich aus Taxifahrten in später Nachtstunde ergeben! Aber es gibt auch genug ulkige Dinge »auf dem Bock« zu erleben!

Es ist sehr oft beim Taxifahren wie auch sonst im Leben so, daß das richtige Wort die richtige Handlung im richtigen Moment begleiten muß! War es einmal schlechtes kaltes Wetter, habe ich oft junge Damen oder auch alte Leute zu einem um ein Drittel, also meinen Verdienstanteil ermäßigten Fahrpreis nach Hause gefahren! Und es für nichts weiter als selbstverständlich gehalten! Je später die Nacht, desto besser gewöhnlich die Fahrgäste, was aber nicht mit dem Geldbeutel, sondern vielmehr mit »häuslichen« Trieben zusammenzuhängen scheint! Da war eine eiskalte Nacht mit Schneegestöber, in der ich Pendelverkehr zwischen Berlin und Karlshorst eingerichtet hatte! Auf der Eisenbahnbrücke in Lichtenberg stand ein Fahrgast und hinter ihm winkte ein zweiter! Weit und breit war kein anderes Taxi in Sicht! Da beide bis Karlshorst ziemlich einen Weg hatten, machte ich ihnen den Vorschlag, zusammen zu fahren! Als dann noch zwei Fahrgäste am Wege sich um eine Fahrgelegenheit bemühten, hatte ich vier Leuten geholfen, alle waren gleich dankbar und zufrieden! Da sie zu verschiedenen Zeiten ausstiegen, machte ich den Vorschlag, daß jeder nach Belieben zahlen solle, und ich bin bei der Addition des Fahrpreises reichlich zu meinem Gelde gekommen! – Als ich in K. wieder Fahrgäste nach Berlin fand, ergab sich ein ähnliches Ein- und Aussteigen von selbst, und in der Folge habe ich in den Randbezirken der Stadt oft ähnliche Fuhren zusammengestellt, ohne je einen Einspruch zu erleben!

Wenn gar niemand einsteigen will, weiß sich mancher Chauffeur durch den festen Fahrpreis zu helfen, d. h. auf dunklen Wegstrecken wird die den Fahrpreis anzeigende Uhr sowie die Uhrlampe aus- oder blindgeschaltet; so läßt sich der Uhrenpreis mit dem ausgemachten Fahrpreis leicht vereinigen! – Diese Übertretungen der Droschkenordnung können jedoch den Verlust des Droschkenscheines und ernsthafte Bestrafung nach sich ziehen, auch sind zum Teil eigens angestellte Beamte der großen Droschkengesellschaften unterwegs, um derartige Unregelmäßigkeiten aufzudecken! In einem Falle verfolgte mich der Fahrer eines anderen Wagens, der wahrscheinlich Unter den Linden (wo sehr viele Taxen vor der Friedrichstraßenkreuzung warten) von seinem Sitz aus beobachtet hatte, wie ich dort an der Autobushaltestelle Fahrgäste zum Einsteigen bewegte und eine zu niedrige Fahrtaxe einschaltete, was natürlich ebenso verboten ist! Bald bemerkte ich den Verfolger, der Motor konnte auf der Charlottenburger Chaussee alle seine Kraft anwenden, trotzdem überholte mich der andere mit der stärkeren Maschine! Während er vorbeifuhr und einem am Großen Stern wachenden Beamten mein Vorgehen erklärte, hatte ich längst die richtige Taxe eingeschaltet und fuhr dort ruhig vorbei! Der andere gab die Verfolgung auf! Der Nachweis dieser Unregelmäßigkeiten, wenn er nicht auf frischer Tat erfolgt, ist sehr schwer! – Die wenigsten Fahrgäste wissen, daß sie bei allen direkten oder indirekten Schädigungen durch Droschkenfahrer das Kraftverkehrsamt in Anspruch nehmen können, und schon die Nennung des letzteren hat oft eine Zauberwirkung auf den Fahrer.

In fast allen Stadtteilen werden nach drei Uhr nachts noch Lokale für Nachtbummler und Fremde offengehalten oder geöffnet, die mehr oder weniger »charakteristisch gefärbt« sind! Das eigentliche Nachtleben Berlins aber spielt sich ab in Klubs, geschlossenen Gesellschaften oder Vereinen und Lokalen, die nicht ohne Stichwort der Mitgliedskarte zugänglich sind! In der Zeit zwischen drei und sechs Uhr morgens erhält auch der Nachttaxi-Chauffeur seine ureigensten Aufträge! Hier gilt besonders der oben ausgesprochene Satz: von den hellen und dunklen Straßen der Stadt! Von der Joachimsthaler Straße aus hatte z. B. ein Paar öfters den Wunsch, morgens um etwa vier Uhr die Avus zu besichtigen! Wenn dann dichter Nebel auf der Strecke lag, der Asphalt glitschig war und ich sechzehn Stunden gefahren hatte, war ich oft am Ende meiner Kräfte und habe nur mit letzter Willenskonzentration einen Unfall verhütet! Der Fahrpreisanzeiger zeigte am Schluß dieser Fahrten bis zu 23,50 RM!! –

Ähnliche Besichtigungs-Fahrten sind, wenn auch nicht auf der Avus, von manchen Nachtlokalen aus des öfteren zu beobachten. In diesen späten oder frühen Stunden werden auch die Passagiere angetroffen, die entweder nicht zahlen wollen oder nicht mehr können! In den Fällen, wo die Leute vertrauenswürdig scheinen, notiere ich mir ihre Adresse, und es ist wohl nicht bloß Glück, wenn ich bisher immer mein Geld erhalten habe! Auch die sogenannten »Pfänderherren« sind sicher, wenn das Pfand auch nur einen moralischen Wert besitzt!

Im Winter fahre ich oft mit der Taxe zu den kleineren Bällen! Unter einem dicken alten Mantel trage ich mein Kostüm und etwa um drei Uhr frage ich meine Freunde, meine Bekannten und auch Fremde, die ich herausgehen sehe, ob ich sie nach Hause bringen darf und ob sie ein Taxi nehmen! Ich frage frisch, fröhlich, frei und ohne Bedenken, und so erhalte ich selten eine Absage! Daß ich mit der jeweiligen Ball-Kontrolle vorher Freundschaft schließe, daß ich mich vor meinen zahlreich draußen vertretenen Kollegen hüten muß, ist selbstverständlich! Neue Wege bringen auch hier immer Erfolge. Nachttaxifahren ist Schnelligkeit und Geistesgegenwart des Handelns! – Ich beobachte jeden Fahrgast und weiß bald, wen ich vor mir habe! Aber mein Fahrgast muß das Vertrauen beim Einsteigen in den Wagen bekommen. Auf dieser Basis erhoffe ich und erhalte ich meinen *Erfolg.*

Q 32/7/500

Rudolf Schlichter

DIE QUEEN-BAR

Ursula von Zedlitz

Einstmals war sie eine kleine Unbekannte vom Kurfürstendamm. Sie durfte nicht wählerisch sein, mußte genau wie ihre armseligen Schwestern ihr Dasein durch die Besuche anonymer Provinzler fristen. Vergeblich träumte sie von dekorativen Diplomaten, die ihren Kunstwert hätten steigern können ... vergeblich von den sieben fetten und den sieben mageren Prinzen, die schon manche ihrer Berliner Kolleginnen zu trautestem Asyl erkoren hatten ... Da kam Heinroth ...

Heinroth, diese unvergleichliche Mischung von Schauspieler, Kellner, Regisseur und Clown, erkannte mit sicherem Blick die Qualitäten ihres Formats. Er nahm ihre Führung in die Hand, dichtete sie sozusagen um. Und so wurde aus der bescheidenen, bourgeoisen kleinen Queen-Bar, die ihren prätentiösen Namen wie ein beziehungsloses und lächerliches Ornament getragen hatte – Die Königin.

Der Raum erinnert an eine Bonbonniere. Blaßgrün und rosenrot sind die Wände, gar nicht einmal besonders geschmackvoll oder besonders originell. Das Geheimnis seines Erfolges liegt in seiner rätselhaften Architektur, die ihn immer vollbesetzt scheinen lassen, gleichgültig, ob zehn oder hundert Gäste anwesend sind. Immer mehr Tische zaubert an Samstagen der findige Entrepreneur aus dem Nichts. Dann wird das winzige Tanzoval schmal wie ein Dominostein, die Luft ist heiß und grau von Zigarettenrauch, und die niedrige Decke scheint sich waagerecht auf die Köpfe der Anwesenden zu stützen. Da ist Heinroth in seinem Element. Sein Conferencier-Bedürfnis feiert wahre Orgien, sobald es ein würdiges Publikum findet. So gefürchtet ist zuweilen seine Frechheit, daß sich viele seiner Gäste vieles von ihm gefallen lassen: Denn er hat doch immer die Lacher auf seiner Seite. Dann tobt sich auch die Musik in uralten Schlagern und Märschen aus – je mehr Krach, desto höher steigt die Stimmung.

Diese Musik ist ebenfalls in ihrer Art ein Original: Sie ist irgendwie persönlich, hat ein bemerkenswertes Einfühlungsvermögen in die Tanzenden. Ihre Favoriten begrüßt sie mit deren Lieblingsmelodien, zuweilen auch mit einem Tusch. Abgesehen von ihrem Primgeiger ist sie gar nicht first class, ihr Rhythmus gibt manchmal zu denken, und weder Argentinier noch Neger gehören zu ihrem Ensemble: Sie hat den Zauber der Unprominenz. Aber ihr Repertoire ist reich und wird allen Stimmungen gerecht. Für die späteren Nachtstunden sind ihre Tangos wie geschaffen: voll Melodie und Sanftheit, voll süßer Sentimentalität, die die gelöste Whisky-Soda-Atmosphäre streichelt und beschwingt. Behutsam stellen sie sich zwischen anstrengende House-parties und dem ausgebrannten und unerbittlichen Lendemain.

Die Königin ist fast ein unumgänglicher Salon geworden, in dem man sich von Zeit zu Zeit zeigen muß, um zu sehen und gesehen zu werden. Wie könnte man sonst dokumentieren, daß die Collage des schönen Y. mit Frau X. durchaus noch nicht auseinander oder gar wieder geleimt ist? Daß offiziöse Verlobungen offiziell geworden, daß Staatssekretäre, Minister und Gesandte noch wohlauf und gut auf ihrem Posten sind, daß das Auswärtige Amt noch in jeder Beziehung etwas zu sagen hat? Die Gesellschaft wechselt ihre Spitzen, wer heute unten, ist morgen oben, und neue Truste bilden sich darin, die nur auf diese Weise sich von der Masse feststellen lassen – die Saison vergeht –, aber die Königin besteht!

Q 28/2/114

DAS ROMANISCHE CAFÉ

Matheo Quinz

Wirklich kennt nur der Maler John Höxter das Romanische Café. Er hat die Generationen, die hier wie in den früheren Lokalen ein- und ausgehen und auf Boheme machen, überdauert, mit der tragischen Miene eines ewigen Todeskandidaten die feinsten Schwingungen ihrer Künstlerseelen und ihrer Brieftaschen ergründet, sie nach Kategorien von fünfzig Pfennig bis zwei Mark registriert und dieses Wissen durch unentwegten, jahrzehntelangen Pump in Geld umgesetzt. Er wird auch diese Generation überleben und so der Berliner soit-disant Boheme, so lange er existiert, Ruf und Existenzberechtigung erhalten.

Sinnfällig ist das Lokal des Romanischen wie eine große Badeanstalt in ein größeres Bassin für Schwimmer und in ein kleineres für Nichtschwimmer eingeteilt. Die Besucher der zwei Abteilungen haben kaum etwas miteinander zu tun. Wo die Drehtür die beiden Bassins trennt, scheiden sich zwei Welten. Hier steht Nietz, der Portier, nach Höxter die wichtigste Person. Überlegen regelt er den Verkehr und hat sich den sachlichen, verhalten-energischen Ton angewöhnt, den man sonst nur bei Irrenwärtern findet. Nur Gäste, die Herr Nietz persönlich kennt, so mit Namen kennt, daß er sie ohne lauten Namensaufruf durchs Lokal an das Telephon zitieren kann, werden als anerkannte Gäste, sei es Künstler oder anderes, gewertet. Die meisten sind Inseratenagenten. Künstler, die Nietz nicht kennt, gibt es einfach nicht.

Das Nichtschwimmerbassin wird in der Hauptsache von Egon Erwin Kisch bevölkert, der die erstaunliche Fähigkeit hat, zu gleicher Zeit an allen Tischen angeregte Unterhaltungen zu führen, dabei alle Zeitungen zu lesen, ohne den faszinierenden Blick zu versäumen, den er allen das Bassin passierenden Frauen zuzuwerfen hat. Ist Kisch nicht in Berlin, so entvölkert sich das Bassin merklich.

In zwei Ecken des Nichtschwimmerbassins tagt und nächtigt die kommunistische Fraktion des Romanischen; einen Tisch besetzen täglich die guten alten Talmudforscher; an diesem Tisch wurde sogar schon ein wirklich existierender Gott erfunden. Bei den Nichtschwimmern steht auch der Flechtheimtisch, und, alle übersehend, an der Stirnseite des Lokals, beobachtet der Irrenarzt Dr. Emanuel seine lieben Patienten und sucht die aus, die es noch werden könnten. Chirurgen und ähnliches gibt es nicht im Café, das Spezialgebiet der meist anwesenden Hausärzte Dr. Benn und Dr. Döhmann soll diskreterweise nicht genannt, aber im Adreßbuch nachgelesen werden.

Der Kreis, den das Nichtschwimmerbassin umspannt, ist ungeheuer. Die Journalisten sind da von der Roten Fahne bis zur Kreuzzeitung.

Der Barmatstaatsanwalt Caspary sitzt neben dem 2-Jahre-Mord-Gumbel, Bronnen und Leonhard Frank trinken Schulter an Schulter mit Arthur Rebner ihren Kaffee. Die Kunsthändler sind da von Flechtheim bis zum bedeutendsten weiblichen Kunsthändler der Welt. Valeska Gert und Celly de Rheidt, Jessner und der Leiter des Liebhabertheaters in Groß-Salze; fast alle Maler: Otto Dix, Mopp, Krauskopf, Lederer. Ein Maler hört sogar auf den Namen Feigel. Alle Maler leiden übrigens seit einiger Zeit an der chronischen Dolbinkrankheit. Sie zeichnen sich untereinander mit unerhörter Behendigkeit.

Im Nichtschwimmerbassin gibt es auch Gäste, die nie an einem Tisch sitzen – außer Höxter, der ja aus geschäftlichen Gründen jeden Tisch zu erledigen hat. – Da ist ein Mann, der Mathematiker ist, ferner die Fähigkeit hat, Regenwürmer zu essen, Bumerang zu werfen, weiße Hosen und ein Monokel trägt, mit dem er durchschnittlich alle Stunden einmal durch das Bassin äugt. Auch Stefan Großmann durchwandelt die Halle, immer nur abends, bevor er schlafen geht.

Zwischen den beiden Bassins, im Kap der Arrivierten, steht der Honoratiorentisch, in seiner geographischen Lage klar im Gebiet der Schwimmer. In Würde thront hier Slevogt mit Bruno Cassirer. Nur wenige dürfen sich hier heransetzen, diesen wenigen ist aber die Stunde Stammtisch Lebenszweck geworden. Hier spricht der Kunsttrainer Scheffler des Stalls Cassirer täglich 1000 Worte Kunst (Cassirers Trabertrainer verkehrt nicht in *dem* Lokal). Hier demonstriert Orlik zwischen zwei Teegesellschaften und vier Soupers, wie man mit der rechten und linken Hand zu gleicher Zeit zeichnen kann, ohne ein Menzel zu sein. Großmann hat hier den Sport erfunden, zu zeichnen, ohne auf das Papier zu schauen, eine durch Orlik längst überholte Fertigkeit: Der zeichnet auf ein Blatt Papier in der Hosentasche. Die Honoratiorenherrlichkeit dauert täglich nur bis neun Uhr. Dann muß Slevogt, ob er will oder nicht, weg vom Tisch, denn dann verspeist der Wirt hier sein Schnitzel. Dagegen ist auch Orlik machtlos.

Im Schwimmbassin lassen sich die Leute nieder, die Geld haben, oder wenigstens so tun als ob, also Filmleute, abgebaute Dramaturgen, Inseratenakquisiteure, Zigarettenvertreter und der Dichter Oskar Kanehl. Die Gäste dieser Abteilung werden von den Kellnern hoch geachtet, sie trinken meist Mokka, namentlich die Filmiers, auf dieser Seite sitzt das Kapital; allerdings auch die sporadisch auftretenden Zechpreller und Paletotverwechsler. (Es sei ausdrücklich festgestellt, daß diese Herrschaften zu den Schwimmern zählen, bei den Nichtschwimmern dominiert der edle, offene Pump, das einzige Motiv, das einen enragierten Besucher des kleinen Bassins in das große treiben kann). Hier in der Sonne des Kapitals sitzen auch die kleinen Mädchen. Sie haben schöne Namen: Joa, die Infantin des Romanischen, Bibiana, das Biberl, die noch von Peter Altenberg ausgebildet worden ist, Anja, der der Maler Meidner unbedingt das Beten beibringen wollte, das Mottchen, von dem die Sage geht, es hätte einmal einen Mann glatt ruiniert (der Mann verkehrte nicht im Romanischen). Sie geben sich alle die größte Mühe, als große Damen aufzutreten. Mancher wird es vielleicht noch gelingen, wie es Takka-Takka gelernt hat, und vor allem Nadja, die viel gemalte und viel geliebte Nadja, die nur noch ganz selten zu sehen ist, so zwischen einem kleinen Trip nach Kairo oder Biarritz. Wer von den kleinen Frauen gerade mit wem liiert ist, ist unmöglich festzustellen; auch nicht, wer vielleicht gerade mit wem verheiratet oder geschieden ist. Diese Interna kennt nur der Rechtsanwalt des Cafés mit dem Römerkopf, und der schweigt, schweigt seit 20 Jahren über diese Dinge. Dabei gibt es nur wenige der ständigen Besucher, die Hans Braun nicht mit Takt und Erfolg geschieden, und kaum eines der kleinen Mädchen, das nicht zum mindesten einmal als Scheidungsgrund funktioniert hat.

Das Leben des Cafés dauert von 5 Uhr nachmittags bis 1 Uhr nachts. Sonst ist es einsam, und nur ein paar ganz feine Leute, wie Huelsenbeck der Exdada, essen ihr Schnitzel, oder ein paar ganz arme Teufel warten auf den Mäzen, der sie auslöst. Nur am Sonntagmittag entbrennt eine wahre Hölle: Alles, was sich an Wochentagen auf 10 Stunden verteilt, macht seinen Sonntagmittag-Spießerspaziergang durchs Romanische.

Und in den Morgenstunden von 8 bis 10 Uhr: eine infernalische Luft: kalter Rauch, ranziger Puder, Bohnerwachs und Staub: Um diese Zeit frühstücken hier die Spieler aus den zahllosen kleinen Tripots des Westens und die Liebespaare oder zum mindesten die eine Hälfte, die aus den üblen Stundenhotels rund um den Zoo kommen. Es sind zerknitterte und verknautschte Frühstücksgäste, von den Kellnern aber gerne gesehen: sie bleiben nicht, wie es sonst im Romanischen Sitte ist, 8 bis 10 Stunden bei ihrer Tasse Kaffee, essen still und ruhig ihre zwei Eier im Glas, mucksen nicht, sondern gehen nach einer halben Stunde brav und müde nach Hause oder ins Geschäft. Während die anderen Krach machen, wenn sie gehen und ihre wichtigen Discours abbrechen sollen über Picasso, Sarotti, Mussolini, über ihre Geschäfte, Kunstwerke und Gründungen. Sie kommen sich ja alle so wichtig vor, fast so wichtig wie Herr Meier, der denkt, die Welt steht still, wenn er einmal seinen Stammtisch in der Kneipe um der Ecke versäumt hat.

Q 26/8/608

GEDICHT IN BI-SPRACHE

Joachim Ringelnatz

ibich habibebi dibich,
Lobittebi, sobi liebib.
Habist aubich dubi mibich
liebib? Neibin, vebirgibib.

Nabih obidebir febirn,
Gobitt seibi dibir gubit.
Meibin Hebirz habit gebirn
Abin dibir gebirubiht.

Q 28/2/117

George Grosz

BERLINER KÜNSTLERWIRTE I

MAX SCHLICHTER

George Grosz

Durch Dr. Carl Einstein, dessen Zunge ebenso fein und entdeckerfreudig ist wie seine Kunstschriftstellerei, lernte ich gegen Anfang 1919 Max Schlichter kennen, mit dessen Namen man aber noch keinerlei Vorstellung verband. Er war einfach Mitbesitzer von »Willys« am Kurfürstendamm, und sein Kompagnon hieß Mutzbauer. Willys galt in jener Zeit als teures und mondänes Lokal. Max stellte seine langjährige Erfahrung als Chefkoch des Kaiserhofs in den Dienst der Sache. Im übrigen trat er nicht wesentlich hervor. Eine sogenannte Stimmungskanone ist er als Wirt nie gewesen. Er erzählte keine amüsanten Geschichten, noch gab er durch übermäßiges Trinken an. Lediglich die Zigarre hing in seinem Mundwinkel und ging nie aus. Ein angenehmes unberlinisches Phlegma ging von ihm aus, so eine bedächtige geruhsame Art, die anderen reden zu lassen und in sich hineinzulachen, wenn es mal besonders lustig zuging. Er war immer in irgendeiner Bibliothek abonniert, denn im Lesen fand er Muße und Erbauung. Diese Art, den oberflächlichen Freuden abhold, sich in Gedrucktes zu vertiefen und darüber zu spintisieren, hat er nicht nur mit seinem Bruder Rudi, sondern mit den meisten Badensern gemein. Sein Malerbruder Rudi darf nicht übergangen werden, wenn man von Max spricht, denn er war es, der, überzeugt von seines Bruders Tüchtigkeit, zuerst und immer wieder sein Loblied sang und befreundete Künstler, Kunsthistoriker, Literaten usw. ihm zuführte. Max hatte, wie alle guten Köche, stets ein Herz für die Kunst, so stand er denn jenen Besuchen, worunter auch ich des öfteren war, als toleranter und sehr gastfreundlicher Maecenas gegenüber.

Oft noch denke ich an die netten Abende und die kleinen Soupers, die er uns gutmütig und voller Verständnis kredenzen ließ. Auch in seiner Wohnung waren wir manchmal seine Gäste. Immer stand dann ein erstklassiges Büfett bereit und die entsprechenden Weine und Schnäpse. Ich besinne mich noch deutlich auf einen Abend. Sein Bruder Rudi hatte einen alten Freund aus Karlsruhe mitgebracht, den damals noch kaum bekannten Schriftsteller und Dichter Zuckmayer. Wir aßen und tranken wacker ein besonders altes und echtes Kirschwasser aus großen Weingläsern. Dann, ich sehe es noch plastisch vor mir, stellte sich Zuckmayer an den Kamin, in jener Wohnung war ein richtiger Marmorkamin vorhanden, und sang zur Laute das in die damalige Zeit passende Heckerlied; er sang es wunderbar, und beim Refrain: »... schmiert die Guillotine, schmiert die Guillotine mit Tyrannenblut ...«, sangen wir ziemlich duhn, begeistert und grölend mit. Max hatte an alldem so seinen stillen Spaß, vielleicht war es ihm manchmal ein bißchen zu bunt, gesagt hat er jedenfalls taktvollerweise nie etwas, obwohl wir es manchmal in seinem hochvornehmen Lokal ziemlich laut und turbulent trieben. Man muß zudem bedenken, daß wir ja meistenteils, wie der Berliner sagt, auf naß aßen und zechten. So hatte Max schon damals eine geheime und treue Stammkundschaft, die zwar wenig Geld ins Lokal brachte, aber ihm gelegentlich, in Anerkennung seiner Großzügigkeit, Bilder und Bücher widmete. Hier legte Max den Grundstock zu seiner kleinen, netten, sehr persönlichen Sammlung, die teilweise als Wandschmuck in seinem jetzigen berühmten Lokal hängt, und ihn wohl manchmal an jene alten wilden Zeiten erinnern dürfte.

Max trennte sich dann späterhin von seinem Kompagnon und lebte eine Zeitlang als Privatier. In der Inflationszeit machte er ein Lokal in der Lietzenburger Straße auf. Ein kleines intimes Weinlokal mit exquisiter Küche sollte es sein. Aber Max, der die Zeichen der Zeit nicht verstand, hatte Pech, niemand kam hin. Ein paar ausländische Studenten ausgenommen und ein paar Freunde von ehedem. Er hatte eben Pech, und für eine sogenannte Nachtbude, wie sie damals florierten, fehlte ihm das Talent und die unbekümmerte Robustheit des Schiebers. Wohl versuchte er es notgedrungen, aber es ging nicht. Jetzt kam für ihn eine schlimme Zeit, die wir hier am besten still übergehen. Dann begann sein Stern wieder zu steigen, als er ein neues Lokal gegenüber dem Kaufhaus des Westens eröffnete. Das zog gleich richtig an. Mäßige Preise, gutes »handgemachtes« Essen, Bier und wenn man wollte, offenen badischen Landwein vom Faß; kein Schi-Schi und kein in Berlin übliches »Gänzlich neu renoviert«. Die alte Künstlerstammkundschaft war von selbst da und empfahl und brachte immer neue Bekannte mit. Vornehmlich durch seinen Bruder Rudolf kamen gleich die richtigen Leute hin, die dem Lokal ein Gesicht gaben. Schlichter fing an, in Berlin Geltung zu bekommen. Die Sezessionisten, von Professor Jäckel, Pechstein bis Krauskopf, wurden Stammgäste. Aber auch große Dichter und Denker aßen hier ihr Abendbrot.

Dann zog er um. Es begann nun eine neue Epoche mit einer witzigen neuen Speisekarte und einem erweiterten leckeren Schautisch voll der bekannten Schlichterschen Salate und Vorspeisen und den jeweiligen Saisondelikatessen. Prominente aller Gattungen verkehren jetzt bei Max ...

So sieht man Max dasitzen, grau ist er geworden, und der Arzt hat ihm das Rauchen verboten. Hinter dem flaschenbestellten Büfett waltet seine Frau, die enorm tüchtig, scheints, dem ganzen Betrieb vorsteht. Max sitzt ruhig mit einem süd-

deutschen Freund und trudelt gerade einen Hauskognak aus. Er ist eigentlich der Alte geblieben, still, ein wenig resigniert, immer noch ein großer Bücherleser, aber – derselbe, wenn es gilt, einem alten Freunde eine kleine Extrawurst zu braten.
Q 31/9/645

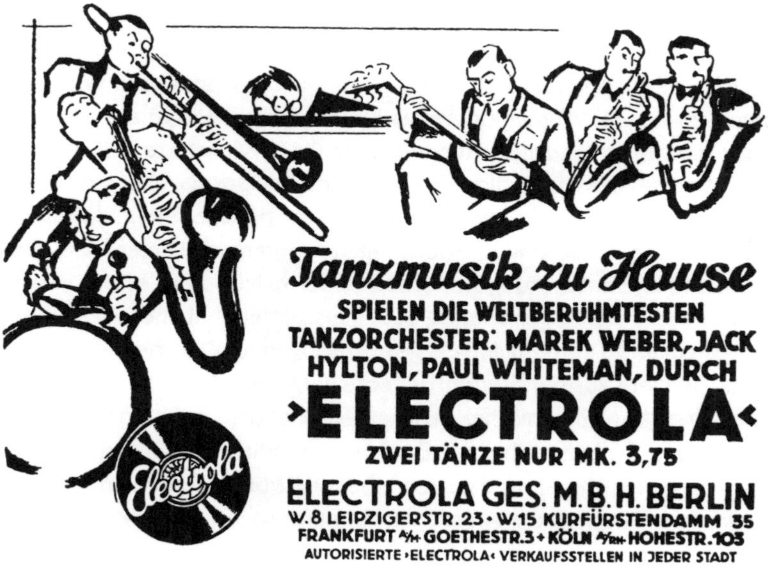

BERLINER KÜNSTLERWIRTE II

DIE MAENZ

Matheo Quinz

Jannings, Veidt, Abel, Pola Negri, alle hat sie Lubitsch für den Film entdeckt; seine Standardleistung ist und bleibt die Entdeckung der Maenz. Als der Meisterregisseur die Kneipe in der Augsburger Straße zum erstenmal betrat, erkannte er mit seinem Künstlerblick sofort, daß er hier nicht einer gewöhnlichen Wirtin gegenüberstand. Es war der Wendepunkt einer Kunstepoche, denn gerade damals kroch das Theater anämisch und ausgehungert durch die fleischloseste Periode des Krieges. Hier aber gab es Fleisch, dicke Schnitzel und Beefsteaks, hier war es möglich, selbst einen Jannings, einen Jakob Tiedtke so satt zu bekommen, daß sie für die differenziertesten Kunst- und Kraftleistungen in Stimmung kamen. Kein Wunder, daß Lubitsch seine Entdeckung streng bewachte. Im Nu sprach es sich herum: Bei der Maenz in der Augsburger Straße gibt es Fleisch! Betrat aber der ausgehungerte Bürger das Lokal, so empfing ihn eisiges Schweigen, und drohende glattrasierte Blicke stachen ihm aus der Stammtischecke entgegen. Alle Überredungskünste bei Paula versagten, dämonisches Zwinkern, drohender Großaufnahmeblick vom runden Tisch verschlossen ihm das Beefsteakparadies. Nur Schauspieler bekamen Fleisch bei der Maenz, und gutschreibende Kritiker wurden an die Schnitzel herangelassen. Mochten die andern verhungern; es ging um das Bestehen der Kunst.

So wurde die Maenz der einzige belebende Faktor, der die mimische Kunst in ihrer ganzen Schönheit über die Kriegsfährnisse hinwegrettete. Wie alle wahrhaft bedeutenden Menschen wuchs sie in ihre Mission hinein und wurde nicht nur geistig, sondern auch leiblich von Tag zu Tag monumentaler. So thront sie heute noch in ihrer weißen Bluse, ein Marmorstandbild Thaliens hinter der Theke, und übersieht mit mildem Blick die Prominenten, die sie der Kunst erhalten hat und die sich jeden Abend in der undurchdringlichen Knasteratmosphäre ihres Lokals gegen alle Strömungen von außen imprägnieren.

Q 26/1/74

KULINARIA
Peltzer
Telefon: A2 Flora 1017, 1705
Johnny's
Night Club
KALCKREUTHSTRASSE 4
CASCADE
W, RANKESTRASSE 30
„Das Abendrestaurant"
Die Küche für den Gourmet
Souper M 3.50
Telefon: Bavaria B4 0145 u. 1945
Max Schlichter
LUTHERSTRASSE 33
Hier
ißt der Feinschmecker
Bei der Göttin der
Gemütlichkeit, der
Maenz
AUGSBURGER STR. 36
ißt die Künstlerschaft und
der Feinschmecker Berlins
RIO-RITA
TAUENTZIENSTR. 12
DIE TANZ-BAR
4½ Uhr Tanztee
Abd. Beg. 9 Uhr
FEMINA
NÜRNBERGER STR. 50
Die besten Tanzorchester
Berlins
Originellste Unterhaltung
4^{30} Uhr Tanz-Tee
Tischtelefone · Saalrohrpost
PALM BEACH
Alhambra-Hotel
Kurfürstendamm 68
Der Dachgarten Berlins
Die internationale Küche
HAWIBE

DAS BERLINER VÖLKERKUNDEMUSEUM

ANLÄSSLICH DER NEUORDNUNG

Carl Einstein

Ein Kunstgegenstand oder Gerät, die in ein Museum gelangen, werden ihren Lebensbedingungen enthoben, ihres biologischen Milieus beraubt und somit dem ihnen gemäßen Wirken. Der Eintritt ins Museum bestätigt den natürlichen Tod des Kunstwerks, es vollzieht den Eintritt in eine schattenhafte, sehr begrenzte, sagen wir ästhetische Unsterblichkeit.

Ein Altarbild, ein Porträt werden zu bestimmtem Zweck, für eine bestimmte Umgebung verfertigt; gerade ohne letztere ist die Arbeit nur ein totes, dem Boden entrissenes Fragment; genau als bräche man ein Fensterkreuz oder Säulenkapitell heraus; wahrscheinlich war das Gebäude schon eingestürzt. Doch man sondert nun eines ab: das ästhetische Phänomen, womit von Beginn an die Wirkung des Kunstgegenstandes verfälscht und eingegrenzt wird. Das Altarblatt ohne Gebet ist tot; schwache Naturen versuchen davon aus glattem Ästhetizismus irgendeine vage Religiosität zurückzurufen: Dichtende Stimmung soll den großen, bestimmten und lebendigen Zustand ersetzen. An die Stelle entzückter Andacht tritt die kunstwissenschaftliche Methode, die Diskussion über Stil und Urheber, Dinge, die im Kreis der Gebete gänzlich belanglos waren. Die Schönheit eines Altarblatts bestand darin, daß es von Ängsten, Wünschen und bangenden Schreien nach Gott umringt war, es einer Handlung als bescheidenster Teil diente, daß der Schatten des Gottes in ihm wohnte und statt Museumsbeamten Priester ihm dienten. Im Porträt woben die letzten Spuren des Ahnen- und Totenkultes; lebensbestimmende Ereignisse wurden für Menschen, die durch diese betroffen und verwandelt, festgehalten.

Es veränderte den ganzen Charakter aller Kunst, da man sie für sich selbst gelten ließ. Sie wurde dem Jenseits lebendigen Glaubens entrissen und auf ihre formale Geltung hin untersucht. Offenkundig hat man mit verschiedenem Glück die verschiedenen Bezirke der ethnologischen Sammlung zu Kunstsammlungen umgebildet; mit verschiedenem Glück, je nachdem Kunst vorhanden war, die aus Milieu und allgemeineren Bedingungen sich herauslösen ließ. Eine unendliche Gruppe verschiedener Kulturstufen und Lebensformen mußte zusammengeschlossen werden. Die Verhältnisse erzwangen gewaltsamen Ausschnitt.

Zweifellos: Jahrzehnte gähnte dieses Museum verlegen umher, unordentlich verschlafene Abstellkammer; sterbende und fernste Völker hatten ihre Güter wie überflüssigen Ballast in diesen Kammern vergessen; verstorbene Kulturen sanken in verwirrte Schränke; ihrem Wirken beraubte Kultfiguren lagen zwischen Netzen, Bögen, Raphia und Kürbissen. Ruder hingen über Eßschalen, bootlos, der Hände und dem Spiel der Flüsse entrafft. Waffen rosteten friedlich umher und Dinge verschiedensten Tuns, geschiedenen Zusammenhangs. Sprach man vor diesen Dingen früher von Kunst, erregte man zweifelndes Lächeln. Dagegen standen eher Thumann und Grützner denn die Sixtina.

Die Zeichen der Niederlage der besiegten, kolonisierten Völker, Trophäen europäischer und amerikanischer Habgier und Neugier, lagen verknüllt in Schränken und bezeugten den Untergang ferner Künste infolge technischen Imports durch den Weißen, der solch vollkommene Zustände sich geschaffen, daß der ihm eigene Boden sein Gewimmel nicht mehr zu tragen vermochte. Ein Museum des europäischen Imperialismus, des wissenschaftlichen und ökonomischen.

Der Fang ruhte abgestorben in den Kühlkammern weißer Wißgier.

Fast vergessen lag das Museum; einige Kunstmenschen drangen ein, neue Weide zu suchen, da die alten Plätze hoffnungslos abgegrast waren. Bald zogen Dämonen und Gewebe, Tänze und Reihen in verspätete Werkstuben der Bühnen, innervierten anonym überbezahlte Schenkel verkitschender Tanzdamen und ernährten kunstgewerblich Betriebsame.

Aus verstaubten Schlafkammern drangen so wirtschaftlicher Wert und aktuelles Wirken. Diese vergessenen Idole wiesen formenden Einfluß, und der ästhetische Komplex wurde von dem Gesamt der Ethnologie jach abgetrennt.

Auf solcher Einstellung, deren enge Beschränktheit wenigstens eine schaubare Art der Auswahl ermöglichte, wurde aus dem Ganzen der Sammlung ein Teil herausgezogen und zur Schau gestellt. Kulturen verschiedenster Stufung wurden ästhetisch normiert; hierin ruht die Chance einheitlicher Wirkung, vorausgesetzt, es wurde von Berufenen die Auswahl getroffen; gleichzeitig wird hier die allzuenge Grenze des Aufstellungsgedankens gezeigt. – Gefahr droht, daß das Museum von wissenschaftlicher Forschung abgetrennt, gänzlich zu einem schmalen Ästhetizismus erstarre, wenn es nicht in engster Bindung und dauerndem Austausch mit dem geplanten Forschungsinstitut verbleibt, dem unbedingt, damit die Auswahl der Gegenstände an Trefflichkeit zunehme, und nicht darum allein eine kunsthistorische Abteilung einbezogen werden muß. Gerade um der Schausammlung willen.

Tritt man in das Museum, gähnt noch immer der fatale Lichthof: Man hat die Blendungen sinnlos angebrachter Fenster abgedeckt; man müßte noch die Kacheln der Treppenwände öffentlichen Bedürfnisanstalten überlassen.

Dieser zweistöckige Lichthof muß ausgebaut werden, damit das wichtigste, das heute den Wert der geleisteten Arbeit allzusehr mindert, dort aufgestellt werde; eine vergleichende Sammlung, die den Aufbau der Grundkulturen zeigt, ergänzt durch Photos. Diese Sammlung müßte jeweils mit Hilfe der Forschungssammlung ausgewechselt und stetig erneut werden, damit die Besucher ein ausreichendes Bild der Elemente der Kultur und Völkerbezirke gewinnen können. In dieser vergleichenden Sammlung vor allem müßten Vorlesungen und Führungen veranstaltet werden; wie die gesamte Schaustellung durch Lehrer verlebendigt werden muß. Hier ist der Punkt, wo die lebendige Bindung zwischen Museum und Forschungsinstitut einzusetzen hat, soll das Museum nicht durch das Falschpopuläre nur Schau und nicht Lehre gewähren. Gerade der laienhafte Besucher bedarf dessen. Die entscheidenden Formerfindungen der Menschen sind Hausbau und Geräte. Hierin ruhen wohl die einfachen Formzeichen des Gestaltens. Mit der Findung von Rad, Hammer oder einfachsten Wohnformen war ein Hauptteil formaler Gestaltung entschieden. Diese ästhetische Auswahl muß und kann noch breiter in die biologisch primär wichtigen, ethnischen Komplexe eingebettet werden; die besonderen Bedingungen und Milieus sollen gezeigt werden. Von dem Allzuvermischten des alten Betriebs reagierte man teilweise allzustark in den ästhetisch abgegrenzten Gegensatz, der des vitalen Unterbaues ermangelt. Die großen, formalen Erfindungen weisen sich in Gerät und Architektur, und man möge die Sammlung über das dekorativ Kunstgewerbliche hinausführen. Wir wollen hier nicht kritische Verneinung betreiben, sondern Vervollständigung anregen. Andererseits hätte man in einigen Räumen, um das Archäologische zu verstärken, eine stärkere Betonung der Formvarianten wünschen dürfen. Diese Künste besitzen oft ausgeprägte Gestalttypen, deren Gewalt in der reichen Stufung der Formvarianten erwiesen ist. Gelangt die Forschungssammlung zur Aufstellung, so muß hier stark im einzelnen nachgearbeitet werden. Stilbildung, Motiventwicklung müssen stärker dargetan werden. Als besonderes, geglücktes Ergebnis im Zusammenspiel des Ethnischen und archäologisch Ästhetischen nenne ich die südamerikanische Abteilung. Weiter muß das religiös Kultische, woraus zumeist diese Künste wuchsen, entschiedener verdeutlicht werden. Die Notwendigkeit und vergleichende Sammlung drängen uns, eine für die Sammlung wichtige Frage zur Diskussion zu stellen: die der einheitlichen Museumsleitung, die einem Mann anvertraut werden muß, damit Kompetenzen und störende Rivalitäten endlich geregelt und beseitigt werden.

Wir möchten noch eines anregen: Man wähle aus den fünf Sechsteln der nicht aufgestellten Gegenstände allzu zahlreiche Dubletten und versuche dagegen, nicht

vorhandene Varianten oder Stücke von bisher vernachlässigten Bezirken einzutauschen. Eine solche Tauschstelle bedingt gleicherweise die einheitliche Leitung.

Wir gestehen: Die finanzielle Enge bewirkt, daß allenthalben museale Fragmente entstehen; hier bestimmen die Verhältnisse. Schlimm genug, daß das Forschungsinstitut dem Museum baulich nicht angeschlossen werden konnte. Aber dies Museum wäre vom ersten Tage an toter als selbst ein Museum es sein muß, wenn es nicht in engen Austausch mit dem geplanten Forschungsinstitut tritt.

Eine Abteilung des Museums erscheint uns gänzlich mißlungen: die asiatische. Wir reden hier nicht von den Sammlungen von Gandhara Kutscha und Turfan, sondern von dem Kramladen, der eine Japan- und Chinasammlung vortäuschen will. Das Ethnische wich hier der Teehausauslage, und Kopien spotten der Kunst. Wie überhaupt, Gipsabgüsse mögen verschwinden und können durch Photos hinreichend ersetzt werden. Die Kopie ist die traurigste Fälschung, ein Bluff, der durch keine Absicht der Vollständigkeit entschuldigt wird. Man vermeide es, die Attrappe seiner Wunschträume auszustellen. Das Photo genügt, Abguß und Papiermaché mögen sich ins Forschungsinstitut schnell verziehen. Dann wird Raum gewonnen und dessen bedarf es; denn das ungeheure Völkerspiel Asiens, dessen Aufstellung wohl erst begonnen wurde, bedarf des Platzes.

Dürfen wir fragen, wer die herrliche Kawa-Schüssel der ozeanischen Sammlung gänzlich entwertete, indem er die kostbare Patina herausrieb, wer die Maorischnitzerei roh mit Farbe überkleisterte?

Die afrikanische Abteilung scheint unter der Eintönigkeit des architektonischen Schemas zu leiden. Diese feinen, stillen Dinge dürfen nicht in dunklen, lichtaufsaugenden Wandfarben ertränkt werden. Das leidenschaftlich Kubische dieser strengen Skulpturen darf nicht in flachen Vitrinen verplattet werden. Hier irrte der gewiß sorgsame Architekt. Das Kunstgewerbe erschlug hier die Kunst.

Dies Völkerkunde-Museum: Das Ethnisch-Vitale mag allenthalben verstärkt werden; hier möge sich nachbildende Kompositionsbegabung erweisen, die Elemente dieser Lebensweisen ordnend zu einheitlichem Werke zu verbinden.

Man füge der Sammlung das Forschungsinstitut möglichst enge an, damit jenes den Wechsel von Irrtum und Glaube genieße, und gewähre ihm organischeren, ethnischen Unterbau. Noch gilt es fünf Sechstel der Sammlung zu aktivieren. Immerhin, was geleistet wurde: Die Dinge in diesem Museum sind schaubar geworden.

Q 26/8/588

DIE NEUE GALERIE FLECHTHEIM IN BERLIN

Julius Meier-Graefe

Der Umbau hat das früher aus wenigen dunklen Zimmern bestehende Lokal am Lützowufer erhellt und mehr als verdoppelt, und jetzt trägt es den Titel Galerie mit Recht. Das Galeriehafte gehört nun einmal zum Berliner Geschäft. Pariser Kunsthändler wie Vollard, der in der Rue Laffitte in einem einzigen Raum vom Umfang einer bescheidenen Epicerie mit zwei Küchenstühlen als Mobiliar und mit einer verwahrlosten Bonne als Personal seinen Handel trieb, einen Handel, der lange Zeit die ganze Produktion der Cézanne, Gauguin, Maillol und viele andere bedeutsame Werke unter die Leute, will sagen in alle Länder brachte, sind in Berlin undenkbar, und daraus ließen sich manche Schlüsse auf die psychologischen Unterschiede zwischen dem Berliner und dem Pariser Liebhaber gewinnen. Unter den großen deutschen Händlern bildete Flechtheim bisher eine Brücke zu der scheinbar voraussetzungslosen, in Wirklichkeit voraussetzungsreichen Pariser Art, und der Umbau des Architekten Mahlberg hat diese Nuance beibehalten. Kein Luxus, helle, angenehme Wandbekleidung, Seitenlicht. Das andere müssen die Bilder besorgen. Auch die Ausstellung, mit der soeben das neue Haus eingeweiht wurde, deutet nach Paris, und zwar nicht nur mit den Namen der Künstler. Flechtheim hat alle ihm erreichbaren Improvisationen Cézannes in Aquarell und Zeichnung zusammengestellt, über sechzig Blätter aus deutschem und französischem Besitz, und obwohl gerade aus Berlin einige von der Konkurrenz besetzte, besonders typische Aquarelle fehlen, genügt die Auswahl reichlich, um in die Intimität des großen Wirklichkeitskünders einzuführen, der in dieser Materie wohl nicht die überwältigende Statik und Pracht seiner Gemälde erreicht, aber die geheimsten Mittel seiner Realisierung sehen läßt. In den relativ vollendeten Aquarellen, z. B. in den beiden kleinen Blättern mit Gruppen nackter Männer, die von der Familie Renoir beigesteuert wurden, spürt man das Element dieser Kunst, und die verlockende Farbe, die allein schon den Zauber genügend erklärt, verführt den Betrachter, das Element im Dekorativen zu suchen. Aber in viel summarischeren Andeutungen fast ohne Farbe und jedenfalls ohne Palette, in denen das Aquarell dem Bleistift kaum merkbare Akzente hinzufügt, bleibt dieselbe Art von Schwingung wirksam und erzielt mit dem Nichts von Materie beschwingte Farbigkeit. Manchmal erkennt man kaum den Baum, das Haus, den Umriß des Berges, und dabei fühlt sich das Auge im Bann einer ganz gesicherten Räumlichkeit und spürt die Atmosphäre um den Baum, das Haus und über dem Gebirge. Unter den Blättern stehen ein paar der besten Bronzen von Degas.

Im Empfangsraum begrüßt den Besucher die Arlésienne von van Gogh; nicht eine der Varianten gleichen Titels, sondern das berühmte Hauptwerk im Besitz der Frau Marie Anne von Goldschmidt-Rothschild, mit dem unnachahmlichen goldgelben Grund und dem Stilleben aus Schirm und Handschuhen auf dem Tisch, ein Bildnis, in dem sich Okzident und Orient begegnen, der stärkste persönliche Ausdruck eines Menschen unserer Zone und Zeit und die hieratische Pracht eines Sharaku.

In dem neuen Saal am Ende der Flucht: Munch und meist jüngere Franzosen und die Deutschen, die zum Hause gehören, Hofer, Weig, Levy, die Sintenis, Fiori und andere. Wie ich hörte, kommt nächstens Max Beckmann dazu, und Berlin wird endlich den Maler, der ihm eigentlich der nächste sein sollte, kennenlernen.

Flechtheim unterscheidet sich vorteilhaft von vielen seiner anspruchsvollen Kollegen durch seine Bereitwilligkeit, auch mit nicht arrivierten Künstlern zu handeln. Hoffentlich bleibt er dieser Tendenz im neuen Haus treu. Auch sie läßt sich erweitern.

Q 27/7/544

DIE IMPRESSIONISTEN
AUSSTELLUNG BEI PAUL CASSIRER

Emil Szittya

I.

Man erzählt von Paul Cassirer, daß er von allen Berliner Kunsthändlern den besten Instinkt hat und immer genau weiß, wozu der deutsche Kunstmarkt prädestiniert ist. Mag sein, daß diese etwas boshafte Meinung wahr ist, aber ganz genau stimmt sie doch nicht. Cassirer hat viel dazu beigetragen, daß der deutsche Kunstmarkt in den letzten dreißig Jahren ziemlich umgekrempelt wurde, und daß man manchmal auch in Deutschland heute schon weiß, was wirkliche Kunst ist. Cassirers Tätigkeit für die französischen Impressionisten ist aus der deutschen Kunstgeschichte nicht auszuwischen. Wenn es sich um Impressionisten handelt, ist Cassirer immer in seinem Element, und die Ausstellung (die nicht vollständig ist, weil die Sammler die meisten ihrer Bilder nicht hergaben) gibt ein Bild darüber, wie er die deutschen Sammler zur guten Malerei erzog und was er damit für die deutsche Kunst schuf.

II.

Man hielt mit Unrecht den Impressionismus für traditionslos, weil seine Maler eine organische Entwicklungsstufe in der malerischen Kultur Frankreichs bilden, und ein Analytiker könnte sicher sogar in Manets Landschaften interessante Komplexe entdecken, deren Motive schon bei Fragonard vorhanden waren, und dieses sind die Entwicklungen in der Malerei: sich hineinstellen müssen oder hineinstellen können ist es, was die Impressionisten zu den Malern des großen Formats machte. Möglich, daß diese Menschen in ihrem Privatleben manchmal etwas Tragisches hatten, aber wenn man sich eine Kollektion von französischen Impressionisten ansieht, dann hat man immer das Empfinden, daß sie alle doch nur die Maler der Freude waren und merkwürdig (gleichgültig, aus welcher Gegend sie kamen) organisch verwandt (nicht Nachahmer voneinander) sind. Manet verband sich mit seinem »Hafen in Bordeaux« mit allen Impressionisten, und Renoir reihte sich mit seinem Gemälde »Sorti du Conservatoire« in den Verwandtschaftskreis ein, und diese Maler durften miteinander verwandt sein, weil sie die Kultur der Selbstverständlichkeit hatten.

III.

Bei guten Malern fällt die Kritik immer weg, und man hat nur das Recht der freudigen Registrierung. Und bei guten Malern fällt auch die Frage weg: »Wer war der

Größere?« und man kann nur sich sagen, wer liegt mir mehr, aber man muß trotzdem bei jedem Bild, das so ein Impressionist malte, eine freudige, vom Besitzerwunsch erfüllte Randbemerkung machen. Degas' »Tänzerinnen, Sandalen bindend« gehört viel mehr in das französische 18. Jahrhundert wie unter den ihm mit Unrecht oktroyierten japanischen Einfluß. Cézanne zeigt in »Die Dächer« und »Madame Cézanne«, daß bei ihm die geschlossene Form, Konzentration auch möglich ist, nur wählt sich diese Bindungstätigkeit immer ein kleineres Format. Dagegen drängt die Expansivität Renoirs (»Die beiden Frauen«) immer nach einer großen Leinwand, und keine ist ihm groß genug. Man freut sich sehr an dem »Tilla Durieux«-Porträt und fragt sich: Ist Renoir nur zum Porträt prädestiniert gewesen, weil manchmal bei ihm die Gestalten die Landschaften erdrücken (das ist bei den Franzosen selten, weil sie immer den Kontakt zwischen Landschaft und Gestalt finden)? Schade, daß es die Manet-Frauen nicht mehr gibt, es ist ein besonderer Typ, der diesen Maler wahrscheinlich manchmal zur Dekadenz isolieren mußte und ihn von allen ihm verwandten Malern neben Renoirs großes Format stellte. Bei Pissaros »Landschaft mit Brücke« fällt einem ein, daß dieser Maler wahrscheinlich der Meister von Utrillo war. Sisleys »Hafenlandschaft« mutet wie ein alter Holländer an. Bei Daumier seufzt man immer: Warum durfte dieser »Michelangelo der Karikatur« nicht Maler werden?

IV.

Die vor kurzem gezeigte Ausstellung in der »Akademie der Künste« hätte noch etwas warten sollen. Ich weiß, daß Cassirer während seiner Kunstpropaganda viele alte Meister in Deutschland verkaufte, die eine bedeutende Ausstellung abgeben würden. Von der Cassirerschen Impressionisten-Ausstellung hätte die Akademie der Künste lernen müssen, wie man es machen sollte, und hier taucht auch die Frage auf: Warum macht nicht einmal Cassirer eine Ausstellung alter Meister? Ich bin fest überzeugt, daß diese Ausstellung sehr schön werden würde.

Q 25/11/991

INTENDANTEN, DIREKTOREN, STELLVERTRETER

THEATERLEXIKON ZU DEN BERLINER FESTSPIELEN

Anton Kuh

Barnowsky, Victor. Inhaber eines renommierten Kunstgewissens; Eigentümer einer weichen Seele; Erfinder des Wortes »Hemmungen« für den Firmengebrauch. Dient von der Pike auf bei Shakespeare und Ibsen. Wäre, wenn ihn das Schicksal nicht zum Theaterdirektor bestimmt hätte, unstreitig Mäzen geworden. Ist es, mangels anderer Verwertbarkeit, bei sich selber geworden. Gehört zu den Unternehmern, die um ihrer selbst willen geliebt werden wollen; was ihm sogar dann und wann gelingt. Doch hat die launische Natur, wie zum Trotz, seine Physiognomie und Statur mit Tüchtigkeit geladen. In der Devotion, die er der Literatur entgegenbringt, glimmt eine verdrängte Eignung fürs Bankfach. Dafür ist sein Sinn fürs praktische Leben von Musenliebe unterhöhlt. Ja, man könnte ihn, wenn ein Direktor für Melancholie abkömmlich wäre, geradezu eine Hamlet-Natur nennen. Im übrigen ist er, gleich Saltenburg, doch mit dem nobleren Vorkriegsstempel: ein Ur-Berliner. Also fast schon ausgestorbener Typ. Das neue Tempo kann ihm nicht behagen. Er kommt noch aus der Zeit, wo es Spaß machte, keine Zeit zu haben. Aus dem Biedermeier des Amerikanismus. Kann's da verwunderlich sein, daß die Seele des Rechtschaffenen von Giften angestochen ist?

Jessner, Leopold. Die Natur hat ihm eine hohe Gestalt und einen herablassend geneigten Kopf verliehen, so recht zur Entgegennahme von Beschwerden geschaffen. Doch mußte sich der Jüngling Jessner, in einfachen Kunstverhältnissen aufgewachsen, einstweilen noch in der entgegengesetzten Richtung bescheiden: Sein ungestillter Betätigungsdrang als Darsteller im Verein mit einem scharfen Intellekt wiesen ihm frühzeitig die Rolle zu, zwar keine zu bekommen, doch dafür dem Direktor die Wünsche des Personals vorzutragen. Er verdankt dieser Übung in der Folge diplomatische Umgangsformen, die Phraseologie der Gesinnung und Einblick in die Brüchigkeit (Wildenbrüchigkeit) des Wilhelminischen Theaters. Nicht zuletzt aber die Kunst, im Gespräch weiterschreitend, das Gesicht nach vorn gerichtet, das Lächeln noch nicht zwischen Ironie und Jovialität entschieden, den andern am Ohre hängen zu lassen – wie ein Minister, der vom Journalisten im Couloir hoppgenommen wird. Diese Gabe sollte seine weitere Entwicklung entscheidend bestimmen. Durch die Sturmglocke von 1918 an die Spitze des Staatstheaters gerufen, räumt er hier zunächst mit dem Pathos auf, dem Tonfall der Privilegiertheit; läßt durch eine Seitentür links die Luft der Sachlichkeit ein; schreitet an die Vergewerkschaftlichung Shakespeares. Die Treppe, die er sich zum Ruhme baute, ist noch in frischem Gedächtnis; hier schritt der Komparse Gloster aufwärts, um als Intendant Richard oben anzulangen; daß dieser, als es im Getümmel von Bosworth wieder treppabwärts ging, logischerweise hätte rufen müssen: »Ein' Lift, ein' Lift, ein Königreich für ein' Lift!«, schwächte die Kraft des Symbolismus nicht. Galt es doch nunmehr nicht mehr Verwirklichungen, sondern Vergegenwärtigungen. Das Prunkgewand der Tradition wurde abgelegt, der Harnisch beiseite geworfen, der historische Bart rasiert, Medusenhaar abgeschoren, kurz: die schwierige Handschrift alter Dramen den neuen Zuschauern wie Zeitungstext lesbar gemacht. Der Intendant zeigte sich als unerschrockener Herausgeber. Später wandte er sich der Diplomatie zu. Das Verdienst, das er sich auf diesem Gebiet durch den erfolgreichen Versuch erwarb, seine Stellung gegen alle feindlichen Angriffe zu behaupten, bleibt ihm unvergessen. Wenn er heute, milden Gesichtes, voll energischer Ruhe und mit einer Brille, die die sonderbare Eigenschaft hat, trotz ihrer Konvexgläser nicht bloß zum Zeitungslesen, sondern auch zum Überschauen einer Versammlung zu dienen, einer Bühnentagung präsidiert, dann fühlt der kleinste Mime: »Hier sitzt einer der unsern – mit Recht über uns!«

Reinhardt, Max. Chef des Reinhardt-Konzerns, Präsident der Reinhardt A.-G., Regisseur bei Max Reinhardt. Trotz so vieler Ehrenstellen ist er in Blick und Haltung der Ehrfurchtsknabe geblieben, der er Anno 95 auf der vierten Galerie des Burgtheaters war. Schaut der Demokrat Jessner wohlwollend und ohne sich dabei viel zu denken, von seinem Gesprächspartner weg, nach unten, so lauscht der Untertan Reinhardt, sichtbar mit eigenen Gedanken beschäftigt, nach dessen Mund hinauf. Seine Augen sind voll prüfender Menschenscheu. Das eigensinnige verschlafene Knarren seiner Stimme haben ihm viele nachgemacht, doch ohne seine Regieerfolge zu erreichen. Er aber scheint sie dieser phonetischen Eigenheit geradezu verdankt zu haben. Es gibt unter den Menschen nämlich eine Spezies »Horcher«, die, was immer geschieht, nicht aus sich herausgehen und nur die Ohren, wie Sammelteller von Eindrücken, hinhalten; alle Explosionslust, alle Energie der Abneigung oder Zustimmung bleibt bei diesen Menschen wie bei Kaisern oder vorsichtigen Buchhaltern in der Brust gefangen, sie selber aber reden mit bleierner Eintönigkeit, ohne erregt zu scheinen. Um sie herum werden dafür alle andern lebhafter, beflissener, angespannter; es ist, als ob sich die eingesperrte Energie des einen, gerade weil sie versperrt ist, auf sie übertrüge oder als ob er sie aus einem Versteck belauere oder als ob er von ihren Leistungen erwarte, daß sich sein Gleichmut endlich in Enthusiasmus wandeln werde. Das nennt man, wenn's zu was Richtigem führt: »Macht der Persönlichkeit«. Bringt es aber nichts Belangvolles hervor, so hat es keinen guten Nachgeschmack. Man beginnt dann, den stillen Herrn mit der Zeit menschlich anzuzweifeln, sagt ihm Geschicklichkeit und Falschheit nach. Reinhardt, nur im Geistigen lebend, kann sich dieser Argwohn nie nähern. Der gefeierte Wiedererwecker des deutschen Theaters ist übrigens bekanntlich mondsüchtig. Er spaziert auf dem Dachfirst des Hauses, tief eingehüllt in die Unkenntnis der Abendeinnahmen und des Etats, seinen künstlerischen Träumen nach, und sein treuer Bruder Edmund muß für die Sprungtücher und Strickleitern sorgen für den Fall, daß er abstürzt …

Klein, Robert. Der junge Mann, gestern noch marktunbekannt, ist bisher nur in Pseudonymen hervorgetreten: Reinhardt, Robert, Saltenburg. Galt deshalb und wegen eines eigentümlichen, fast sonderlinghaften Interesses an ausverkauften Häusern unter den Theaterdirektoren als amusisch. In Wahrheit kommt er von der Philosophie her. Kennt den Swedenborg seitenlang auswendig und schrieb eine Dissertation über Cartesius. Angewidert vom schalen Treiben der Geistigen flüchtete er in die Arme Prof. Eugen Roberts. Erweckt Adele Sandrock aus zehnjährigem Kunstschlaf. Weiß ungeachtet seiner kleinen, jungenhaften Statur und seiner badensischen Aussprache (die die Konsonanten so friedfertig aufweicht, daß auch die Bosheit noch umgänglichen Klang hat) Audoridäd zu üben. Es gelingt ihm in der schwierigen Position eines Direktorstellvertreters, dessen Stellvertreter der Direktor ist, seinen Idealismus hinter exakter Geschäftsführung zu verbergen: wegen eines künstlerischen Erfolges apostrophiert, redet er sich geschickt auf den verlockenden Kassagewinn aus, disputiert seinem jeweiligen Herrn seine künstlerischen Wünsche als merkantile Überzeugungen auf, kurz: Er nimmt freiwillig das Odium auf sich, nicht mondsüchtig zu sein. Wie alle Fanatiker der glatten Rechnung bezaubert ihn die Musik. Er kann stundenlang am Flügel sitzen und phantasieren, ob er Herrn Albers engagieren soll.

Q 29/5/342

DER KLANGVOLLE
Ibach
HANNS HERKENDELL D.DF
Alle Anfragen an das Stammhaus IBACH-Barmen
Alleinverkauf für Groß-Berlin: IBACH-Filiale im IBACH-Haus, W 35, Steglitzer Straße 27, Potsdamer Straße 39 und Hans Rehbock & Co., W 30, Motzstraße 78, Hans Rehbock & Co., W 15, Kurfürstendamm 22

PROFESSOREN, REGISSEURE, HAUSBESITZER

BERLINER THEATERLEXIKON II

Anton Kuh

Robert, Eugen. Stammt aus Budapest. War infolgedessen Journalist. Hat wie alle Journalisten, die aus Budapest stammen, eine sensitive Seele. Liebt wie alle Sensitiven, die in Budapest Journalisten waren, den französischen Esprit, namentlich in seiner dekadenten Verpackung: Baudelaire (sprich: Böddelehr), Verlaine (Vèrlehn) und Francis Carco (Càrco Francis). Seine Augen sind von trüber Gefaßtheit, als blickten sie aus dem Grund einer metaphysischen Magenverstimmung. Aber sie wissen, wieviel Rentenmark alles Angeblickte wert ist. Die gewellten Haare haben frühzeitig Eisstaub angesetzt, in freier Anlehnung an Franz Molnar. Sie geben, zu obgenanntem Blick addiert, dem kleinen Herrn, der mit soviel Geschmack gekleidet ist, wie er seine Mustervorstellungen inszeniert, das Aussehen eines Pianisten. Der wäre Eugen Robert auch unstreitig geworden, wenn ihm das Schicksal nicht eine besondere Erfindung vorbehalten hätte: nämlich durch Häusererwerb die Entwicklung des deutschen Theaters entscheidend zu bestimmen. Er ist der erste Hausbesitzer der Weltgeschichte, der sich aus diesem Titel als Theaterdirektor einen Namen zu machen wußte.

Saltenburg, Heinz. Familienname uneruierbar. Wurde, was den Vornamen betrifft, in der Wiege erweislich nur auf »Professor« getauft. Schließt damit bis auf weiteres die Reihe deutscher Bühnenprofessoren ab. Seine Berliner Jugendtage verlebte der frühbegabte Knabe in Lodz. Nach der Weltstadt übersiedelt, stößt er auf eine interessante Kunsterscheinung: die Inflation. Entdeckt in ihrem Strudel den Dichter Zuckmayer. Fördert mit der linken Hand die Operette, mit der rechten die ernste Muse und mit allen beiden den Automobilhandel. Schlechte Einnahmen verfeinden ihn der deutschen Literatur. Doch geht er seinen Weg weiter. Wünschen wir dem unerschrockenen Mann, der aus der geistigen Hinterlassenschaft Angelo Neumanns das Direktionssofa geerbt hat, daß er sich bald wieder auf einem solchen gemächlich ausstrecken kann!

Martin, Karl Heinz. Von Aussehen schlechtgelaunter Assessor, von Beruf frohgelaunter Eklektiker. Seine Spezialität als Regisseur besteht darin, tunlichst den Anschein zu vermeiden, eine zu besitzen. Unbedingter Anhänger des Neuesten, inszeniert er immer in dem Stil, der sich in der vorigen Woche durchgesetzt hat. Geistig am nächsten steht er ohne Frage einer Mischung aus Jessner und Piscator, doch könnte man ihn ebensogut den Jürgen Fehling unter den Granowskys nennen. Der oftverdiente Mann, durch eben dieses Mixertalent jüngst an die Spitze einer Parteibühne gelangt, deren Devise lautet: »Nicht so radikal wie Piscator – nicht so konservativ wie Hülsen!« war ebensooft verheiratet. Seine erste Direktionsstellung findet ihn in der achten Ehe.

Rotters, die. (Pluraletantum.) Die kleinere, dickere Hälfte heißt Fritz, die andere Alfred. Beide zusammengelegt, ergeben einen Leib und eine Seele. Dabei dürfte kurioserweise auf den magern Teil mehr Leib, auf den dicken mehr Seele entfallen. »Rotters« ist im übrigen ein Sprachgebrauch, womit im Deutschen die Merkantilisierung der Bühne bezeichnet wird, der Sieg der Konfektion über die Kunst. Nun, F. und A. Rotter haben sich weniger dadurch eingebürgert, daß sie schlechte Kunst, als dadurch, daß sie gute Geschäfte machen. Sind infolgedessen freilich zur Zielscheibe des Spottes für alle geworden, die schlechtere machen. Im übrigen ist der Enthusiasmus, der vom Erwerbssinn zurückbleibt, ja immer knabenhafter und reiner als

(*Piscator,* Erwin) – jener, der sich von der Sachlichkeit getrennt hat. Diese Trennung aber vollzog Piscator durch die Annäherung an eine geistige Gruppe, deren Mitglieder sich als Dramaturgen Piscators in der deutschen Literaturöffentlichkeit ihren Platz gesichert haben. Sie nannten sich »Kollektiv« – Ersetzung der Einzelpersönlichkeit durch eine Anzahl von Hüten und Nasen –, legten aber, unter Verzicht auf die Renommiertheit ihres Sammelnamens, Wert darauf, ihre Eigennamen in Geltung zu bringen. Dadurch erfolgten die bekannten Geldschwierigkeiten ihres Oberhauptes. Dieses hingegen, eigentlich dazu berechtigt, seinen Namen berühmt zu machen, legte auf äußere Ehren keinen Wert. So hat es Piscator, wiewohl sein Ruf bis Rußland drang, nicht einmal zu einem Ruf dahin gebracht. Es genügt ihm weiter, der Zeit ihr politisches Theater zu geben, indem er schlechte Autoren mit guten Erfindungen zusammenkleistert. Der kleine, junge Mann, in Wahrung seiner direktorialen Gerechtsame: Meisterboxer der Bantam-Klasse, sieht aus, als ob Walter Mehrings Leib die Schultern des George Grosz angewachsen wären. So hält er auch physisch zwischen den beiden Persönlichkeiten die Mitte, die mit ihm ins Theater am Nollendorfplatz einziehen.

Q 29/9/657

GLADIATOREN

Alfed Flechtheim

»Mehr Licht!«

Obwohl über jede Berliner Premiere die Spalten der Tagespresse von hinten bis vorn gefüllt sind, sind die Theater leer. –

Nur die Pelzmäntelorgie des Herrn Max Reinhardt in der Komödie und die Revuen haben, dank der Kritik, volle Häuser. Georg Kaisers »Jüdische Witwe« mußte abgesetzt werden. Hier hat die Kritik vollkommen versagt. Allerdings hätte Kaiser sein Stück französisch schreiben und von Julius Elias verdeutschen lassen sollen. –

Zum Kampf Hans Breitensträters mit Pablo Uzcudun waren acht Tage vorher die 15 000 Plätze des Sportpalastes restlos ausverkauft.

Weil das Publikum immer mehr und mehr spürt, daß das Theater viel »Klüngel« ist. Ebenso der Kampf van der Veer mit Breitensträter angeblich gewesen sein soll. Denn das Publikum des Sportpalastes rekrutiert sich nicht allein aus Bierkutschern und Chauffeuren – die ganze gute berlinische Gesellschaft ist da, Prinzen und Prinzessinnen, Maler und Bildhauer, Literatur und Haute Banque und alle an diesem Abend beschäftigungslosen Schauspieler. – Warum das?

Weil das Publikum fühlt, daß das, was da in dem Ring vorgeht, ein wirkliches Drama ist und keine mißverstandene Heilige Johanna. Was sich da in dem Ring, inmitten der 15 000 aufgeregten Menschen abspielt, in einer halben Stunde, ist wirkliches Drama, ist keinem Theater vergleichbar.

In einem großen Boxkampf ist keine Schiebung möglich, weil die Natur des Boxsportes in seiner äußersten Spannung gar keine vorherige Abmachungen erträgt. Boxen ist Energie in höchster Potenz. Die großen Boxer geben ihr Letztes hin. Monatelang vorbereitet, treten sie auf, und die Spannung, die in dem Ring herrscht, überträgt sich auch auf das Publikum, überträgt sich auf Max Slevogt ebenso wie auf den Droschkenkutscher, auf Tilla Durieux wie auf den Gelbstern von Gerson.

Der Kampf des Deutschen mit dem Spanier war ein unerhörtes Ereignis. Ihre Arbeit war vergleichbar mit der von Generalstäblern. – Daß Breitensträter den Kampf verlor, ist keine Schande. Seine Niederlage war ehrenvoll. Er kämpfte wie Hektor nach dem Abschied von Andromache, er kämpfte gegen Paolino und gegen Carpentier, also einer gegen zwei. Paolino hatte sich als Trainingspartner den europäischen Boxerkönig kommen lassen, der ihn auch im Kampfe sekundierte; und wie sekundierte, wie ein General seine Truppen, wie ein elektrisch gesteuertes Boot vom Ufer aus! Sein Manager Descamps (er erinnert an Poiret und an Vollard) hat diesen baskischen Bullen vorbereiten lassen, wie es sich vorerst ein deutscher Boxer noch nicht leisten kann. – Paolino, stark wie ein Toro bravo der Witwe Miura, war 10 Kilo schwerer als Breitensträter. Dieser Gewichtsunterschied gab ihm von vornherein ein Übergewicht, hierzu kam der Gedanke, daß er durch diesen Kampf nur verlieren konnte. Gewann Breitensträter, waren Paolinos Chancen, Europameister zu werden, vorläufig mal Essig. Denn daß er Spalla schlagen wird, daran zweifelt kein Mensch. Der Deutsche hatte nichts zu verlieren. Hätte er gewonnen, würde er mit dem Italiener in den Ring getreten sein, wäre sicher Europameister geworden, und Deutschland hätte einen Mann großen Kalibers mehr. Und das wäre für Deutschland von großem Wert gewesen, denn wir haben in Deutschland nur wenige Menschen großer internationaler Klasse, wir hätten einen neuen Mann neben Bode, neben den Einsteins, neben Richard Strauß.

Cocteau

Über die Einzelheiten des Kampfes hier zu schreiben, hieße Eulen nach Berlin tragen. Die Querschnittler wissen, was ein Boxkampf ist und haben in der »B. Z.« und im »Acht-Uhr-Abendblatt« alle Phasen dieses großen Ereignisses miterlebt.

Aber daß dieser Kampf, in dem Kraft, Geist und Erfahrung vereint siegten, eine künstlerische Angelegenheit war, künstlerischer als alle Berliner Theateraufführungen, ist allen denen bewußt geworden, die das große Glück hatten, diesem unerhörten Schauspiel beizuwohnen.

Ich beglückwünsche Breitensträter zu diesem Kampf. Der Versuch war ein kokoschkaesker. Er ist ihm diesmal mißglückt. – Ein anderes Mal!

Q 26/1/48

REICHSRAT

Wilhelm Bernhard

Gesetze bedürfen nicht nur der Beratung des Reichstages, sondern haben auch den Reichsrat in geziemende Bewegung zu setzen; sehr geziemende Bewegung, denn der Reichsrat, etwa einem nationalen Botanischen Garten in geschützter Lage vergleichbar, kennt das Furioso nicht, das den Reichstag hin- und herschüttelt, den wir poetisch als einen Wald von Espen ansprechen möchten, der auf einem Stürmen und Ungewittern ausgesetzten Hügel gelegen ist.

Sind die Abgeordneten Unteroffiziere und Feldwebel, die schwadronieren, wie es das Dienstreglement ihrer Parteien vorschreibt, das von dem Offizierskorps der Industrie oder den nach strammen militärischen Methoden arbeitenden Gewerkschaftssekretären bestimmt wird, so haben die Reichsratsmitglieder mit Silber und Gold durchwirkte Achselstücke. Die Generale zwar, die Ministerpräsidenten der deutschen Länder und freien Handelsstädte, haben immer nur so lange Befehlsmöglichkeit, wie die Laune des heimatlichen Parlamentes es gestattet, in denen wiederum die Unteroffiziere und Feldwebel das Wort führen nach ihrer Partei Dienstreglement, das von dem Offizierskorps der Industrie oder den nach strammen militärischen Methoden arbeitenden Gewerkschaftssekretären bestimmt wird. All das ist unsolide.

Solide Posten in der parlamentarischen Welt Deutschlands sind einzig die Reichsratsmitglieder, die ihre Regierungen in Berlin vertreten und dort in hübschen Gesandtschaftshäusern und geräumigen Etagen zu Hause sind. Sie haben nur silbergewirkte Achselstücke, keine entscheidende Befehlsgewalt, führen das aus, was die hohe Heimat ihnen anweist. Dafür aber sind sie nur in den seltensten Fällen der schwankenden Gunst der Parlamente unterworfen. Ob links oder rechts regiert wird, die Vertreter der Länder in Berlin bleiben als kundige und bereite Vollzieher aller Wünsche, die von zu Hause an sie gerichtet werden. In ihrem Korps bewirkt Veränderungen die Dienstaltersgrenze und der Tod.

Der Reichsrat ist so, da es eigene Meinungen unter seinen Mitgliedern (die Herrscher der Länder selbst kommen fast nie zu den Sitzungen) nicht gibt, eine traute, harmlose Verbindung, deren Zusammenkünfte sich wie Familientage gestalten. Widersprüche und gegenteilige Meinungen werden erstaunlicherweise nur als im Interesse des Ganzen abgegeben betrachtet. Meist wird auch von demjenigen, der protestiert oder eine Sache lebhaft befürwortet, durch ein zartes, aber doch wohlverständliches Zucken mit den Achseln angedeutet, daß es ja nicht seine Meinung ist, die er vertritt. Silberdurchwirkte Manieren herrschen.

Es ist vielleicht kein Zufall, daß die Sitzungen in der Regel jeden Donnerstag stattfinden. Am Donnerstag erscheint nämlich die Berliner Illustrirte Zeitung mit dem neuen Silbenrätsel. Das wird zunächst im regen Wettbewerb, aus dem jeder als Sieger hervorgehen möchte, geknackt, und Freude bereitet es dem Gewinner, kann er den sinnigen Spruch der Lösung als Erster verkünden, an den sich dann scherzhafte Bemerkungen über die Tiefe des Lebens anknüpfen. Ehrensache ist es, daß mit der Lösung nicht schon im Auto oder auf dem Bus begonnen wird; sondern erst im Sessel des Sitzungssaales darf mit dem Raten angefangen werden.

Um wieviel freundlicher gestaltet sich natürlich erst der gesellige Verkehr der Ländervertreter untereinander. Nicht nur, daß jedes Land einmal im Jahre die anderen bei sich zu Gast hat, auf welchen Abenden ein lustiger Stichelton sich die verschiedenen possierlichen Eigenschaften der deutschen Nationen vorhält, auch die Frauen der Gesandten pflegen allein miteinander einen herzlichen Verkehr, laden sich in regelmäßigen Abständen zum Reichsratstee ein, von dem eine Hamburger Dame zum Beispiel beglückt mit einem bayerischen Kuchenrezept, eine sächsische mit einem württembergischen und eine badische mit einem Oldenburger heimkehrt. Sommertags werden gemeinsame Ausflüge getätigt, etwa zu der im weiteren Umkreis der Stadt gelegenen Besitzung eines Mitglieds. Man übernachtet dann da und kann sich tags darauf mit einer Freundin über die Dessous der Kolleginnen unterhalten. So gibt es viel Abwechslung!

Sehr feine Nuancen werden gewählt, um bei außergewöhnlichen Gelegenheiten zusammenzukommen. Um einem verehrten Mitglied anläßlich seines Geburtstages eine besondere Freude zu machen, verabredeten sich die Damen Bayern, Württemberg, Baden, Hessen, Lübeck, Thüringen und Mecklenburg zum Mahle in Nationalkostümen aufzutreten, als schlichte Mägde aus dem Volke, und so erscheinen mit ihren Herren, die schwerer zur Maskerade zu bewegen sind und im Frack kommen, ein bayerisches Dirndl, eine Schwarzwälderin, eine pommersche Deern, eine Lübbsche Kinderfrau, als Geschenke Spezialerzeugnisse ihrer Länder in den Händen und überreichen sie in Versen ihrer heimischen Mundart.

Es ist eines der allerberuhigendsten Dinge in Deutschland, daß es einen Reichsrat, einen so freundlichen, harmlosen Reichsrat gibt!

Q 27/3/165

MODE DE PARIS

I. Französischer Modesalon am Pariser Platz

Baron de X…, Finanzier der Berliner Filiale, schildert dem Lokalreporter des »Querschnitt« die Erfahrungen der ersten Tage seiner Mode-Expedition nach Berlin und Pläne des Salons.

Unser Pariser Haus in der rue St. Honorée haben die Duchesse de … und die Princesse de … kommandiert. Für die Berliner Filiale sind noch zwei Finanziers hinzugekommen: einer meiner Freunde und ich; also zwei junge Damen und zwei junge Herren der Gesellschaft als Unternehmer. Die Geschäftsräume, wahrscheinlich im Palais Radziwill am Pariser Platz wird Jansen aus Paris ausstatten, als wirkliche Salons, mit Täfelungen und Schnitzereien aus edlen Hölzern und nach den kultiviertesten französischen Modellen. Es werden charmante Räume sein, der Modeschöpfungen würdig, die wir zeigen wollen. In dieser Berliner Filiale leiten die Fürstin Obolensky und die Gräfin Marhotzky den Verkauf. Das Debut der beiden Damen bei unseren ersten Vorführungen mit den Tänzerinnen der Schwarz-Revue als Mannequins, hier im Adlon, war ein eklatanter Erfolg. Wir hatten das Vergnügen, fast alles, was zur Berliner Gesellschaft gehört, begrüßen zu können und haben sogar, noch nicht einmal installiert, täglich verkauft. Die Erfahrungen dieser ersten Tage waren äußerst wichtig, zum Teil für uns geradezu verblüffend. In Paris kauft die Frau, in Berlin der Mann. Wir sind aus Paris gewohnt, daß die Dame allein und ohne viel zu fragen *das* kauft, was ihr gefällt und soviel ihr gefällt. In Berlin kann man eigentlich nur am Sonntag verkaufen, wenn die Männer mitkommen, denen hier das letzte Wort zusteht. Die Berliner Dame scheint ja in ihren Ansprüchen sehr bescheiden zu sein; zwei, höchstens drei Abendkleider für die Saison genügen ihr, dazu noch das, was sie für den Tag äußerst braucht. Und alle sehen auf die Qualität des Stoffes, als ob Kleider eine wertbeständige Anlage wären. In Paris ist nur das Aussehen maßgebend, die Wirkung als Kunstwerk. Die *Schöpfung* wird bezahlt, und kein Mensch fragt danach, ob das Kleid aus kostbarem Material gearbeitet ist. Und wenn es aus Seidenpapier ist, das wichtigste ist die Schönheit. Eine große Toilette für 15 000 Franken ist keine Seltenheit, ein Preis, bei dem der Wert des Materials eine bagatellmäßige Rolle spielt. Hier in Berlin sind 400 Mark, also der sechste Teil des Preises, den die Pariserin anlegt, schon eine sehr hohe Ausgabe, die den Konsens des Mannes erfordert. Ganz starr war aber unser Chef-Schneider, als ihm eine Dame der Berliner Haute-

Finance erzählte, daß sie sich alle Kleider selbst mache. Sie habe zwar das Schneidern nie gelernt, aber es gehe trotzdem ganz gut. Monsieur Gustave hat sich bis heute von diesem heftigen Schreck nicht erholen können. Dabei kenne ich die Unternehmungen des Gatten dieser Dame sehr gut. Seine Einkünfte gehen in die Millionen. – Trotzdem werden wir gute Geschäfte machen, da wir einen Vorsprung vor allen Berliner Häusern haben. Jedes Modell, das in Paris kreiert wird, ist einige Stunden später mit dem Flugzeug auch bei uns. Wir werden also nicht die auf einer Einkaufsreise ausgesuchten wenigen Modelle zeigen, sondern den ganzen Pariser Salon im Original auch hier haben, genau so wie in der rue St. Honorée. Und dann werden die Modelle nicht hier einfach handwerksmäßig kopiert, sondern jedes Kleid neu in Paris von demselben Künstler ausgeführt, der es entworfen hat. Es ist derselbe Unterschied wie bei Gemälden zwischen Original und Kopie. Natürlich *kann* man kopieren. Aber der Kenner sieht auf den ersten Blick den gewaltigen Unterschied. Die Individualität, der Reiz des wirklich Künstlerischen geht bei der Kopie verloren. Auch muß ja bei jedem Kleid immer wieder je nach der Figur neu komponiert werden. Einige Zentimeter der Länge des Rockes entscheiden alles. Es ist so unendlich schwer, diese genaue Länge zu treffen, die heute haarscharf die Mitte des Knies schneiden muß. Nach ihr muß aber auch alles in der Komposition des Ganzen wieder abgestimmt werden, Stickerei, Falten, Stoffbreiten – kurz alles. Das sind Dinge, die nur der Schöpfer eines Kleides erfühlen kann, nie der Kopist.

Mit den Stoffen ist es dasselbe. Täglich werden neue Variationen erdacht, die der ausländische Einkäufer erst nach Monaten zu Gesicht bekommt. Wir werden sie mit dem Flugzeug schon wenige Stunden nach der Kreation in Händen haben. Ich zeige Ihnen hier einen Kasha mit kleinen eingewebten altgoldenen Mustern, ein Stoff, der erst seit ein paar Tagen lebt. Oder einen imprägnierten Crêpe de Chine, für Regendreß – auch ein Stoff, den sie hier noch lange nicht sehen werden, in Blau, auch in Weiß und noch eine Anzahl solcher Neuheiten, die die Berliner Häuser erst sehen werden, wenn Paris sie bereits wieder überholt hat.

Diese Zwischenzeit, die in unserer Epoche doch eigentlich überflüssig ist, wollen wir überspringen. Wir liefern das bestellte Kleid, in Paris gearbeitet, der Berliner Dame genau so in vier Tagen wie der Pariserin. Alles wird mit dem Flugzeug befördert und der Weg Paris-Berlin auf die für das moderne Heute normale Stundenentfernung gebracht. Natürlich überlegten wir unsere Gründung auch als Geschäftsleute. Sie würde uns aber gar keinen Spaß machen, wenn sie nicht das Ziel hätte, wirklich künstlerische Leistungen zu produzieren und wenn nicht das sportliche Moment da wäre, die Entfernung Paris-Berlin auf die Kürze eines kleinen, alltäglichen und selbstverständlichen Geschäftsweges zu reduzieren.

studio
dorland
MON
PARFUM
BOURJOIS
PARIS
BOURJOIS PARIS
puder Mk 3.-
MK. 6.-, 10.-, & 18.-
„Schönheitswinke
von Babette"
Eine hochinteressante
illustrierte Broschüre.
Verlangen Sie diese
in allen einschlägigen Geschäften
Gratis.
compact
Mk. 2.90
lippenstift Mk.3.50
mon parfum
von
BOURJOIS
PARIS
NIEDERLAGE: BERLIN S.W.68. ALEXANDRINENSTR.105/106

II. Charlotte et Jenny

Madame Resnikoff, Leiterin der Berliner Filiale, erzählt:

In Paris wird heute vor allem die kleine Toque ohne Rand, tief ins Gesicht hereingezogen, getragen. Den Damen Berlins ist diese Hutform kaum beizubringen. Von jeder Kundin, der ich so eine Toque empfehlen will, kenne ich die Antwort schon im voraus. Wie auf Verabredung behaupten alle Berliner Damen, sie hätten für die Toque ein zu breites Gesicht, eine zu große Nase. Wenn sie sich aber zur Toque verstehen, so setzen sie den Hut anders als gedacht auf, setzen ihn also nicht weit genug ins Gesicht und geben damit der Form ein ganz anderes Cachet als beabsichtigt. Man zieht sich heute in Berlin viel besser an als früher, aber trotzdem ist die deutsche Frau in Modedingen noch nicht so beweglich wie die Pariserin. Die Pariserin trägt, was Mode ist, die Deutsche hat hierzu weniger den Mut, sie will das tragen, was sie seit Jahren gewohnt ist. Hat sie vor zehn Jahren eine cloche getragen, die ihr gut stand, so will sie immer wieder eine cloche haben. Das erste Wort vieler Frauen, das jede Modeentwicklung abschneidet, ist: »Ich trage immer das und das, zeigen Sie mir etwas Ähnliches.« Die Pariserin kann es kaum erwarten, bis eine neue Form herauskommt, die sie sofort haben muß. Angenehmer ist es, wenn der Mann beim Einkauf gleich mitkommt. Die deutschen Männer sind sicherer in ihrem Geschmack. Hat die Dame den Hut allein gewählt, so tauscht sie ihn am nächsten Tag gleich wieder um, und das noch so und so oft. Die Männer scheinen mir in dieser Hinsicht avancierter, auch nicht so sparsam wie die Frauen, und kaufen eher das, was ihnen gefällt, als das, was billiger oder solider im Material ist, und oft muß der Mann seiner Dame erst zu dem teureren, aber vorteilhafter aussehenden Hut zureden, ein Fall, der in Paris sehr selten vorkommt, wo die Frau allein und bewußt kauft.

Wir lassen unsere Hüte nach den Modellen hier in Berlin arbeiten, unter der Leitung einer Pariser Direktrice. Die Berliner Modistin ist sehr sorgfältig, sehr gewissenhaft und peinlich in der Arbeit, aber der Chic, dieses allerletzte Feingefühl, das fast jedes Pariser Nähmädel in den Fingerspitzen hat, das fehlt ihr, dieser letzte, kleine Elan, der den Hut persönlich gestaltet. Unsere Pariser Direktrice vollendet den Hut, der vorgearbeitet ist, auf dem Kopf der Dame selbst. Das ist das Geheimnis der Pariser Modistin – die Anprobe und Fertigstellung auf dem Kopf. Nur so kann die Wirkung erreicht werden, nur wenn der Hut auf ihr selbst fertig gestellt wird, kann die Kundin sicher sein, daß sie das bekommt, was sie will: einen Hut, der wirklich für sie bestimmt ist, zu ihr paßt und alle modischen Erfordernisse ihrer Kopf- und Gesichtsform, ihren Haaren und ihrem Hals anpaßt.

Q 27/5/394

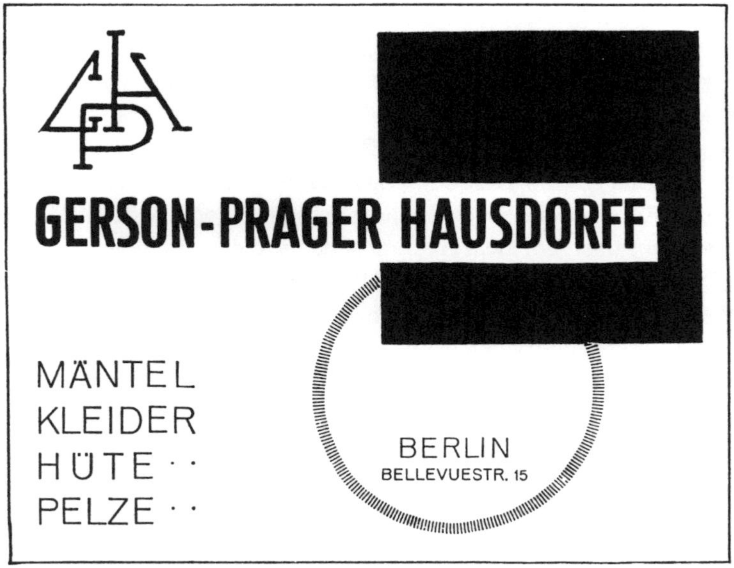

DAS BERLINER MANNEQUIN

Polly Tieck

Der große Modesalon hat zur Vorführung eingeladen, und man geht hin. Ganz besonders geht man hin, wenn man Konkurrenz ist, wenn man selbst einen Modesalon hat, und sei's auch nur ein ganz kleiner, weißer, diskreter an der Peripherie der Stadt. Man konstatiert: Es ist alles ganz ordentlich hier, die Tischchen freundlich, wenn auch ohne große Liebe gedeckt, das Publikum so, wie es sich ein Modesalon nur wünschen kann: die Berliner Bürgerin zwischen 30 und 55, nicht sonderlich elegant, lüstern und solide zugleich, kurz, die ideale und aufs idealste zu beeinflussende Kundin. Da – ein leichtes Aufblicken durch Brillen, Pincenez, Lorgnetten und – ein Monokel: Das erste Mannequin ist erschienen. Es trägt ein Modell, einen Traum, eine süße, geistreiche Sinfonie von Lanvin, von Jenny oder von Lelong. »Pas sur la bouche« heißt das Modell. Es hat ein ganz kleines, rundes Ausschnittchen vorn am Hals, das Ausschnittchen ist so klein, daß es gerade die runde, rosige Kehle sehen läßt. Hinten aber wird das Ausschnittchen zum Ausschnitt, zum Decolleté, das erst dort, wo auch der schönste Rücken aufhört es zu sein, mit einer großen Masche aus blauem Velourschiffon schließt. »Pas sur la bouche« – ein berechtigter und nicht zu strenger Name für dieses Modell! Der Blick schweift weiter abwärts von dem makellos schönen, rosigen und in der Mitte vorbildlich eingekerbten Rücken der Trägerin, über die Schenkel hinweg (denn auch von der leisesten Erinnerung an die Stelle, wo bei früheren Frauengenerationen die Hüften saßen, kann nicht mehr die Rede sein) zum Knie und weiter zum wadenlosen, schmalgelenkigsten Bein, das aus der vier Meter weiten Glocke des schaumigen Rockes wie der gebrechlichste Stengel herauswächst. Wie reizend schön, wie ganz unserem Ideal entsprechend, ist dieser Frauenkörper! Wie vorbildlich, wenn auch etwas outriert und für die Modebühne zurechtgeschnitten, diese Haltung mit dem hohlen, tief durchgedrückten Kreuz, dem vorgeschobenen, beinahe auf Dürersche Art getragenen Leib, dem seitlich gebogenen Hals und den langen, schmalen Händen, die ein Irgend-Etwas – ein Täschchen, ein Quästchen, ein Spiegelchen – in sich falten und ganz leicht: »sur l'estomac« getragen werden! Auch der Gang ist richtig, etwas wippend, etwas tänzerisch, bewegt in den Gelenken und ohne die geringste Bewegung der verlängerten Rückenpartie! Was also ist es, was diese Trägerin des holden Kleides: »Pas sur la bouche« – und was jene vielen anderen, die inzwischen erschienen und die ihre Modelle: »Te souviens-tu?«, »Mon mari ne danse pas« und »Quand vous reverrai-je?« mit nicht geringerem Talente zeigen –, was ist es, was uns an ihnen allen so schmerzlich fehlt? Ich sehe in die Gesichter, denen das Rouge, das Beige, das Schwarz und das Blau von Coty, dem wir so viel verdanken, eine fast uniformierte Maske gegeben hat. Aber nicht die Maske allein ist's, die uns stört. Es ist jener Ausdruck der tödlichen Langeweile, jene Maske des Berufsmäßigen, jener Stempel des Abgebrühten, Kessen und Uninteressierten, das aus all den vielen Frauengesichtern, die in den letzten Wochen die Parade der Mode vollführten, spricht. Verachtung für die Frau von Welt, für die Kaufende, die es nicht nötig hat, sich zu verkaufen, Langeweile der Versuchung auch der verlockendsten Mode gegenüber, die ja für sie doch nie Wirklichkeit wird. Gewiß, es ist kein Vergnügen, vor einem Parterre kritisch musternder und nicht immer wohlwollender Frauenblicke die Reize einer neuen Mode und damit die eines vorbildlich gewachsenen Körpers zu zeigen. Aber die Situation wird nicht dadurch verbessert, daß auf Ihren Gesichtern, meine Damen, zu lesen ist, wie gleichgültig, unangenehm und abscheulich Ihnen diese Angelegenheit ist, und daß Sie es nur tun, um Ihr Geld damit zu verdienen. Geld verdienen, meine Damen, ist bekanntlich nie angenehm, aber je klüger man ist, eine um so bessere Miene macht man dazu. Schauen wir uns doch einen Augenblick Ihre Kolleginnen aus Paris an, Suzette de chez Jenny, Marion de chez Patou, und jenes große, namenlose Heer der vielen, vielen, denen dieser in Frankreich erfundene Beruf das Brot gibt. Sie sind immer freundlich; ich habe sie nie anders als lächeln gesehen. Ihre Gesichter sind unermüdlich in der Bewegtheit des Mundes, im lebhaften Blick des Auges, in der reizenden Spannung der Wangen, im Bezeigen jener eigentümlichen Liebenswürdigkeit, der »cortesia«, in der uns die romanischen Völker so weit voraus sind. – - »Ich wünschte, dich von der Schönheit dieses Schnittes zu überzeugen« ... »Ich ahne, wie reizend gerade dir dieses Kleidchen stehen müßte« ... »Ich freue mich, dir den originellen Fall dieser Glocke zeigen zu dürfen« ..., das drücken die freundlichen, schmalen, zuvorkommenden Gesichtchen all der vielen kleinen Pariser Mannequins aus. Und ihre Herkunft ist meistens auch nur die Ackerstraße von Paris und ihre Schule keine sanftere als die zwischen der Friedrichstraße und dem Kurfürstendamm. Nur daß in diesem gesegneten Paris, in dieser Stadt der Frau, der Mode und der Liebe der Typus der »Nutte«, mit dem wir als mit etwas Unvermeidlichem rechnen, etwas Unbekanntes ist. Dort ist auch noch das unbekannteste Mannequin, die kleinste Midinette eine Mimi oder eine Manon, und über allen Lehren und Geboten steht das Gebot der Grazie und der Liebenswürdigkeit.

Q 25/11/985

G. H. Wolf

DROSCHKENSCHOFFÖSE IN BERLIN

Gertrud Bückle

Als es mir einmal *ganz* dreckig ging, wurde ich Schofför.

Der Anfang war etwas aufregend. Ich habe in der ersten Zeit förmlich gezittert vor Angst, daß ich wirklich einen Fahrgast bekommen könnte. Wenn ich dann nach zwölf Stunden Dienst nach Hause kam und völlig lendenlahm aufs Lager sank, fuhr mein Bett mit mir Auto. Die ganze Nacht. Und dann kamen die Angstträume: der Wagen wurde mir gestohlen, die Fahrgäste entwichen, ohne zu bezahlen, die Herren Kollegen verfolgten mich mit Haß und Rachedurst.

Aber nach vierzehn Tagen hatte sich das alles gelegt. Ich konnte fahren. Die Kanaille Franz, mein Wagen, tat nur noch was *ich* wollte, ich hatte vor nichts auf der Welt Respekt und konnte fluchen wie ein alter Halunke. Mit einem Wort, ich unterschied mich durch nichts mehr von einem richtigen, wasch- und lichtechten Berliner Droschkenschofför. Das Fluchen gehört übrigens zum Handwerk wie das Lächeln zu einer Filmdiva. Es ist nicht nur Ehrensache, daß man es geläufig beherrscht, so aus Stilgefühl etwa, sondern es bedeutet eine Art seelischer Entspannung für die Nervosität und den Zorn, der sich in vielen Stunden Kampfes mit Wagen, Straße, Verkehrsvorschriften und Publikum notgedrungen aufstapelt. Man kommt nicht ohne das aus. Dazu gehört auch die ganze übrige Droschken-Terminologie, eine Sprache für sich, die gelernt sein will, und die der Uneingeweihte bestimmt nicht ohne Anleitung versteht. Man höre sich einmal an einem Droschkenhalteplatz beispielsweise folgendes Gespräch an:

»Heit hats jar nich jeschlackert. Erst hatt ick en Springer nach Anhalt, da keilen mir die Zausels ein un ick rutsch ab. Dann mach ick en Satz nach Excelsior rüber, da stehen drei Fijuren. Ick jeh uf die Klötzer, det der Schlitten drieselt, un wat soll ick dir sagen, da steht en Helmut daneben un will mir fotegrafieren. Ick aber jleich mit vierzich Sachen ab, det er mir nich erwischen tut. Denn bin ick hierher jelungert un nu stell ick mein Apparat in Stall. Wejen die paar Knochen mach ick nich noch fufzich Leere. Een Pfund ha ick ja schon ranjeschaukelt un Schmalz ha ick och janz jut, wern wir ebend noch ne Molle zwitschern.«

Um das zu verstehen, muß man tausend Worte Droschkendeutsch gelernt haben.

Von meinem Kollegen habe ich überhaupt viel gelernt. Am Halteplatz standen sie immer in Gruppen um meinen Wagen, und ich hielt Audienz. Zuerst schimpften wir ein bißchen über irgend etwas, bloß so aus Gewohnheit, dann bekam ich goldene Ratschläge erfahrener Männer, zum Schluß erzählten sie mir dann außerordentliche Erlebnisse aus ihrer Praxis. Seither kann man mir mit Jägerlatein nicht mehr imponieren. Ritterlich und hilfsbereit waren sie fast alle. Bei kleineren Reparaturen habe ich mir allerdings nicht gern helfen lassen, aus Stolz und aus Eitelkeit. Ich kam mir so ungeheuer wichtig vor, wenn ich bei aufgeklappter Kühlerhaube, dreckig bis zu den Ellbogen, in Franzens Eingeweide wühlte und angeblich hilfreiche, aber in Wirklichkeit völlig illusorische Manipulationen vornahm. Aber es gab eine Operation, die ich haßte wie die Pest, nämlich das Öffnen und Schließen des Verdecks. Ich konnte mich nie entschließen, das allein zu machen, sondern stellte mich dazu allmorgendlich an einen Halteplatz und fing mit großem Aufwand an Zeremonien langsam an, zu tun als ob, spuckte in die Hände, stöhnte und lief geschäftig um den Wagen herum. Dann dauerte es nicht lang, bis ein Kollege kam: »Komm man, Mächen, ick wer dir det machen, det kannste nich.«

Gott, es gab ja auch andere Kollegen. Gut gemeinte Zurufe aus anderen Wagen durfte ich immer hören, wenn ich unterwegs war. »Dämliche Zicke, jeh nach Haus, schäl Kartoffeln und stopf Strümpfe, statt das de uns de Arbeit wegnimmst!« Das war das Hauptmotto. Natürlich hat man keine Zeit, die Herren zu fragen, wie man sich mit Strümpfestopfen ernähren kann, sondern man legt sich eine stereotype und wenig zeitraubende, aber allgemein beliebte Antwort zu, die auf alles paßt (sie ist sehr bekannt).

Eines besondern Tones muß man sich auch im Verkehr mit der Schupo befleißigen. Ich habe das fabelhaft raus. Niemals habe ich eine Anzeige bekommen.

Meine Fahrgäste konnte ich in zwei Klassen teilen. Die einen freuten sich über die »Frau am Steuer«, die andern lehnten es glatt ab, mit mir zu fahren. Der angenehmere Teil, der den Mut hatte, in meinen Wagen zu steigen, war immer rücksichtsvoll und freundlich zu mir, sogar, wenn ich, was mir im Anfang oft passierte, den unglücklichen Fahrgast auf geradezu phantastischen Umwegen zum Ziel brachte. Geärgert habe ich mich, wenn einer so mißtrauisch den Kopf auf die Seite legte: »Na, Fräulein, werden Sie uns auch nicht in den Graben fahren?« Dann erklärte ich ernst, daß mein Chef nur solche Fahrerinnen anstellt, die mindestens sieben fahrlässige Tötungen und zwanzig eingedrückte Kühler nachweisen können.

Als auch das nichts half, packte mich die kalte Wut. Ich ließ mir die Haare ganz kurz schneiden und stieg in einen wunderschönen blauen Monteur-Anzug. Nun merkte kein Mensch mehr auf den ersten Blick, ob ich ein Junge oder ein Mädchen war. Ich triumphierte, und das Geschäft ging etwas besser. Manchmal gab es komische Verwechslungen, und manche sind nie dahintergekommen, was in dem Anzug steckte. Und einmal spürte ich plötzlich mitten in der Fahrt eine fremde

Hand an meinem Kinn, die hier anscheinend mit quälenden Zweifeln belastet, Spuren eines Bartes suchte und sich tiefbefriedigt zurückzog, als sich das Ergebnis als völlig negativ erwies. Das hätte beinahe einen Verkehrsunfall gegeben.

Wirklich unangenehme Erlebnisse habe ich nie gehabt, bin niemals bedroht, beraubt, vergewaltigt oder erschossen worden. Dabei bin ich oft nächtelang in den berüchtigsten Vierteln von Berlin herumgefahren, dort vielleicht als einzige Frau, denn nirgends war die Verblüffung über mein Auftauchen größer, aber auch nirgends gab man sich mehr Mühe, mich höflich »aufzunehmen«. Ich habe da die interessantesten Erfahrungen machen dürfen.

Und den Franz werde ich nie vergessen!

Q 33/2/125

1 Berlin Friedrichstraße

2 Kaufhaus Wertheim

3 Kaufhaus Wertheim

4 Phoebus-Palast (Foyer)

5 Großkino »Lichtburg« (Zuschauerraum)

6 Großkino »Lichtburg«

7 Einweihung Funkturm Berlin, Photo: Moholy-Nagy

8 Einweihung Funkturm Berlin (Blick vom Turm)

9 Gustaf Gründgens und Margo Lion in der Revue »Alles Schwindel« (Kurfürstendamm-Theater, Berlin)

10 Szene aus Carl Sternheims »Die Schule von Uznach«

11 Die Tänzerinnen Heidi und Margot Höpfner

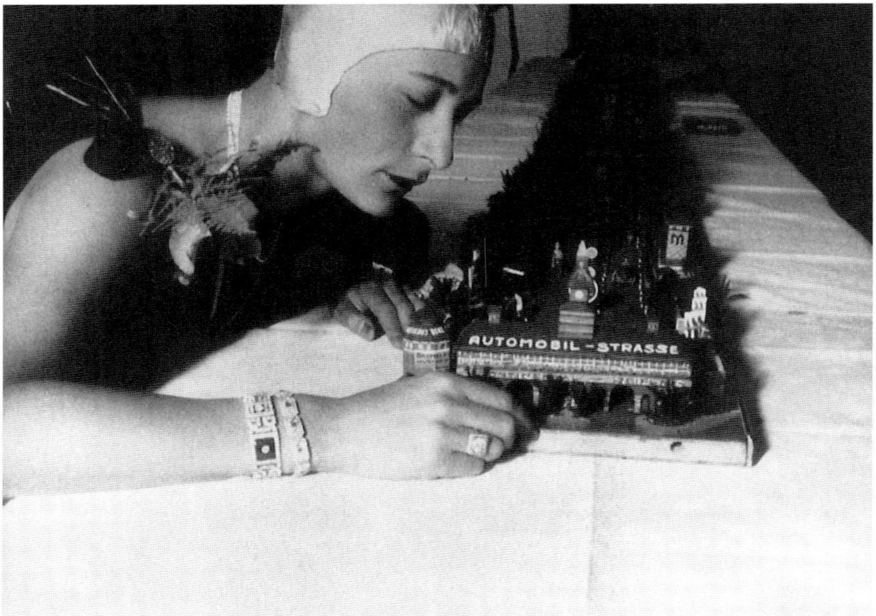

12 Hildegard Ullstein mit AVUS-Modell

13 Völkerkundemuseum Berlin

14 Tilla Durieux auf dem Querschnitt-Kabarett

15 Unterricht in einer Kutscherschule in Berlin

16 Strandgymnastik im Strandbad Wannsee

17 Junge Mädchen

18 Liebespaar im Tiergarten

19 Giraffen auf dem Lehrter Bahnhof in Berlin

20 Pampashase und Wiesel (Berliner Zoo)

21–24 Berliner Schutzpolizisten

WIE ICH REVUE-GIRL WURDE

Brigitte B.

Jetzt werden Sie lachen, aber ich stamme geradeswegs vom Turnvater Jahn ab. Ich weiß nicht genau, ob er mein Urgroßvater oder Urgroßonkel oder so was war, aber es ist nun einmal so, ich weiß bestimmt, daß ich und meine Familie von ihm abstammen, und daß ich nun Berliner Revue-Girl bin. Eigentlich müßte ja mein Ahnherr eine Freude über mich haben, aber ich fürchte, er rotiert in seinem Grabe in Freiburg an der Unstrut. Das weiß ich alles, denn ich habe mich mit meinem Ahnherrn wissenschaftlich beschäftigt und ein Bild von ihm über'm Bett gehabt. Heute, wo ich darüber hinweg bin, kann ich es ja gestehen – ich habe glatt für ihn geschwärmt, wie ich zwölf war und sogar bis so ungefähr zu fünfzehn Jahren. Denn ich stamme aus Weimar, und auch meine Verwandten hausen um das Sächsische herum. Ich habe gemerkt, daß enorm viele von den deutschen Revue-Girls aus der Gegend sind; wenn Sie in unsere Garderobe kommen, so denken Sie, sie sind in einer Pirnaer Mädchenschule.

Früher haben wir alle getippt. Es ist kaum eine, die etwas anderes war, vielleicht ein paar Modistinnen und so ähnliches, aber die Gebildeten unter uns stammen alle von der Schreibmaschine. Ich rede hier natürlich nur von uns Girls, nicht von den Tänzerinnen, die für den Beruf gelernt haben, ob sie nun schön sind oder nicht, mit ihren Muskelbeinen und ihrer Protzerei wegen dem bißchen Spagat und dem Split. (Spagat wird jeder wissen, was es ist, und Split ist, wenn man auf einem Bein steht und das andere senkrecht am Kopf vorbei in die Höhe strecken kann.)

Ich habe es leicht gehabt, zur Revue zu kommen. Ich hatte damals einen Freund, der Schriftsteller ist. Ich war in einer Firma im Büro, und abends habe ich ihm dann seine Sachen getippt. Es ist uns saudreckig gegangen, aber mein Freund kannte verschiedene Leute vom Romanischen Café und von der Maenz, und als wir einmal bei Schwannecke waren, lernte ich Franz Blei kennen. Ich habe ihm anscheinend sehr gefallen, denn er fragte mich gleich, ob ich nicht Manuskripte für ihn tippen wolle. Da ich diese freundliche Anknüpfungsmethode, die namentlich bei den älteren Schriftstellern beliebt ist, genau kenne, habe ich nein gesagt, und mein Freund Richard Alfred, der mir nie so recht getraut hat, hat gestrahlt. Trotzdem es uns damals sehr dreckig ging, habe ich nein gesagt, denn ich habe den sanften väterlichen Tönen von Franz Blei nicht getraut, obwohl er so getan hat, als ob er gar nichts anderes wollte, als daß ich Geld verdienen soll. Er hat aber nicht locker gelassen und mich gefragt, ob ich zur Revue will. Dann hat er mir gleich am anderen

Tage eine Empfehlung gegeben, mit der ich losgezogen bin, nach einem heftigen Krach mit meinem Freund, von wegen: »Ganz nackig ... das erlaube ich nicht.« Ich habe ihm aber gesagt: »Tippe du mal erst jeden Tag 8 oder 10 Stunden in einem Büro; wenn mich einer von unseren Herren dann kneift und ähnliches, dann kann man auch nichts machen, weil doch der Beruf einer Stenotypistin überfüllt ist. Und wenn einem das Rückgrat von dem ewigen An-der-Maschine-Sitzen so weh tut, wie mir so und so oft, dann ist es dir auch wurscht, von wegen nackig. Und im übrigen kann ich mir's leisten. Ich habe nun mal einen guten Akt, sonst hätte der Professor Orlik (den ich auch kenne) mich nicht malen wollen. Und wenn ich Revue mache, dann kann ich dir deine Manuskripte, die doch keiner nimmt, ebenso gut tippen wie jetzt. Und wer weiß? vielleicht werde ich entdeckt und werde eine Orska.«

Ganz angenehm ist der Anfang nicht, wenn man zur Revue will. Ich wollte mich, wie es mir Franz Blei geraten hatte, schick beim Direktor melden lassen. Aber der Portier war ein Ekel und hat mich lang und breit ausgefragt, was ich wollte. Dann hat er mich durch eine Türe reingeschubst: »Ist sowieso jerade Nuttenparade«, sagte der üble Kerl. »Nuttenparade« – so eine Gemeinheit! Der Turnvater Jahn ist mir eingefallen und mein Vater, der immerhin eine Buchhandlung hatte, mit Papiergeschäft, und mir war reichlich mies.

Ich sah einen Herrn, der die Sache anscheinend dirigierte, ging hin und sagte ihm von dem Brief von Blei. Was meinen Sie, was der Kerl tut?

Frech klopft er mir irgendwohin und sagt: »Na, Puppe, wenn nur sonst nischt aus Blei ist bei dir!«

Der Mann, den ich also auf diese Art durch Blei kennengelernt hatte, war der Pressechef. Es ist eine sonderbare Sache bei den Revuen, daß immer die Pressechefs mit den Girls zu tun haben. Wieso das kommt, weiß ich nicht, sie schlängeln sich so lange um die Girls herum und tun sich wichtig, bis sie ganz selbstverständlich so etwas wie einen von der Direktion anerkannten Posten als Obergirlhäuptling haben.

Bei mir ging die Sache so weiter, daß ich zuerst mal mit 13 anderen (13! denke ich mir, Glückszahl! Großer Mumm!) aus den 150 ausgesucht wurde. Angezogen natürlich, nur die Beine mußten wir zeigen, aber auch nicht sehr. Wir 13 mußten nun warten bis in die Puppen. Aber dann war es soweit, und wir wurden auf die Bühne geführt. Ich habe ein Herzklopfen gehabt wie bei der Schulprüfung, und wenn man mich was gefragt hätte, ich hätte kein Wort herausgebracht. Nur an eines habe ich gedacht: Aus Mumm wollte ich unbedingt als dreizehnte hinaus auf die Bühne und wollte aufpassen, daß ich mit dem linken Fuß zuerst auftrete. So habe ich, hinter den Kulissen stehend, gesehen, wie sich die anderen benommen haben und aufgepaßt, daß ich es nachher nicht ebenso dumm mache, Von unten aus dem Zuschauerraum hat's heraufgerufen, ach, ich höre die Stimme noch manchmal im Traum, wie beim Jüngsten Gericht: »Gehen Sie doch nicht so steif, drehen Sie sich um, höher den Rock, lachen Sie. Heben Sie die Arme! Ab.« Es hat mir im Kopf gewirbelt, und als die Reihe an mir war, bin ich hinaus, mit steifen Beinen, wie mit Blei an den Füßen und überall. O Gott, wie muß ich doof gewesen sein; die Stimme unten brüllte wie besessen. Aber ich habe nichts gehört, und bei: »Ab!« bin ich hinausgesaust, als wenn mich wer von hinten gepiekt hätte. Blamiert, entehrt! Es war furchtbar! Ich hatte fast Sehnsucht nach der Schreibmaschine.

Schon will ich der Treppe zuwanken, da kommt mein Freund von vorhin, tippt zwei andere, die ganz passabel waren, und mich an und sagt: »Die drei bleiben, den anderen Damen werden wir schriftlich das Nähere mitteilen.« Ich weiß nicht wieso, aber ich war so selig, daß ich ihm einen Kuß geben mußte.

Wir wurden also in eine Garderobe geführt und mußten uns, mit Hilfe einer Garderobiere, nackt ausziehen. Dann sollten wir noch einmal auf die Bühne kommen. Ich wollte es schnell hinter mir haben, und, wie ich die Sachen herunter hatte – das geht ja heutzutage fix –, schnell hinauf. Aber die Garderobiere hielt mich zurück und gab mir und den andern armselige kleine Höschen. Ich muß schon sagen, ohne wäre geradeso gewesen. Ich habe die Sache auf die sachliche Schulter genommen; die anderen beiden Puten haben sich was gehabt – ich danke schön. Für einen vernünftigen Menschen war es geradezu peinlich. Auf der Bühne ging alles glatt. Es ist gar nicht so schlimm wie es aussieht, die Leute unten im Zuschauerraum sieht man nicht, und – um ehrlich zu sein – wenn man nur ein wenig eitel ist und *Grund* hat, eitel zu sein, so macht es einem direkt Spaß. Ich muß wirklich gut ausgesehen haben. Gleich, nachdem ich wieder angezogen war, wurde ich ins Büro bestellt und bekam einen Vertrag. Unten hat mich dann der Pressechef erwartet und wollte mich zum Essen einladen. Ich habe gedankt, weil ich mich zu sehr auf das Gesicht meines Chefs gefreut habe, wenn ich ihm jetzt den ganzen Kram samt seiner alten Remington vor die Füße schmeißen kann. Das habe ich auch gleich besorgt.

Viel Arbeit ist dabei, wenn man Ehrgeiz hat, ein wirklich cleveres Revue-Girl zu sein. In aller Frühe fange ich an zu turnen. Ich habe mir ein Buch dazu besorgt und mensendiecke, was das Zeug hält. Einen Punktroller muß man haben, denn zum Massieren reichen die 150 Mark Gage nicht aus. Manche bekommen sogar noch weniger. Um halb 11 geht die Probe an, und wenn es nahe an die Premiere geht, dann dauert es oft bis spät in die Nacht hinein. Aber es ist eine lustige Sache. In den Revue-Theatern sind Kantinen eingerichtet, wo alles durcheinander sitzt, vom

Direktor bis zum Bühnenarbeiter, von der Garderobiere bis zur spanischen Diva. Nigger und Tenöre, Araber und Berliner Jungens. Alle sind lustig, trotz der Müdigkeit, und alle tun so, wie wenn es ohne sie nicht weitergehen könnte. Nur die Tänzer und die männlichen Figuranten wollen eine Extrawurst gebraten haben; sie platzen vor lauter Eitelkeit, Frauen kommen für sie gar nicht in Betracht, wenn sie Arm in Arm miteinander herumstolzieren, wie die Primadonnen.

In den zwei Jahren, die ich bei der Revue bin, habe ich schon alle möglichen, wichtigen Rollen gespielt, allerdings meist, meiner künstlerischen Individualität entsprechend, sehr ausgezogene.

Gegen Ende der Proben, kurz vor der Premiere, werden alle wahnsinnig. Alles schreit durcheinander; man könnte meinen, die Revue wird nie zustande kommen. Wenn die Kostüme kommen, geht der Krach auch unter den Girls richtig los. Jede ärgert sich, weil sie immer das andere Kostüm schöner findet als das, in dem sie aufzutreten hat.

Wenn die Photographen kommen, will jede vorn dran sein, und wehe dem Girl, das sich der Photograph zu einer Soloaufnahme heraussucht. Die größten Gemeinheiten sagen einem die lieben Kolleginnen nach. Ich habe so etwas, Gott sei Dank, nie nötig gehabt, denn auf mich stürzen sich die Photographen wie wild. Ich habe eine ganze Sammlung von Zeitungen zu Hause, in denen ich erschienen bin. Allerdings immer unter meinem Künstlernamen, wegen der Familie. So nackt erkennen die mich nicht, und wenn mich einer erkennt, dann glaubt er es nicht.

So harmlos, wie es sich anhört, ist der Beruf nicht. Neulich ist erst in einem Berliner Theater bei der Probe eine drei Etagen hohe Schaukel mit 15 Mädels abgerissen und auf die Bühne gestürzt. Dabei sind mehrere schwer zu Schaden gekommen. Es mußten für die Nummer 15 neue Mädchen engagiert werden, da sich die anderen weigerten. Diese fünfzehn werden jeden Abend schon eineinhalb Stunden bevor sie dran kommen, mit ihrer Schaukel oben auf den Schnürboden hochgezogen, da es während der Vorstellung keine Möglichkeit dazu gibt. Die ganze Nummer, zu der sie heruntergelassen werden, dauert fünf Minuten; die armen Mädchen müssen wegen dieser fünf Minuten auch noch bis zum Schluß der Vorstellung auf dem Schnürboden hängen bleiben, da man sie vorher nicht abmontieren kann. Ich glaube, das ist anstrengender als meine 18 Um- und Auszüge.

Es ist ein anstrengender Beruf, Revue-Girl zu sein, aber lustig ist es doch. Ein Existenzkampf, wie jeder andere – es muß ein für allemal gesagt werden: Auch wir arbeiten für unser Geld wie andere und sind viel zu müde, als daß wir Sinn für die Aventuren hätten, die die Spießer uns andichten.

Es ist der Ernst des Lebens, auf unsre Fasson. **Q** 27/12/905

Rudolf Schlichter

KÖNNEN DIE THEATER LEBEN?

Kurt Pinthus

Können die Theater leben? Ihr Unglück ist, daß sie nicht sterben können. Daß man sie nicht sterben läßt.

Jeder Mensch in Berlin weiß, daß es dort 50 Prozent an Theatern zuviel gibt, ein Angebot, dem Nachfrage nicht im entferntesten entspricht. Die 50 Prozent überzähliger Theater schädigen durch ihre Existenz die 50 Prozent existenzberechtigter, die also erst durch den Fortfall der überzähligen existenzfähig werden können.

Jede sachliche Kalkulation ergäbe, daß die Hälfte der Theater sich nicht halten kann. Aber sie halten sich – und werden gehalten. Die Theater, als einziges öffentliches und kaufmännisches Unternehmen, betteln um Mitleid. Und was kein anderes öffentliches oder kaufmännisches Unternehmen erreichen würde – aus Mitleid läßt man sie leben. Die Behörden geben ihnen aus Mitleid Konzessionen, wie die Geldleute aus Mitleid Kapital. Billettbureaus kaufen aus Mitleid zu Schleuderpreisen die unverkäuflichen Karten auf, um sie zu mitleiderregenden Schleuderpreisen weiterzuverkaufen. Die Kritik urteilt aus Mitleid milde und konstatiert Erfolge, damit das Publikum aus Mitleid die Vorstellungen ansehe.

In Berlin gibt es etwa sechs große Warenhäuser. Gäbe es zwanzig, so würde die Hälfte alsbald mitleidslos pleite sein.

Betrachten wir klaren Auges und klaren Hirns, nicht historiebelastet und bildungsbepackt, den Tatbestand. Ein Teil des Publikums geht ins Theater, weil es diesen Gang seiner Bildung schuldig ist (also aus »Schuld« statt aus Neigung), weil es erhoben sein will (da es sich nicht selbst erheben kann), weil es sehen will, *wie,* nicht *was* gespielt wird.

Die Hauptmasse des Publikums will sich entspannen, sich vergnügen, sein von engbezirkter Arbeits- und Lebensbetätigung nur dürftig gefülltes Bewußtsein erweitern durch Welt, von der es weiß, die es aber nicht kennt – und kennenlernen will. Dies Publikum ist vielfach zu Kino und Revue abgewandert, als zu reichhaltigeren, konzentrierteren, temporascheren Möglichkeiten dieser Bewußtseinsfüllung.

Wir haben keine (oder nur vereinzelte) deutschen Stücke, durch die das Publikum erregt, entspannt und vergnügt wird. Deshalb importiert man massenhaft Auslandsschlager. Die aber schlagen hierorts nicht an, weil sich sprachlich Wirksames nicht ebenso wirksam von einer Sprache in die des anderen Volkes übertragen läßt; weil eine Handlung, die am Broadway und an den Boulevards zündet, in Deutschland, mangels gleicher Voraussetzungen, kaltlassen kann ... und weil wir diese Stücke gar nicht spielen können: wir belasten, vertiefen die Reißer (wie es jüngst Reinhardt mit »Regen« tat), oder unser Spiel wandelt Graziöses und Duftiges in Plumpes und Übelriechendes.

Bleibt das ernste Schauspiel, die Tragödie. Und hier dringen wir, wenn wir ehrlich sind, zum Kern. Die klassischen Stücke, immer dieselben, seit Generationen, seit unserer frühesten Jugend gelesen, gesehen, sind uns dennoch oder vielleicht gerade deshalb fremd geworden. Eine »Tasso«-Aufführung wirkt heute beinahe komisch, Hebbel als herzlose, hilflose Hirnakrobatik, Ibsen wie Parodie. Diese Probleme sind nicht unsere Probleme, diese Menschen nicht Menschen unserer Zeit und Art.

Stücke aber von gewissermaßen ewiger Lebensdauer (weil ihre Motive in ihrer Einfachheit immer in der Menschheit latent bleiben: gehemmte Liebe, Eifersucht, Machtwahn) werden durch das Theater selbst umgebracht, weil die Regisseure aus dieser einfachen Wirklichkeit entweder pathetisches »Theater« oder detaillistisches Ausstattungsstück machen. Lebensfähige Theaterstücke, ob klassische oder neue, werden durch die Todesbazillen des Theaters lebensunfähig gemacht.

Das Theater gibt sich selbst den Anschein, als lebe es nicht mehr, als lebe es nicht mit, als lebe es nicht weiter. Es gibt sich den Anschein, als spiele es in der Zeit von Goethes Weimarer Hofbühne oder in der Atmosphäre des Brahmschen Berlin oder mittels der Summation blendender Reinhardtscher Regieeinzelheiten. Als wisse er nichts von unseren Nerven, nichts vom Rhythmus unserer Arbeit und unserer Lebensbetätigung, nichts von der Aufnahmefähigkeit und Differenziertheit unserer Sinne. So als hätte der reife Goethe vor Rokokoleutchen oder als hätte Shakespeare vor Meistersingern gespielt.

Der freiere, schweifendere, unruhig-zukunftsblickende Mensch unserer Tage schleppt das Theater abgelaufener Epochen als Übel mit sich, das er für ein notwendiges zu halten gezwungen wird.

Aber das Theater ist schon tot.

Es weiß das bloß selber nicht. Gerade der leidenschaftliche Liebhaber des Theaters muß, weil er es liebt, bekennen, was er erkannt hat: Das Theater ist tot.

Ich ertrage es, zu hören, daß dies hier knapp, kraß und nüchtern Gesagte banale

Schäfer-Ast

Selbstverständlichkeiten seien. Aber ich frage: Wenn der Tatbestand selbstverständlich ist, warum gesteht man ihn dann nicht öffentlich ein? Warum handelt man nicht nach dieser Erkenntnis? Warum tun Publikum, Dichter, Kritik und das Theater selbst so, als lebe es noch?

Man hat für solcherlei Tatsachenerkenntnis das Wort: »Kulturpessimismus« erfunden. Aber ist es nicht die stärkste Bejahung der Kultur, wenn man von etwas, das nicht mehr lebt, sagt, daß es tot sei; wenn man Totes, dessen Verwesungskeime verderblich für Lebenskeime sind, forträumt, damit sich Lebendiges entfalten kann?

Die Theater können nicht leben, weil sie nicht sterben können.

Q 26/1/59

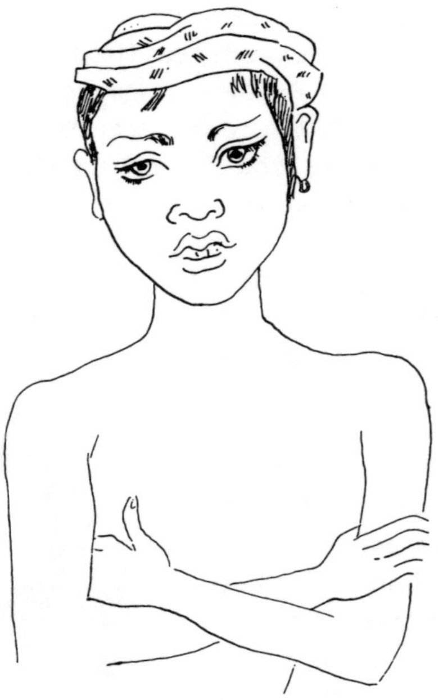

R. Genin

THEATER AM KURFÜRSTENDAMM

Victor Wittner

Seit dem Ende des Krieges, der, wie man sich erinnert, von hier aus zum Teil gegen die russische Barbarei geführt wurde, ergoß sich mit den vielen Emigranten ein Strom russischer Geistigkeit über unsere Länder, und das neue deutsche Bürgertum entdeckte plötzlich »die russische Seele«. Die armen Reichen der Inflation ließen sich die kleinen bunten Wunder des Blauen Vogel als »Rußland wie es ist« vorzaubern und auch allerlei Machstücke gefallen, wenn nur die dargestellten Personen Namen auf itsch und off trugen und ein wenig »Wolga«, ein wenig »Väterchen« in ihre Konversation einfließen ließen; ja, die durfte langweilig sein, denn das war eben die russische Steppe, die sich lang hinzieht, das war der lange Atem Mütterchens Rußland. Doch ist nicht alles russisch, was radebricht, nicht slawisch alles, was schläfert.

Dies vorausgeschickt, betritt man Die Komödie Max Reinhardts mit dem festen Willen, sich von der Balalalalajka nicht hinschmelzen zu lassen. Und verläßt es, von *Helene Thimig* ergriffen, die Natalie ist: mit ihrer Stimme, dem empfindlichsten Instrument erlösten Gefühls, von Wort zu Wort flatternd, die Flügel bald brauchend, bald breitend. Welch ein Instrument, eine Musik zum Tönen zu bringen, die in vergilbtes Notenpapier mit verschnörkelten zarten Zeichen gestochen ist – mehr Stich als Stimme, Gemälde mehr als Gesang. Des alten Turgenjew Schauspiel »Natalie oder Die Liebe auf dem Lande« setzt sich aus zarten und vibrierenden Szenen zu einem Lebensbild zusammen: Die fünf Akte sind fünf Kapitel einer Novelle, die zwar szenische Steigerungen zeigt, doch den epischen Charakter ihrer Anlage nicht verheimlichen kann. Sie atmet die Romantik französisch parfümierter russischer Salons des Biedermeier, eine etwas defekte Romantik, Goldstaub, doch untermischt mit Erd- und Menschengeruch.

Das Kurfürstendamm-Theater, Reinhardts jüngstes, scheint seine wahre Bestimmung gefunden zu haben: die kleine, die Intelligenz-Revue. Man erinnert sich, daß Marcellus *Schiffer* der Erfinder dieses Kurfürstendamm-Genres ist und daß er Bescheid weiß, was rund um die Gedächtniskirche rum in der Luft liegt. Die fleißige Leserin seiner Satire durfte also auch jetzt erwarten, daß er nicht nur sie, die Kurfürstendame, sondern auch das Heute, in dem sie lebt, aufs Korn nimmt. Marcellus aber tat es diesmal nicht, sondern warf in dieses Korn die Flinte, nachdem er zweimal abgedrückt. Von diesen zwei Schüssen trifft nur der eine ins Schwarze, der andere in Papier; die übrigen ins Blaue. Der Treffer ist die »Soirée bei Gene-

Großmann · Silvesterball

raldirektors«, eine Satire auf das sogenannte Gesellschaftsleben vom Kurfürstendamm, ein Chor der entfesselten Dummheit und Bosheit. Und der Kurfürstendamm sitzt im Parkett und lacht aus vollem Halse, den er vergeblich nach den Sensationen der Nummern 1 bis 5 gereckt hat. Die Gesellschaftsszene ist der Höhepunkt der Revue und, wie in einem gut ausgewogenen Varieté-Programm, die zweite Nummer nach der Pause. Der Schluß fällt ab, der Anfang aber stieg nicht eben an. Jedenfalls ist Nummer 4 (Pinkekeller), das Nachtlokal mit gestellten Verbrechern, keine Satire mehr, sondern altes, braves Bilderbuch. Bedauerlich, daß Schiffer diesmal auf Sand auflief und gestrandet ist – denn sein satirisches Talent ist groß genug, obschon seine Sprachkunst und sein Wortwitz noch größer sind. Dieser Kunst dankt man einige Chansons, wie »Mir ist so nach dir« oder »Einfach« (dessen Wortmaschenwerk aber keineswegs einfach ist und dessen lockere Rhythmik, wie immer bei Schiffer, dem Sinn voranläuft). Margo *Lion* und Gustaf *Gründgens*, der genaue und witzige Regisseur des Abends, brillieren als neues

Paar à la mode in diesen Chansons, die Mischa *Spoliansky* vertont hat. Man schätzt die Musik dieses Pianisten, der sich leider vom Klavier entfernt hat, seit seiner Konversationsmusik zu Reinhardts »Victoria« – aber zu einem Offenbach von 1931 reicht seine Erfinderkraft nicht. Wenn er musikalisch konversiert, horcht man auf, wenn er aber melodische Linien ziehen will, wartet das Ohr auf den Refrain, ohne doch von ihm erobert zu werden. Dabei gelingen Spoliansky sehr reizvolle Vorhalte, Akzentverschiebungen und Auflösungen, die spannend sind und mehr versprechen als sie halten können – wie diese ganze Revue, wie die Theater am Kurfürstendamm und der Kurfürstendamm selber mit seiner angeregten Atmosphäre, die trotzdem nicht viel hergibt …

Q 31/5/333

Das Weihnachtsgeschenk für den geistigen Deutschen

„Eine Form, eine Sprache von höchster Kultur, … ungewöhnlicher Reichtum des Ausdruckes … Eine Fülle von Gedanken. Ein hohes und reines Kunstwerk.“ Rudolf Kayser

In jeder guten Buchhandlung vorrätig

ROBERT MUSIL

Der Mann ohne Eigenschaften

Roman. 1075 Seiten. Leinenband M 16.—

„Ein wesentliches Werk. Sätze von unbestechlicher Wahrhaftigkeit. Ungemein vielfältig und spiegelnd, gehaltvoll und bedeutend. Von tiefer Logik des Herzens“ Ernst Blaß

Ernst Rowohlt Verlag Berlin W 50

Ein literarisches Ereignis von unvergleichlicher Einmaligkeit

PHILIPPE SOUPAULT

DER NEGER

Aus dem Französischen übertragen von Lissy Radermacher. Nachwort von Heinrich Mann.

Geheftet 5 Reichsmark, Leinenband 7 Reichsmark.

Mit diesem Buch ist ein großer Dichter zu uns gekommen.

J.M.SPAETH VERLAG BERLIN

ERICH EBERMAYER

DAS TIER

Novelle / Ganzleinenbd. 4.75 Reichsmark

Das Geschick einer vertierten Mutter. Das Martyrium eines Mädchens. Der erschütternde Bericht eines Mordes.

J.M.SPAETH VERLAG BERLIN

DIE B. Z.-FRAU UND DER DEUTSCHE KRONPRINZ

Billie Wilder

Punkt zwei betritt Frau Schappel das Restaurant »Taubenschlag« in der Behrenstraße, stellt ihren Laden in die Ecke, setzt sich breit an den runden Tisch hinten, rückt ihre Kappe zurecht, so daß die gelbgestickten Lateinbuchstaben B und Z jetzt diagonal über die Stirne laufen, und während Frau Schappel mit der rechten Hand viel Kleingeld aus der Manteltasche hervorholt, preßt sie den linken, breiten Daumen gegen das linke Loch ihrer Nase, über die ein ganzes Netz feiner roter Äderchen, wie Flüsse auf einer Landkarte, gespannt ist, gleichzeitig bläst sie eine Lungenladung Luft durch das andere Nasenloch: solchermaßen reguliert Frau Schappel ihren Atemverkehr – hernach hebt sie den Kopf ein wenig und ruft zum Büfett hinüber: »Erna, 'nen Kaffée!«

Das ist schon so seit 25 Jahren. Erna serviert Frau Luise Schappel tagtäglich viermal Kaffee, macht viermal 25, also 100 mal 365, ist 36tausend und 500 Kaffees im ganzen, wozu allerdings die Schaltjahre hinzukommen und wovon noch die Sonn- und Feiertage subtrahiert werden müßten. An denen verkauft Frau Schappel die B. Z. nicht, da liegt sie bis drei in ihrem Bett in der Brunnenstraße, ventiliert ihre Stimmbänder, und nur von Zeit zu Zeit fliegen Worte auf: Frau Schappel streitet mit ihrem Mann um den Rekord im Verkauf der Illustrierten.

»Der is jetzt ooch'n Kolporthör. Hat sich umstellen müssen, nämlich, er war einmal drastischer Komiker, jawohl. Er heißt wie Streesemann.«

Gustav?

»Nee, Justaff. Aber is 'n Anfänger noch. Ick bin schon 25 Jahre beim Bau, 1904 eingetreten, jawohl. Bis 1904 hab' ick Blumen verkooft, Unter den Linden. Ick bitt' Se, wer kooft denn jetzt noch Blumen? Kennen Se den Laden vom Hoffriseur Gilbert, Ecke Exerzierstraße und Kanonierstraße, da steh' ick de janze Zeit schon. Wissen Se, ob Sturm ob Rejen, ob Hitze ob Frost. Wat hat's d'n heute? 8 Jrade. Det is nischt. 1917 hat's 21 jehabt, da is uns det Tuch vorm Mund anjefroren, 1910 wär' ick vor Hitze bald blöd jeworn und umjekippt, und im Herbst wern wir jarnicht trocken. So'ne Scheiße is det, damit Se im Bilde sind.«

Wieder preßt Frau Schappel den Daumen gegen das linke Nasenloch, und ein seltsam dröhnender Laut kommt zustande, wie aus einem kaputten Saxophon. Nach einem tiefen Schluck Kaffée beginnt sie mit der Spitze des Zeigefingers, die aus einem schwarzen zerrissenen Handschuh hervorlugt, und in der Farbe absolut mit ihm nicht kontrastiert, den Geldberg zu sortieren, die Sechser zu den Sechsern, die Groscheri zu den Groschen und die Marks zu den Marks. Sooft sie dann bei einem Dreimarkstück hält, schüttelt sie ihren schweren Kopf, meint: »'n Taler hab' ick damals jekriegt!'« – und der ganze »Taubenschlag« weiß sofort, worum es sich handelt. Das ist die Sache mit dem Kronprinzen und dem Taler.

Nämlich: Es war 1914, im April oder im Mai, vom Krieg noch keine Spur, da kam er in seinem Wagen langgefahren, vom Generalstab in der Leipziger Straße, die Behrenstraße hinunter, nach dem Schloß. Neben ihm saß sein Adjutant, Mühlenberg, Mühlenteich, Mühlendorf oder so. Frau Schappel sah den Wagen kommen, erkannte den Kronprinzen und begann mit den Zeitungen zu winken wie Robinson mit seinem Nachthemd, als er das erste Schiff an seiner Insel vorbeifahren sah. Noch schöner kam es: Der Kronprinz stoppte, ehrenwörtlich, vor Frau Luise Schappel, der Adjutant reichte dem Kronprinzen und der Kronprinz wieder reichte Frau Schappel einen Taler, Frau Schappel händigte ihm eine B. Z. aus, wobei ihr vor Angst übel wurde, sie stand bibbernd da und stotterte: »Danke sehr, hoher Herr Kronprinz!«, der Kronprinz winkte sehr nett, und der Wagen verschwand wieder. Und so ging es täglich weiter. Frau Schappel hatte Unterweisungen bekommen durch den Adjutanten, der sich beim Gilbert rasieren ließ: Sie müßte den Kronprinzen nicht mit »Hoher Herr Kronprinz«, sondern einfach mit »Kaiserliche Majestät« ansprechen, und »recht dralle« müßte sie sein. Ach, nu wollte Lieschen recht dralle sein, aber wie er nur so daherkam, wurde Frau Schappel rot bis übern Kopp und sagte immer wieder »Hoher Herr Kronprinz«. Ja, das waren schöne Zeiten für Frau Schappel, sie wußte, daß er die Zeitung »nur aus Jokus halber koofte«, denn »der liest ja niemals nich«, sicherlich kam er ihretwegen täglich die Behrenstraße langgefahren, an dem Taler war Frau Schappel weniger gelegen. Nein, er kam nicht nur der Frau Schappel wegen, das hatte sie bald selbst heraus: drüben, im Haus Nr. 58, wo die Friedrich-Wilhelm-Lebensversicherung ist, standen Tag für Tag alle Telephonfräuleins am Fenster, frischgekirrt und sehr erregt warteten sie auf ihn. Frau Schappel ahnte, warum er ihr täglich die Zeitung abkaufte: Ihr Zeitungsstand war genau vis-à-vis jenen Fenstern, in denen fünfzig Mädchen mit krebsroten Gesichtchen wie reife Trauben hingen, und Frau Schappel war damals schon vierzig. Vor Eifersucht blieb ihr die Spucke weg. Na, und dann kam der Krieg, basta.

Frau Schappel trinkt den dritten Kaffee heute, sie meint, daß die Blätter in Bolivien und in Paraguay jetzt guten Absatz hätten, sie erzählt von ihren besten Tagen, vom Untergang der »Titanic«, von den ersten Kriegswochen, von Haarmann und von Lindbergh, vom Krantz und vom Zeppelin. Indes klatscht Tropfen um Tropfen aus Frau Schappels Nase genau zwischen die Sechser und die Groschen, die feinsortiert auf der Tischplatte liegen. **Q** 29/2/143

UHLENHORST KOCHSTRASSE 22–26 ODER DER GEIST UNSERES HAUSES

Sling

Es ist ein großes Industriehaus, mit festen, strengen, ernsten kaufmännischen Grundsätzen, mit Erfahrungen, Statistiken und mit der Bürokratie, die auch dazu gehört. Aber das, was hergestellt wird, ist nicht Stiefelwichse, nicht Benzol, ist Unterhaltungsstoff für Millionen, zuweilen dauerhaft und schwer, dann wieder leicht, flüchtig. In diesem Hause wird geistig gekämpft, nicht nur nach außen hin, mit der Front gegen politisch anders Gerichtete. Aber der Kampf gegen außen und innen ist nicht diktiert von einem egoistischen Haß. Dahinter steckt die Liebe zu einer Sache.

Über eines sind wir uns einig: über das Unterhaltliche. Vom Chef bis zur letzten Botenfrau. Denn auch in deren Hand bleibt am Ende eine Nummer der »Morgenpost«, die Kunde vom Leben, Geschriebenes, Gedrucktes, Lehrreiches, Spannendes, Ulkiges ins Heim trägt. Und jeder führt sich Unterhaltendes zu, indem er über die engen Grenzen seines eigenen Arbeitsgebietes blickt. Die Politik blinzelt nach der Mode, die Mode nach dem Witz, der Witz nach der Börse, die Börse nach dem Roman und dem Theater.

Zuweilen kracht es in einem Redaktionszimmer, eine politische oder literarische Fehde wird ausgefochten. Man wird rot und laut und schließlich heiser vor Leidenschaft. Am Ende macht ein Scherzwort alles wieder gut. Ein Neuling muß fragen, ob man für Leidenschaft eine Gratifikation erhält, und ein Älterer mag ihm antworten: Nein, mein Junge, die Leidenschaft gehört zum Kontrakt, und wenn du sie nicht mitbringst, dann bleib, wo du gewesen.

Freude am Kampf und an der Versöhnung. Manchmal vergessen wir, uns zu zanken; nie, uns zu versöhnen. Das ist die Atmosphäre des Hauses.

Wir sind alle sehr sachlich, wir müssen es sein. Mittel des Gemütes wenden wir wenig an. Nur eines: den Witz. Es ist sehr schwer, auch woanders, Vorgesetzte zu einer Träne des Mitleids zu bringen. Aber der Vorgesetzte lacht gern. Das ist die Atmosphäre des Hauses.

Also sind wir sachlich mit Heiterkeit. Denn wir wissen: Der hier vor seinem Chef steht und griesgrämigen Antlitzes einfach sagt, um was es sich handelt, wird kaum angehört. Denn der Chef hat vor sich ein Dutzend Briefe: öde, griesgrämige, korrekte. Er ist befangen in der Aufgabe, sie zu beantworten. Er hat eine unsichtbare, aber sehr deutliche Wand um sich. Sprichst du ihm im Ton der Briefe, die vor ihm liegen, so hört er dies nicht, auch wenn er den besten Willen hat. Aber schlägst du einen Purzelbaum, einen geistigen, so wird er lachen. Die Wand ist verschwunden. Nun kannst du das Ernsteste bereden. Das ist der Geist des Hauses.

*

Wir schreiben uns sehr viele Briefe. Wir können nicht alles bereden oder auch betelephonieren. Wollten wir alles mündlich regeln, so säße keiner fünf Minuten in seinem Zimmer. Alles liefe dauernd durcheinander, niemand käme zum Arbeiten. So schreiben wir uns dauernd: die »Voß« an die »B. Z.«, die »Dame« an die »Voß«. die Lokalredaktion an den Sport, das Feuilleton an die Romanabteilung. Die Boten flitzen hin und her. Die Briefe kommen zumeist an. Manchmal werden sie auch beantwortet.

Hausbriefe müssen auf schlechtem Papier geschrieben sein. Namentlich die an Chefs, sonst denken die, wir seien Verschwender.

Es ruht hier keiner auf Lorbeeren aus. Immer sticht irgendeine Nadel. Und gut, daß sie sticht. Man muß schon sehr unbeliebt sein, um nur Angenehmes zu hören.

Das ist der Geist des Hauses.

Bei allem Schwatzen – man erfährt nie etwas im Hause. Man hört in München, in Frankfurt, Königsberg früher, daß irgendein neues Unternehmen geplant sei, als in der Kochstraße.

Der Mann, der den Auftrag hat, das neue Verlagswerk aufzuziehen, will alles, nur keine Mitarbeiter im Hause. Die scheinen ihm verbraucht, abgestempelt. Und die, die er vielleicht doch haben möchte, bekommt er nicht. Wir sind wunderbar eifersüchtig.

Was soll er tun? Er schreibt hundert Briefe an junge Talente, an Freunde, an Leute, von denen er glaubt, sie könnten ihm helfen. Zuweilen ist das Romanische Café besser orientiert als die Kochstraße.

Endlich ist das neue Unternehmen da. Die Auflage ist im Nu ausverkauft. Aber im Hause – ist sie vollkommen durchgefallen.

Jedes neue Unternehmen ist zu seriös.

Jedes neue Unternehmen ist zu populär.

Jedes neue Unternehmen ist zu ausschließlich für Frauen bestimmt.

Jedes neue Unternehmen bringt zu wenig für die Frauen.

Jedes neue Unternehmen ist wichtig als eine Inseratenplantage.

Jedes neue Unternehmen hat gar keine Inserate.

Das ist der Geist des Hauses.

Die Redakteure kritisieren die Kalkulation.

Die Propagandisten schimpfen auf die Schriftleiter.

Die Setzer bekritteln die Modezeichnungen.

Die Sportmänner zerfetzen den Roman.

Alles ist falsch.

Und alles ist richtig.

Sind die ersten Hunderttausend erreicht, bekommt es die Redaktion zu hören: »Bilden Sie sich nur nichts ein! Nicht zehntausend hätten Sie erreicht ohne diese fabelhafte Vertriebsorganisation!«

Und der Vertriebschef muß es hören: »Bei dieser redaktionellen Leistung hätten Sie es auf 150 000 bringen müssen.«

Das ist der Geist des Hauses.

*

Es hat jeder seine Sehnsucht.

Jeder möchte eigentlich in dem Hause eine andere Stellung haben.

Der hochmögende Direktor leidet unter der Anonymität seines Amtes.

Der Schriftsteller, der seinen Namen unter jede Frühlingsplauderei setzen darf, möchte so gern Inserate akquirieren. Das Fräulein von den Handarbeiten möchte so gerne Musikkritiken schreiben.

Und es gibt Leute, die alles lieber machen als das, was sie machen.

Das ist der Geist des Hauses.

Wir tragen keine Uniformen, keine Abzeichen, keine Sternchen am Kragen.

Aber wir unterscheiden uns sehr.

Es gibt Herren, deren Zimmer man nur durch ihr Sekretariat betreten kann.

Einige davon haben drei, andere zwei, andere nur eine Sekretärin.

Es gibt Herren mit fünf, vier, drei, zwei, einem Telephon.

Es gibt Herren mit echten Teppichen. Herren mit deutschen Teppichen.

Es gibt Herren mit Kokosmatten.

Es gibt Herren mit Bettvorlegern.

Es gibt Herren mit direkten Klingeln zu allen ihren Untergebenen.

Es gibt Herren mit direkten Klingeln zu allen ihren Vorgesetzten.

Sage, wie du dich organisierst, und ich weiß noch immer nicht, wieviel Gehalt du beziehst.

Wer nur ein Telephon, eine Klingel, einen Bettvorleger hat, wird wenigstens bestrebt sein, einen grünen Vorhang für seine Glastür zu bekommen, was ihm ein gewisses Air gibt.

Wer keinen grünen Vorhang bewilligt erhält, darf überzeugt sein, keine sehr einflußreiche Persönlichkeit zu sein. Aber er kann sich damit beruhigen, daß der grünste Vorhang auch keinen Einfluß verleiht.

Es gibt Leute, die eine Art fröhlichen Lärm machen, und man weiß sofort, wenn sie im Hause sind.

Es gibt Leute, die sich in ihr Kämmerchen schleichen und dort still vor sich hin arbeiten, ohne daß man sie zu sehen bekommt.

Das ist ein ziemlich sicheres Mittel, uralt in diesem Hause zu werden.

In diesem Hause sagen sich alle die Wahrheit, aber die Wahrheit ist glücklicherweise nicht immer dieselbe. Überhaupt: Wahrheit läßt sich so wenig einpökeln wie Begeisterung. Lebenshintergründe verschieben sich von gestern auf heute. Was heute noch wahr scheint, ist morgen eine Brücke, die man nicht ohne Gefahr überschreitet.

Dies wissen, nicht unglücklich sein, die Wahrheiten so aneinanderreihen, daß sie sich nie widersprechen, immer aufrichtig, immer dem Augenblick so vertrauen, wie ihm im nächsten Augenblick mißtrauen: Das ist der Geist dieses journalistischen Hauses.

Q 28/2/102

Raoul Dufy

Jedermann
einmal nikotinarm
probieren!
Starkes Rauchen nikotinreicher Cigaretten vermindert auf die Dauer Ihre Widerstandsfähigkeit und Kraft. Damit Sie aber die gewohnte Cigarette nie entbehren müssen, haben wir nach langjähr. wissenschaftl. Versuchen die Marke Nestor Lord nikotinarm geschaffen. Eine gute, aromatische, vollkommen staubfreie Cigarette, für jeden Raucher, mit einem Nikotingehalt von unter 1%.
UNSER GRUNDSATZ: NUR QUALITÄT.
NATÜRLICH
NIKOTINARM
NESTOR
Lord
8 ₰
Machen auch Sie einmal einen Versuch mit dieser hervorragenden Gesundheits-Cigarette. Sie werden über die große Bekömmlichkeit u. das feine Aroma bestimmt sehr befriedigt sein. Es gibt nichts Besseres in dieser Art in der ganzen Welt.
Jede Mischung wird durch die beeidigt. Handels-Chemiker Prof. Dr. G. Popp, Dr. H. Popp, Frankfurt-Main kontrolliert.
NESTOR GIANACLIS, FRANKFURT AM MAIN
CIGARETTEN
LORD
LORD
NIKOTINARME DAMEN CIGARETTE
UNSERE NEUE PACKUNG ZU 10 STÜCK DAMENFORMAT.

DEUTSCHER REICHSTAG FÜR UNBEFANGENE

Hans Flesch

Zutiefst im Menschen ist der Trieb verankert, mit dem lieben Gott persönlich zu verkehren. Irgendwo muß doch einer sitzen, der alles weiß, kann und tut – der wird's schon schaffen. Es mag dann der Fall eintreten, daß man herren- und hoffnungslos durch die Straßen irrt, in den Zeiten dieser ersten deutschen Republik, und in seiner Verzweiflung Lust bekommt, Hindenburg Aug in Aug gegenüberzutreten. Wer ist da, den ich für die Pechsträhne des Lebens, die sich quer durch Europa bis in mein Herz zieht, verantwortlich machen darf? Verantwortliche her! Führer des Volkes! Und so bin ich zum erstenmal in meinem Leben in den Deutschen Reichstag geraten.

Es fängt nicht gut an. Bei Portal 5 ist gleich ein Schupo postiert, der wahrscheinlich acht gibt, daß man Berlin nicht um den goldenen Gugelhupf der Reichstagskuppel ärmer macht. »Ouvertes à tous« waren schon die Sitzungen der französischen Nationalversammlung, 1789, und so gehe ich hinein. Ich werde sanft abgewiesen. Ob ich einen bekannten Abgeordneten »drin« hätte? Ich lächle wissend. Tribünenplätze ausverkauft – aber sie kosten doch nichts! Schließlich steckt mir ein Pförtner eine Karte zu, aus Protektion. Drin spricht ein älterer Herr, und mich empfangen die Worte »parlamentarische Würde«. Sehen wir uns um.

Als Kurzsichtiger beschäftige ich mich vor allem mit meiner näheren Umgebung. Sehr bald unterscheide ich auf der Tribüne neben mir drei Kategorien von Lauschern: Habitués, Gefolgsmannen und Parsifals, wie ich einer bin. Die Habitués imitieren die Abgeordneten, lesen Zeitung, bohren in der Nase und kennen sich aus. Die Gefolgsmannen stehen im Windjackenalter und treten nur jeweils bei den Reden ihrer Parteigottheiten in Erscheinung, dann blitzt das Auge, und die Köpfe nicken. Und ein Parsifal neben mir fragt an, wo denn Curtius bleibt. Eine Frau starrt vor sich hin und harrt unerschütterlich – auch sie erwartet aus dem Munde der vielköpfigen Pythia die Lösung der Welträtsel. Alle lachen.

Unten spricht Severing. Das fällt weiter nicht auf. Was mir vor allem in die Augen sticht, ist das viele Zeitungspapier, das den Boden bedeckt wie den Waldboden im Grunewald. Wo Menschen sind, sind Zeitungen. Viele Menschen sind es ja nicht, ich habe es mir massenhafter, lebhafter, fabelhafter vorgestellt. Leer wie im Theater. Irgendeiner ruft: »Bluthund«. Severing winkt ab, es handelt sich um die Mai-Unruhen; er winkt, als wolle er grüßen, so ein Abschiedswinken ist das. Dann klatschen einige, und einige schreien »Pfui«. Die Herren gehen ins Büfett,

Rudolf Großmann · In der Wandelhalle

wahrscheinlich gibt es des deutschen Volkes Kalbsbraten oder Hühnchen. Bei der Severing-Rede waren es noch fünfzig. Jetzt sind es zehn. Denn es spricht Goebbels, Mitglied der Nationalsozialistischen Partei. Wer spricht, das sieht man aus bedruckten Tafeln, die ein Saaldiener auswechselt und die mich an die Tafeln in den Konditoreien erinnern, auf denen das Gefrorene angezeigt wird: Erdbeer, Vanille, Drewitz, Goebbels.

Goebbels leugnet den Staat, Goebbels leugnet die Republik, Goebbels leugnet die Revolution. Eigentlich ist es eine revolutionäre Rede, die jener in Assessorenpose hält – aber es sind nur noch ihrer fünf unten, und drei von ihnen bilden eine Gruppe um eine hübsche Abgeordnete mit einer Schleife an einem farbigen Sommerkleid. Ich werde mir die Partei merken, der diese Dame angehört. Der Herr auf dem höchsten Stuhl schwingt die Bahnhofsglocke, als Goebbels dem leeren, gähnenden Nichts mitteilt, daß die Republik die Beamten systematisch zu Heuchlern mache.

Immer neue Herren besteigen die Rostra. Am eifrigsten sind die Stenographen, die leisten etwas für ihr und unser Geld. Und die Saaldiener erschöpfen sich im Auf- und Abgehn, sie bringen einem Schläfer in der S. P. D. einen Brief und einem B. Z.-Leser der äußersten Rechten einen Zettel, den jener paraphieren muß. Wenn Herr Siegfried spricht, lachen alle. Das ist einer von der Wirtschaftspartei, im grauen Anzug, eigentlich tut er mir leid. Doch dem Reichstag ist solche Menschlichkeit fremd; Herr Siegfried sagt: »Wir sind noch lange nicht am Rande der Entwicklung angelangt« – und alle halten sich die Bäuche. Köstlich – nöch? Herr Siegfried bricht für die Kinobesitzer eine Bresche, mit erhobenem Zeigefinger tritt er in die Lanze und erzählt allen, die es hören wollen, daß eine ganz neue, ja epochale Erfindung bevorstehe, die Erfindung des Tonfilms! »Darum nieder mit der Lustbarkeitssteuer!« Ich habe schon herausbekommen, daß alle Redner, bevor es mit ihnen zu Ende geht, Melodie und Text mit einem kleinen schwungvollen Schnörkel verzieren.

Schließlich und endlich gibt es aber wirklich wichtigere Dinge. Eins tut not: Das ist die stetige, niemals rastende, ewig glühende Polemik zwischen S. P. D. und K. P. D. Da leuchten die Gesichter im Saal und auf der Tribüne, da schwirren die Zwischen- und Pfui-Rufe, da knallen die Invektiven. Herr Künstler spricht aus Haß seine Gegner mit »Koisten« an, und Herr Maslowski wendet sich persönlich an einen Herrn Löwenstein, an dem er kein gutes Haar läßt. Was geht das alles mich an? Der Herr neben mir, Rothaut mit Nackenschur und Schmissen, nickt beifällig, sind Kerle, die »Koisten«, die zeigen es ihnen, sind Kerle, raunt es in der Runde und raunt es im Reich.

Spaß beiseite. 60 Millionen sind viel – stellte man sie auf den Straßen Berlins auf zwischen Wedding und Neukölln und Erkner und Grunewald, keine Stecknadel könnte zwischen ihnen zu Boden fallen. 50 Mann sind wenig, da ist noch viel Platz in den Zwischenräumen für Zeitungspapier. Jeder hat seine eigenen Sorgen, aber die Repräsentanten des Volkes sollten doch neben ihrem Bierulk auch noch unsere Sorgen dazu haben. »Herr Siegfried, wir verstehen nicht, was Sie von hinten sagen«, ruft einer, und der Redner auf der Bühne, der sein Gesicht der Ministerbank zugekehrt hat, erwidert: »Das glaube ich!« (Schallende Heiterkeit.)

Es ist eine Gratisvorstellung für alle, die nicht die Möglichkeit besitzen, andere Veranstaltungen zu besuchen. Worte, Worte, Worte, sagt Hamlet. Hier im Reichstag erlebt der Laie die handgreifliche und augenscheinliche Petrifizierung und Mumifizierung aller jener Worte und Begriffe, von deren Vollgültigkeit ihn zwölf Jahre Schulbildung und zwölf Jahre Idealismus zu überzeugen versuchten. Ist er vielleicht unpolitisch?

Man versuche noch ein letztes Mittel: Reklame. Man kläre auf. Man informiere das Volk über seine Führer. Was den Museen recht ist, sei den Parlamenten billig. »Berliner, besucht den Reichstag! Er wartet auf euch!« Auf den Tribünen hat rund das Zehnfache der heutigen Besucherzahl Platz. Man erhebe einen bescheidenen Unkostenbeitrag, und von dem Überschuß erhöhe man die Präsenzgelder. Wenn man erst an allen Litfaßsäulen ließt: »Heute 10–5 Innen-Etat! Redner Goebbels bis Pieck!!« Großer Zuspruch, ich garantiere.

Ich für meine Person beschließe den Abend mit einem Spaziergang durch den Tiergarten, wo das grüne Gras steht und quicklebendige Enten reizend unter Wasser tauchen, um sich in anmutigem Schwumm Würmer und Fische zum Abendessen zu holen. Unentgeltlich, alles unentgeltlich.

Q 29/10/706

MARIECHEN SCHREIBT

Mascha Kaleko

Jeliebta Paul! Nu bin ick schon fünf Wochen
Uff meene Schtelle. Mia jefällt't janz scheen.
Doch meine Jnädje sacht, ick kennt nich kochen.
Nu muß ick uffn nechsten Erschten jehn.

Die Frieda will ne Stelle mia besorjen
Bei'n ältret Frollein – da am Hallschen Tor.
Ick muß mia bloß noch Hut un Handschuh borjen,
Denn stell'ck ma bei die neue Herrschaft vor.

Wat die Portiersche is – die meent schon imma:
Bei diese Zicke hielt keen Aas et aus ...
Die is een janz varicktet Frauenzimma,
Det weeß ja jedet kleene Kind im Haus.

Wenn die nich will, denn läßt se't ebend bleiben!
Der janze Dreck for die paar lumpjen Mark –
Wat ick hier schufte – janich zu beschreiben ...
Und det Jemeckre jleich bei jeden Quark!

Am Sonntach hat se Ausjang mia vasprochen,
Ick hetz mia bei den Abwasch wie'n Stick Vieh –
Wie'ck nu »Adschö« sach, kommt se anjekrochen:
»Det Töppken schnell! Der Klaaine muß Pipi!«

Det't so jekomm is, is noch jut am Ende,
Bei Kinda – det is nischt for unsaeen –
Ick hab die Neese voll von't dreckje Hemde! –
Ick mechte bloß bei *eine* Dame jehn. –

Da hat man't leicht. Doch sone olle Jacke
Die frächt een'n jleich: »Ham Sie nen Brojtijam??!!«
Keusch sack ick »Nee« – doch kommt det raus, au Backe!
Denn fliechst du bei die Schraube janz infam! –

Drum Paule, schreibste wieda mia 'ne Karte,
Denn schick et »Postlagernd« uff »Schnucki III«.
(... Du – is det wahr, du jehst mit Peesens Marthe???
Die Emma sacht, du – wärst mir nich mehr treu ...

Det wär jemein von dir – wenn't wahr sind sollte –
Nichwah, die Emma petzt aus blassen Neid??? –
Wenn ick hier mit'n Andan jehen wollte ...
Ick jloob, det jinge dir denn ooch zu weit!)

Wennst' mal bei Muttan rumjehn kenntst un saren,
Det ick mein Rosanet hier jerne hätt –
Oock det, wo ick zur Einsechnung jetraren –
Un denn meen Armband, du – det wäre nett!

Wie jeht's dein Vata? – Un wat macht det Füllen?
Kann't wieda loofen mit det schlimme Knie? –
Nu aba Zoff! – Ick hör die Jnädje brüllen ...
Na, denn mach's jut! 10 000 Küss'!

Marie

Q 30/6/399

MARGARETHE, FREIFRAU VON COBURG

HEIRATSVERMITTLUNG

Matheo Quinz

Ein Groom in violetter Livree öffnet. Sein Scheitel ist tadellos gezogen, die Knöpfe blitzblank. Seine Manieren adrett. Er zelebriert die Anmeldung mit einer an Reinhardtsche Regiekunst gemahnenden Delikatesse und übernimmt den Mantel mit einer Hochachtung, als ob *er* der glückliche Page wäre, dem es vergönnt ist, seinem König den Krönungsmantel von den Schultern zu streifen. Leichter Parfümduft und Waffen an den Wänden des Vorplatzes erhöhen die Weihe des Empfangs. »Frau Baronin lassen bitten, sich einen Momang im Salon zu gedulden.«

Hier sind alle Möbel vergoldet, so eine Art Louis XVI., alles ganz neu. Noch ein Tabourett, und noch ein Hockerchen, und noch ein Konsolchen und noch ein Fauteuilchen, alles Gold. Ich schaue in den Spiegel – auch als Reporter will man ja schließlich einen guten Eindruck machen – und sehe mich graziös an einen der Stühle gelehnt, genau in der Pose, in der unsere Eltern vor 40 Jahren an ebensolchen Goldmöbelchen photographiert worden sind. Diese Grazie scheint in der Natur dieser Möbelchen zu liegen, auf deren Sitzen sich Blumen und Schäferpaare herumtummeln. Auf zwei kleinen Stühlen allerdings thronen würdig, die Lehnen und Sitze überragend, zwei große Sofakissen aus Samt und Seide, die mit ehrfurchtgebietenden Wappen geziert sind. Ein drittes Kissen liegt auf dem Boden als Unterlage für ein Straußenei. Ein ovaler Salontisch, eine goldene Bronze, »Nackte Tänzerin«, eine Vase mit Kunstblumen, das Porträt eines alten Herrn mit viel Würde im Vollbart und dem schönen Vornamen Theophil (man erkennt sofort, daß es sich hier nur um einen Fürsten handeln kann) und unter allem und an allem Spitzendeckchen in jeder Größe und Machart; und siehe da, da sitzt ja auch ein Püppchen und starrt die Porzellan-Chinesen an, die, weil alle Gold-Konsolchen von Hunden, Katzen und Muscheln besetzt sind, oben auf dem Ofen aufgestellt sind. Ich wage es nicht, mich auf so viel Gold zu setzen, wage nicht auf dem Parkett zu gehen. So beklommen also ist es den Kandidaten ums Herz, die diesen Vorplatz zum Ehehimmel betreten. Auch habe ich furchtbare Angst, eines von den Porzellantierchen herunterzuwerfen, die auf den zierlichen Gold-Etageren herumwimmeln.

»Darf ich bitten ...!« Die Dame des Hauses! Sie trägt ein erdbeerfarbenes, ausgeschnittenes und ärmelloses Kleid, mit Goldborte besetzt, fast könnte man sagen, ein Abendkleid. »Gegründet 1912« hat doch auf dem Türschild gestanden?

Sie ist jung für eine Geschäftsfrau mit 15jährigem Jubiläum, denke ich mir, sie ist das, was man in Wien mollert nennt, und blond, sehr blond, und am Busen trägt sie eine Krone als Brosche, neun Zacken, und auf jeder Zacke eine Perle. Kaum kommt dadurch die mit Perlen und Brillanten besetzte Plaque, die ihren Hals schmückt, zur Geltung. Mit dem Brillantring weist die Baronin auf die beiden Klubsessel beim Ofen des Herrenzimmers, und nun sitze ich also auf dem Platz, dessen Leder die Heiratskandidaten aus eineinhalb Jahrzehnten weich gesessen haben, und das Interview kann losgehen: »Eigentlich bin ich ja gegen solche Sachen in der Presse, man könnte meinen, daß ich für mein, ich kann wohl sagen eingeführtes Unternehmen, Reklame machen will. Kommt ja gah nich in Frage. Die Freifrau von Coburg kennt man! ›Querschnitt‹? Kenne ich nicht. Man kann ja nicht alles kennen. Richtige Gesellschaftsblätter wie ›Junggeselle‹ und »Elegante Welt« kennt man natürlich. – Was soll ich Ihnen nun sagen? Das ist doch ganz einfach mit meiner Sache. Alles Beziehungen. Gott, bei meinen Beziehungen! Da ist das gar kein Kunststück. Man braucht uns heute mehr als je. Natürlich muß man, wenn man eine Ehevermittlung in Anspruch nehmen will, vor allem die Mittel haben, um es sich leisten zu können. Es gibt ja noch andere Institute dieser Art, aber bei mir ist nur prima Gesellschaft. Schuster und Schneider … kommt ja gah nich in Frage. Man muß eben wissen, ob man bei Aschinger essen will oder bei Adlon. Wie es bei mir ist, das sehen Sie ja schon an der Aufmachung … Aber selbstverständlich kommen viele Herren aus Berlin zu mir. Wieso? Na sehen Sie mal, ein feudaler Mann, z. B. ein Generaldirektor von einer Gesellschaft: der hat den ganzer Tag zu arbeiten und abends hat er seine feste Freundin, wann soll der dazu kommen, sich nach einer passenden Partie umzusehen? Hat ja gar keine Zeit dazu, nöch wahr? Na sehen Sie! Da sagt er sich: ›Gehst mal ran bei der Freifrau von Coburg, die hat schon die Beziehungen. Und da gehst du auf Nummero sicher und weißt, woran du bist.‹ Die Gesellschaften von früher gibt es eben ganz einfach nicht mehr, und auf einen Ball geht man doch heutzutage nur, um zu flirten. Nöch wahr?

Vor dem Krieg war es für einen Mann natürlich viel leichter zu heiraten, natürlich ein früherer Offizier, der gut aussieht und einen Titel hat, der hat es immer noch bequem. Aber so im allgemeinen will eine Frau heute einen Mann heiraten, der etwas hat und etwas ist. Das gibt es heute nicht, daß eine reiche Dame einen Mann heiratet, nur um einen Mann zu haben. I wo. Wer heute Geld hat, der will wieder zu Geld. Aber umgekehrt, sagen Sie mir nur junge Damen aus erster Familie mit tadellosem Ruf und gebildet und hübsch, die bringe ich alle unter, jede Woche ein paar. Die Dame braucht nicht einen Pfennig zu haben, nicht einmal ein Brautkleid. So was kommt alle Tage vor, und solche Vermittlung ist mir auch die liebste, weil da dann auch meist gezahlt wird; das ist nämlich das Schlimme bei uns, daß wir keinen einklagbaren Anspruch haben, da ist eine Lücke im Gesetz. Wieviel die Provision ist? Na *selbstverständlich* drei Prozent vom erheirateten Kapital. Auch Liegenschaften usw. *Sebstverständlich* drei Prozent! Aber man kann es nicht einklagen, das ist das Schlimmste daran. Und soviel Vorschuß kann ein Herr gar nicht zahlen, daß man seine Spesen herein hat. Denken Sie mal, die Annoncen, was die verschlingen. Und da ist noch kein Büro dabei, und die Aufmachung! Wenn man dann eine prima Sache vermittelt hat, und dann die Provision nicht bekommt, das ist natürlich eine schwere Schädigung. Kommt vor, so etwas, kommt vor! Natürlich bei mir selten, bei meinen Kreisen und meinen Beziehungen! Kommt aber vor! Wenn aber ein Herr eine arme Dame gefunden hat, ganz wie verlangt, dann zahlt er meist gern. Das ist ja dann auch keine Provision, sondern sozusagen eine honorige Anerkennung, sozusagen gesellschaftlich, par discretion.

Wie lange so eine Vermittlung dauert? Gott, das geht meist schnell. Wenn ich eine Sache übernehme, dann weiß ich auch, daß ich sie machen kann. Sonst sage ich gleich nein. Natürlich wird man auch manchmal zuerst getäuscht, aber man lernt eben und weiß dann schon, wen man vor sich hat. Und dann erkundigt man sich auch. Und dann die Beziehungen! Da muß man die Herren nicht nur nach der Krawattennadel beurteilen, man muß auch unter die Krawatte sehen.«

»Frau Baronin sind eben eine selten lebenskluge Dame,« wage ich einzuschalten.

»Na ja, wo käme man denn auch hin, wo man doch keinen klagbaren Anspruch hat.«

»Mit den Herren vom Land ist es etwas anders, als mit denen in der Stadt. Da kommt es natürlich oft vor, daß ein Gutsbesitzer lieber heiratet, als daß er fremdes Geld aufnimmt. Das geht dann ganz von selber und ist sehr gesucht. Aber das gibt es nicht, was in den Witzblättern steht: Wie sie aussieht ist mir ganz schnuppe – wenn sie nur Pinke-Pinke hat. Und wenn ich mal so'ne Dame habe, gehe ich nur ungern ran; man ist doch auch Mensch, Sie verstehen? Und die Väter, die so schlankweg zwei Millionen hinlegen, nur damit die Tochter einen Mann bekommt, die gibt es nur in den Inseraten gewisser Firmen.

Künstler und Künstlerinnen haben gar keine Chancen, das heißt, wenn sie nicht eine Position haben. Nur um einen Künstler zu heiraten, bemüht sich heute keine reiche Frau. Eher noch ein höherer Beamter, das geht. Und Musterkollektion, da irren Sie sich sehr. Alles direkt, alles durch Beziehungen! Ich weiß schon, was jeder will. Wenn jemand zu mir kommt, dann ist das wie beim Arzt. Den fragt man ja auch nicht, was er nun mit einem machen wird. Aber natürlich muß ich immer selbst da sein. Jeder will die Freifrau von Coburg selbst sprechen. Das ist wieder wie beim Arzt.

Und im übrigen ist das bei mir jedesmal verschieden, wie sich die Sache abspielt. Oft bin ich gar nicht dabei, wenn sich die beiden kennenlernen. Warum denn auch? Einer weiß durch mich über den andern Bescheid. Und denken Sie, wie bequem das ist, wenn nun die Sache nicht zur beiderseitigen Zufriedenheit ausfällt, dann ist es gar nicht peinlich abzusagen, das besorge ich persönlich. Nur verlange ich, daß sich die Herrschaften schnell entscheiden, damit man weiß, woran man ist. Ich vermittle doch keine ›Bekanntschaften‹, verstehen Sie. Kommt ja gah nich in Frage!«

Und der Finger mit dem Brillanten drückt auf die Klingel, die Audienz ist beendet; denn im Salon ist die Türe gegangen.

»Besuchszeit täglich von 11 bis 7 Uhr«, lächelt die Dame des Hauses mit einem Blick zur Salontüre und zaubert eine Art mütterlichen Lächelns auf ihre Pausbäckchen.

Im Vorplatz steht schon der Page, meinen Mantel mit weitgespreizten Armen bereithaltend. So bequem ist mir noch niemals in meinen Mantel geholfen worden.

Q 29/1/16

George Grosz · Wenn ich mich so im Spiegel seh, glaub ich, ich bin meine Tochter

SEXUALITÄT ALS SPORT?

Alfred Döblin

Wie es mit der Sexualität steht, und ob man sie überschätzt oder unterschätzt, soll ich sagen. Sicher ist mir nur, wenn ich unter Menschen gehe, daß der alte Satz recht hat von dem »Weltgetriebe«, das durch »Hunger und Liebe« erhalten wird. Und unter Liebe muß ich schon sexuelle Liebe – Liebe, die aus sexueller Quelle stammt – verstehen. Also: Man kann Sexualität gar nicht überschätzen. Sie ist – entsprechend dem alten Satz – die zweite Achse, um die sich unsere Existenz dreht. Und vielleicht dreht sich unsere Existenz überhaupt nur um eine einzige Achse, und Hunger und Liebe gehören zusammen wie Ernährung und Wachstum.

Aber Sie sagen: Das will ich gar nicht wissen, mit Philosophie sind keine Geschäfte zu machen, ich will praktisch wissen: Wird von den Leuten heutzutage nicht zu viel Wesens von der bloßen Sexualität gemacht, sollte man nicht offen sagen, daß »Liebe« viel wichtiger ist als die ganze bloße Sexualität, dieser üble Trieb, diese niederträchtige erbärmlich-organische Geißel der Menschheit, von der, wie schon einmal ein kluger Mann bemerkt hat, man erst durch das Alter befreit wird (aber übrigens auch da nicht, es gibt Beispiele von Exempeln).

*

Also von »bloßer« Sexualität und ihrer Überschätzung ist die Rede, von »organischer« Sexualität, und ich erinnere mich, es gibt eine gelehrte Unterscheidung solcher bloßen, organischen Sexualität, von einer nicht bloßen, sondern verhüllten – von der Koppelung einer organischen Sexualität mit einem anderen Gefühl: das ist der »Detumeszenztrieb« (zu deutsch Abschwelltrieb) und der »Kontrektationstrieb« (das ist wohl Annäherungstrieb, Liebe). Ja, man kann wohl gelehrt so unterscheiden, meine ich, aber die Dinge kommen so nicht vor. Sie sind eben von Haus aus verbunden, die Natur ist schon so schlau und so geistvoll und so menschlich gewesen, und sie hat gar nicht einen dummen blinden Begattungstrieb oder Detumeszenztrieb geschaffen, sondern ihm sofort einen unheimlich scharf arbeitenden Auswahlapparat beigegeben, und da kann sich wohl hie und da das eine selbständig machen und von sich aus Krieg führen, da gibt es die verschiedensten Varianten von gelegentlicher, unordentlicher, meist notgedrungener oder pathologischer Selbständigkeit eines solchen Systems – aber die Regel ist das nicht, und prinzipiell glauben soll man weder an platonische Liebe noch an

„Hell in Frauensee"
Ein Sommerbuch von Liebe, Sport
und Hunger von Vicki Baum
Preis 3 Mark, in Leinen 4.50 Mark
VERLAG ULLSTEIN / BERLIN

Sexualität ohne Liebe, ein bißchen Liebe und ein bißchen Hautgefühl ist doch dabei.

Wenn nun früher sich die Leute gestritten haben, wie war das bei Goethe und Frau von Stein, und was sagen Sie zu Casanova, ist das die wahre Liebe, nein, solch Mann könnte mir gestohlen bleiben – so ist man jetzt öfter viel moderner. Sie sagen: Liebe ist natürlich Stuß, eine Großmütterangelegenheit, aber man soll auch von Sexualität nicht soviel hermachen, der ganze Plunder taugt nichts, Hunger und Liebe gehören wirklich zusammen, sie sind natürliche Bedürfnisse, aber: man ißt und man trinkt, und damit basta, und ebenso – Sie verstehen schon. Das heißt also: Sexualität plus oder minus Liebe soll man weder überschätzen noch unterschätzen, sondern überhaupt nicht sehr schätzen, sie hinnehmen, sie gehört zum Dasein, man soll kein Trara darum machen, das ist Geschrei aus dem Treibhaus der alten Masterscheinung, bei halber Kost gibt sich das schon. Es ist eine allgemeine Gleichgültigkeit in Liebes- und Geschlechtsdingen eingerissen, die Liebe hat einen Fußtritt bekommen, sie ist eine muffige, altbürgerliche Sache geworden (was sie wirklich geworden war, es läßt sich beweisen). Und so sehen wir denn viele Jünglinge und Jungfrauen verschiedener Altersstufen sich heute bewegen, sie überschätzen die Sache nicht, unterschätzen sie auch nicht, sind weder von Kopf bis Fuß, noch in umgekehrter Richtung auf Liebe eingestellt, aber sie spielen Tennis, fahren Auto, tanzen, stempeln, treiben Politik und lieben (gebrauchen wir einmal das harte Wort): »Sie sporteln Sexualität.«

Was ich dazu sage? Im ganzen ist diese Bagatellisierung der Liebe da, und sie ist auch gut und war endlich notwendig. Aktive und halbkriegerische Zeiten wie die heutigen können sich nicht so wie andere mit Liebe und Parfüm befassen. Aber im übrigen wird doch fleißig geliebt. Sie hat entschieden eine gesündere Farbe bekommen. Was aber ihre Sachlichkeit anlangt –. Ich glaube nicht an die sachliche Liebe – ich meine, bei diesen Jünglingen und Jungfrauen. Man soll sich durch ihre großartige Geste nicht irreführen lassen, sie paßt vorzüglich zu einer technischen, wirtschaftlichen Zeit, es gehört zum Stil dieser Zeit, nicht zu lieben, sondern bloß zu – Sie haben das Wort auf der Zunge. Aber die Sache stimmt nicht. Warum nicht? Das müssen Sie mich nicht fragen. Ich stelle bloß fest: Die Sache stimmt nicht, genauer: Sie kommt nicht vor, sie wird bloß aus Angriffsgründen behauptet. Sie müssen wissen, hochverehrte Damen und Herren, werte Hörer und Hörerinnen, Leser und Leserinnen, Lächler und Lächlerinnen, der Mensch ist ein ganzer Organismus und keine Maschinerie, und der Mensch ist ein sehr altes Tier, wenn auch nicht so alt wie es nach einem Blick in unsere langweiligen Tageszeitungen aussieht, er hat durch Jahrtausende geliebt mit Zubehör, und ein bißchen Unterschied im Timbre, bewirkt durch Wirtschaft und Technik, ändert daran wenig oder nur äußerlich. Wir sind darüber vollkommen im Bilde. Lesen Sie nach, wie ganz Griechenland aufbrach wie ein Mann, um Troja zu erobern, wegen Helena; die ollen Griechen kannten kein vernünftigeres Motiv, um einen Krieg zu machen, mir scheint, die neueren Motive sind auch nicht vernünftiger. Und als die würdigen Männer Trojas einmal die schöne, inzwischen längst verstorbene und immer wiedergeborene Dame auf der Mauer an sich vorübergehen sahen, da waren sie glücklich und der Krieg konnte seinen Fortgang nehmen bis zu den vierzehn Punkten Wilsons bzw. Hektors Fall. (Entschuldigen Sie mich einen Moment, es regnet sehr, ich muß das Fenster zumachen.)

*

Ich lese, nach der Abschweifung ans Fenster, durch, was ich geschrieben habe, und das könnte so aussehen, als bräche ich eine minnige, ritterliche Lanze, einen Spieß für die hohe und hehre, süße Liebe mit oder ohne Zubehör, welch letzteren ich den heutigen frohen Garçons und ihren Garçonmusen zuweise. Ich bin nicht selbiger Meinung, welche vorzutragen ich mir eben auch nicht erlaubt habe. Vielmehr sehe ich mich genötigt, festzustellen, nachdrücklich gegenüber allen Quertreibereien, daß das Ganze weder verachtet wird, noch auch sträflicherweise verachtet werden darf. »Liebe« reicht weder zur Kinderfabrikation noch zur Ehe; Sexualität gehört dazu. Und das sei mit einem mannhaften und fraulichen Wort ernstlich behauptet. Sexualität ohne Liebe ist eine verflucht ärmliche Sache. Sie kommt bei kümmerlich entwickelten Individuen vor; dem einen fehlt die Liebe, dem andern die Potenz (Schlagerrefrain). Liebe ohne Sexualität aber ist ein vollkommener Greuel. Wo sie vorkommt (wenn), soll man salutieren und ausrücken. Wo sie behauptet wird, in Ehen, soll man ein übles Ende prophezeien. Es stimmt was nicht, und morgen werden die Gerichte den falschen Grund serviert bekommen. Das Ganze aber, wunderbar und höchst erbaulich mit dem Hunger vereint, erhält das Weltgetriebe, und wenn der Hunger nachläßt, ist es die Liebe allein, und wenn er kräftig wird, der Hunger, dann hat die Liebe nichts zu lachen. So heute. Man treibt mit ihr Sport.

Q 31/11/760

STADTARZT

Gottfried Benn

Stadtarzt, Muskelpresse,
schaffensfroher Hort,
auch Hygienemesse
großes Aufbauwort,
wunderbare Wallung,
was der Hochtrieb schuf,
täglich Ausgestaltung,
Schwerpunkt im Beruf.

Normung selbst der Gase,
amtlich deputiert,
ob die Säuglingsblase
luftdicht funktioniert,
vorne Prophylaxe,
hinten Testogan,
und die Mittelachse
schraubt sich himmelan.

Zuchttyp: Faustkaliber,
strebend Bühnen bau'n,
Pol- und Packeisschieber,
Luftverdrängungsclown,
Rundfunk und Refraktor,
Wort verkommne Zahl,
Wort als Ausdrucksfaktor
gänzlich anormal.

Wunderbares Walten,
dort der Affensteiß,
hier der Hochgestalten
Licht- und Höhenreiß
und als Edelmesse,
Gottes Gnadensproß,
züchtet Muskelpresse
Pitecanthropos.

Q 25/12/1035

GALERIE FERDINAND MÖLLER

BERLIN W9

POTSDAMER STRASSE 134c

GEMÄLDE UND GRAPHIK

VON

K. SCHMIDT-ROTTLUFF

U. A.

AUTO, RADIO, TELEPHON, GRAMMOPHON, DIKTAPHON UND MENSCH

Hermann von Wedderkop

Alles um uns mechanisiert. Manche – es sind die falschen Romantiker, die immer die Dummen finden, die auf sie hereinfallen –, manche sprechen von der Gefahr des mechanischen Zeitalters. Damit meinen sie den allmählichen Ersatz des Menschen durch die Maschine oder ähnliche unklare und alberne Vorstellungen. Tatsächlich besteht eine Gefahr, aber in einer anderen Richtung. Es besteht nämlich nur die Gefahr, daß wir alle diese glatten Dinge falsch anwenden. Daß wir mit ihnen, auf ihnen in Zustände hineingleiten, die wir gar nicht wollen oder die uns schädlich sind.

Wir haben unsere Seele, sie existiert immer noch, und mag sie heute auch noch so sehr »gestrichen Brief« sein. Nur das Wort ist ein bißchen in Mißkredit gekommen, weil frühere Zeiten diesen Teil von uns etwas allzu stark betont hatten. Wir haben unsere Seele; und auf alle Fälle haben auch sogar Hunde ihre Seele, wenn auch die wenigsten Menschen imstande sind oder sich Mühe geben, sie festzustellen, da es sich ja meistens nur um Angestellte handelt. Ob die toten Dinge eine Seele haben, ist nur eine Frage der Terminologie. Sie haben auf alle Fälle einen Ausdruck, sie haben eine Natur, einen Kern, sie haben Gesetze, die man nicht übertreten kann, ohne sie zu vergewaltigen. Indem wir immer nur daran denken, wie wir Technik für unsere momentanen Bedürfnisse und Stimmungen einspannen können, tun wir im Grunde nichts anderes, als dauernd die Dinge zu vergewaltigen. Wir leben auf allen diesen Gebieten in einem mehr oder weniger ausgesprochenen Zustand der Barbarei.

Das Auto ist schon wegen seiner (aktiven) Bestechlichkeit mit Vorsicht zu genießen. Es ist ungerecht wie der Mammon selber. Seine Glätte ist zu fürchten: Man tritt auf den Gashebel und »haut ab«, und ist irgend etwas Besonderes los, wartet man auf eine Art Menschen, die man sonst übersieht oder die einem gleichgültig ist: auf den des Wegs kommenden Techniker. Den Techniker, der die Maschine kennt, der Benzin ansaugt, wenn der Zugang verstopft ist und überhaupt sachgemäß den Dingen zu Leibe geht, während man selbst, seine ganze mehr oder weniger gut angezogene Unbrauchbarkeit, danebensteht. Ganz unberechtigt ist die Verachtung, die man in gebildeten Kreisen dem Herrenfahrer entgegenbringt, nicht.

Dem geistigen Menschen gehen diese Art Unstimmigkeiten auf die Nerven: unter der Capote zu sitzen, ein hübsches, frisches, blödes Mädchen neben sich, entspricht ungefähr dem Auftreten der Gents und Kavaliere von Ende des vorigen Jahrhunderts, als noch die Dessous in Blüte standen, und es dort noch etwas zu sehen gab. Die praktischen Berufe (Bankiers usw.) scheiden aus. Aber der Herrenfahrer sollte billigerweise sich nicht eher im Fond seines Lehnstuhles behaglich fühlen, als bis er die Maschine beherrscht. Für Ladies und Gentlemens dasselbe. Eine Art technischer Ehrenpunkt oder vielleicht sogar überhaupt nur das Wiedergutmachen des kapitalen Unrechtes, das wir jede Sekunde mit dem Druck des Gashebels begehen.

Das Auto ist zwar ein ausgezeichneter Kuppler, aber es ist keine Kokotte, und ich kenne keine Kupplerin, jedenfalls in unseren nordischen Himmelsstrichen, die bunt und auffällig ihr Wesen treibt. Der Anstrich des Autos sei danach blau, beige, grau, gelb oder höchstens rot. Aber nicht doppelfarbig, wie blau und gelb, weiß und rot, lila und silber. Diese unwürdigen Albernheiten müßten endlich aufhören. Ganz besonders aber, wenn es sich um so ehrwürdige alte Veteranen handelt wie den Rolls und derartige Wagen. Und auch das Mascotteunwesen, die Schutzleute, die nackten Negerhinterteile und Fetische könnten verschwinden und sogar die künstlichen Blumen in den Nickelvasen, die das Innere heiter stimmen sollen.

Gespräche über Autos sind der Fluch der Gesellschaft. Sie kommen gleich hinter Bridge, das wenigstens das noch voraus hat, daß man nachdenken muß (es ist nachdenklicher Unsinn), während ein Autogespräch die offizielle Orgie der Banalität bedeutet: »Was halten Sie von den Amerikanern? a) Ich kaufe prinzipiell nur deutsche Marken, b) natürlich die einzigen Wagen, c) wundervoll für die Stadt, fürs Land weniger, d) kommt darauf an, e) bedenken Sie doch bloß die Erfahrungen von den Leuten, was die uns durch den Krieg voraushaben, f) natürlich ist das Material ein ganz anderes, g) das wundervolle Anzugsmoment (das Seidige des Motors anzuführen, können sich heute auch die Banalsten nicht mehr erlauben). ›Lancia‹ liegt am besten auf der Straße, macht aber natürlich kolossalen Lärm, 4-Zylinder. Auch das stört mich nicht! Ach, aber man ist doch so verwöhnt! Ein fabelhafter Wagen soll der neue ›Tatra‹ werden!« Hat man dies geleistet und ist man womöglich auch noch nicht einmal im Besitz eines Autos, so ist man vollkommen ausgehöhlt und so schwer wieder in Gang zu bringen wie ein ausgegangener Hochofen.

»Radio« kostet 2 Mark den Monat, was sehr teuer ist, wenn man bedenkt, was das für Folgen hat, wie sich nämlich dieser Preis im Programm auswirkt, zu dem dieser Preis verpflichtet. Alles könnte noch hingehen, der Gesang der Tunten, gelegentlich der Schubert-, Beethoven-, Brahms-Memorials. Auch meinetwegen »Bewässerungsprobleme der Provinz Sachsen«. Nur das sogenannte Stimmungsprogramm nicht: der deutsche Komiker z. B., eine Institution, die das deutsche Volk systematisch unterminiert. Mit dem Radio machen die dortigen Gewalthaber genau denselben Fehler wie mit gewissen anderen Institutionen, die sich mit der Masse und ihrem Geschmack abgeben. Sie suggerieren dieser Masse einen gewissen Einheitsgeschmack, den sie selber gar nicht hat, noch haben will, und drücken daher diese an sich wunderbare Institution weit unter das ihr natürliche Niveau hinunter, und zwar beginnt schon der falsche Ton mit dem zweimaligen »Achtung, Achtung«, was einen schon durch seine Überflüssigkeit von Anfang an verstimmt. Die Beziehungen der speziellen Ätherwellen zu den sogenannten kleinen Leuten scheinen durch das Radio festgestellt zu sein.

Das »Telephon« als praktische Einrichtung, das Telephon, das Gänge erspart, interessiert uns nicht, sondern das nutzlose Telephon – das Telephon der einen Million Frauen, die in ihren Betten liegen, in der Badewanne, auf den Diwanen und etwa beginnen mit: »Na, wie war's gestern noch?« »Seid ihr noch lange geblieben?« »Wie fanden Sie das Kleid der X.« bis herunter zu Wettergesprächen. Diese Gespräche einer Million unbeschäftigter Frauen stellen natürlich eine Telephonbarbarei dar, die sich indessen erst dann zu einem Sadismus auswächst, wenn sie Friedliebende stören, wenn sie Harmlose in den Ring des morgendlichen Unsinns einschalten. Wenn sie wie der Blitz Leute erschlagen auf ihrem Gang ins Badezimmer, zum Frühstückstisch, bei der Lektüre, bei der Arbeit. Im Telephon tobt sich unser Barbarentum aus. Dieses Barbarentum, das sich manifestiert in einem absoluten Sichgehenlassen, in einem Handeln wider bessere Einsicht, Handeln aus Schwäche, aus dumpfer, lahmer Gewohnheit, aus Hysterie. Man weiß nichts zu tun, die Zeitung ist ausgelesen, aufstehen mag man auch nicht, man hebt den Hörer und der am anderen Ende der Strippe, falls er so schwach ist heranzugehen, falls nicht eine Panzerplatte in Gestalt einer Mittelperson dazwischenliegt, wird aus seinem Kreis gerissen. Die Gespräche teilen sich in ganz bestimmte Kategorien: a) in Gespräche, die überhaupt nicht geführt zu werden brauchen, weil sie nur Ersatz für Langeweile sind, b) in solche, die viel besser zwischen Angestellten erledigt werden könnten und c) in solche, die wirklich höchst persönlich sind. Durch die Vermanschung dieser drei Kategorien entsteht unsere Telephonmisere, die soundso viele Leute, die etwas zu sagen haben, entweder zur Raserei bringt oder sie zu dem Niveau des unbeschäftigten Anrufers herunterzieht, indem sie zuletzt noch womöglich auf Anrufe warten.

Dabei geht man viel zu wenig auf die Möglichkeiten des Telephons ein. Denn genau wie viele Dinge sich »per Telephon« nicht sagen lassen – übrigens eine ziemlich billige und ebenso beliebte Phrase –, genau so lassen sich gewisse Dinge viel besser durchs Telephon sagen, sind viel wirksamer durchs Telephon gesagt als direkt. Man lese zum Beispiel in dem neuesten Buch von Michel Arlen: »Young Men in Love« (zu deutsch: »Kompromiß Venetia«), wie dort das Telephon in den Dienst der Liebe gestellt ist, wie dort nur durch die Strippe fabelhafte Spannungen entstehen, die sonst nicht zu erzielen gewesen wären. Überhaupt liegt die Telephonstunde der differenzierteren Leute des Abends und in der Nacht. In dieser Stunde ist auch der bessere Mensch telephonberechtigt. Es kann ohne Schwierigkeit beobachtet werden, daß die Abend- und Nachtgespräche sehr viel weniger albern ausfallen als die abgründigen Gespräche des Morgens. Als ganz besonders angebrachte Telephonstunden sei noch die Mittagszeit empfohlen.

»Grammophonkultur« ist an sich zweifelhaft wie alle Vervielfältigung. Jemand, der bewußt das Grammophon verurteilt, ist daher ungefähr ebenso sympathisch wie jemand, der einen Flügel oder erst recht eine Drahtkommode in seinen Räumen nicht duldet. Abgesehen von diesen gewiß sehr wenigen Aristokraten, die dieser Art Musen nur die Rückseite zukehren, gibt es innerhalb der Bejaher dieser Kunstgattung noch sehr erhebliche Niveau-Unterschiede. Da gibt es immer noch die Anhänger des Rhythmus, und zwar hauptsächlich der Synkope, die man zurzeit genauso überwunden hat wie überhaupt die ganze Jazzkultur und die Neger, die aber immer hiervon noch nicht genug haben. Es gibt die Anhänger der garantierten Kanonen wie Caruso und Schaljapin, und es gibt endlich eine dritte Kategorie, die einzige, die genau hinhört, der es ganz gleichgültig ist, ob es sich um einen Tango, Schubert, Beethoven oder Strawinsky, um Oberbayern oder China handelt, wenn nur die Platte gut ist.

Die Platte zur richtigen Zeit ist ein ausgezeichnetes Mittel (say it with records), zur unrichtigen Zeit hat sie die Meltauwirkung des Bridge. Gute Platten sind Offenbarungen. Gute Platten sind kein Ersatz, sondern geben, da man sie in einem durch nichts Nebensächliches absorbierten Zustand hören kann, oft viel genauere Aufschlüsse als die Aufführung selber. Sie sind eventuell eine ausgezeichnete Anregung für die Arbeit, wenn sie sparsam verwandt werden. Es empfiehlt sich überhaupt eine sehr sparsame Verwendung des Grammophons; Kettengedudel ist genau dieselbe Angelegenheit wie Ketten von Telephongesprächen.

Es bleibt noch die erhabenste technische Errungenschaft der letzten Jahre: das »Diktaphon«. Erhaben deshalb, weil bis zur Höhe dieser Erfindung die schmutzigen Wellen der Beschäftigungslosigkeit, der Langenweile und sonstiger Unkultur nicht hinaufreichen. Es ist eine Erfindung, die nur im Interesse weniger gemacht ist, unverwendbar für die große Masse und daher dem Mißbrauch entzogen. Viel mehr als Schreibmaschine und Füllfederhalter gehörte in jedes Zimmer eines

Schriftstellers, eines Kaufmanns, eines Rechtsanwaltes, eines Arztes ein Diktaphon. Unabhängig von Zeit und Ort, früh um 4 oder nachts um 2 Uhr kann der, der Lust hat, arbeiten. Er ist nicht abhängig von der Haarfarbe seiner Stenotypistin, seine Stimmungen werden nicht beeinflußt durch die Farbe des Kleides, sondern eine runde, wächserne Walze nimmt bei einem kleinen Zeichen, das der Fuß gibt, deine Worte auf. Genau, was du ihr ansagst – ohne Widerspruch, ohne Achselzucken, ohne auf die Uhr zu sehen. Du übergibst die Walze der Stenotypistin, die deine Stimme, wann, wie oft und wie sie will, nochmals ertönen läßt und dir die zu neuer Aufnahme bereite Walze zurückgibt.

Dies ist die sachlichste Erfindung. Aber mit Sachlichkeit läßt sich nichts anfangen. Sachlichkeit macht keine Konzessionen und duldet keinen Mißbrauch. Deshalb ist diese Erfindung in weitesten Kreisen unbekannt und wird es niemals zu der Popularität des zu jeder Dummheit anstelligen Telephonapparates bringen.

Q 28/12/829

Sinogli

DÖRFEL
VOX
VOX
MUSIKINSTRUMENTE
WUNDER DER TONWIEDERGABE
VOX-Musikplatten
Aufnahmen erster Künstler und Orchester
VOX-Schallplatten und Sprechmaschinen
Aktiengesellschaft BERLIN W 9, Potsdamer Strasse 4
Verkaufsstellen in allen Städten Deutschlands werden bereitw. nachgewiesen

FLIEGENDE HÄNDLER IN BERLIN

Hans Ostwald

Ein Mann in der Klosterstraße: »Ein Etui für alle denkbaren Zwecke. Onkel steckt et harmlos in de Tasche. Tante sucht et nachts um zwölfe. Drin ist nischt. Aber det is ja jerade det Schöne – Ladies und Gentlemen, Mynheers und Jungfrauen – deß Se reinlegen können wat Se wollen.«

Ein andrer rief: »Nischt for Jugendliche! Nur for Erwachsene!« Er hatte seine Ware zugedeckt. Aber seine Rufe lockten erst recht Kinder und Jugendliche an. Er jagte sie fort: »Platz for die Erwachsenen! Vater kooft et for Muttern – un sie errötet vor Freude! Nur for Erwachsene!« Und schließlich brachte er Damenstrümpfe zum Vorschein. Alles lachte – manche kauften, weil er billig war. »Alles nur for Erwachsene!« schrie er, als sich sein Publikum verlaufen hatte.

Andere priesen an: »Det billigste Volksnahrungsmittel: die saure Gurke! 25 Prozent Sauerstoff und 20 Prozent Stickstoff!« – »Süße Herzkirschen, schwarz wie de Nacht!« – »Kölnisch Wasser, Zahnpasta, Kopfwasser und Zahnpulver – alles zusammen for eine Mark, weil die Firma pleite gegangen ist!« – »Tomaten sind zwar keen Jänsebraten, aber schön schmecken se doch!«

Überall in der Nachbarschaft der Bahnhöfe und an manchen belebten Ecken boten fliegende Händler ihre »echten Glaserdiamanten«, ihre »universellen Fleckenreiniger«, ihren »Kristall-Palastkitt« an. Sie stellten ihren Kasten auf ein kleines Gestell und fingen an zu reden, ehe sich ein Zuhörer zu ihnen gesellte:

»Also, meine Herrschaften, det is der beriehmte Bernsteinkitt, ooch ›Kristallpalastkitt‹ genannt. Er klebt, leimt und kittet alles. Die Manipollation is janz einfach: Man hält ihn über 'ne brennende Flamme, denn schlägt man eenen Teller oder 'ne Tasse kaputt, det man wat zu kitten hat, und denn kittet man ihr. Er hält wie Eisen, sag ick Ihnen. Da kann 'ne Kanone drieberfahren, er schadet ihr nischt. In keene Wirtschaft sollte mein Kitt fehlen. Er befördert den öhelischen Frieden un stärkt die jejenseitije Liebe. Et kann vorkommen, det der Mann abends beschmettert nach Hause kommt; det treie Weib hält ihm 'ne Jardinenpredigt; da wird er patzköppig un schlägt alles kurz und kleen. Am andern Morjen kommt de tiefbetriebte Jattin her un sagt: Jem Se mir von Ihren beriehmten Bernsteinkitt; ick muß de janze Wirtschaft zusammenkitten. Ihr Kitt leimt, klebt, kittet alles. Er hält wie Eisen, sag ick Ihnen, da kann –«

Die Zuhörer: »'ne Kanone drieberfahren, et schad't nischt!«

»Jawoll, meine Herrschaften, da kann wirklich –«

Die Zuhörer: »'ne Kanone drieberfahren, et schad't nischt.«

»Un wenn Se ooch zum drittenmal 'ne Kanone drieberfahren lassen – et schad't ihr nischt! Also, wer will den beriehmten Kitt?«

»Immer noch zehn Fennje de Tiete Mehlweiser! Immer noch zehn Fennje! Südafrikanische Schneeflocken; fünf Fennje die hochelejante Verpackung!«

»Echte Mottensteine! Heite jratis, morjen umsonst!«

»Schulstifte Nummer zwei! Schreiben so schwarz wie der Deibel an seine Jroßmutter. Zehn Fennje des Dutzend. Fürchten Sie nichts, meine Herrschaften – es sind keene Endenbleie mang! Jott, wenn die Herrschaften man halb die Courage zu't Koofen hätten, wie unsereens zu't Verkoofen!«

»Zwanzig Fennje die elejante Brieftasche! Jeder Käufer erhält eine zweite extra! Zehn Fennje des Portmonnee mit Heckjroschen! Fümfundfumßig das mechanische Jelejenheitskorsett mit Rüschenjarnierung! – Meine Herrschaften, schlafen Se bei hellichten Dage oder is Ihnen sonst wat in 't Ooge jeflogen, det Se nich die Einsicht haben, sich kurz zu entschließen? Na, mir kann et ja recht sind, wenn ick von die hochfeine Ware wat übrig behalte for das wirklich noble Publikum: des kommt erst nach Fabrikschluß, um Uhre sechsen.«

»Hochfeine Ziehjarrn, vier Fennje das Stück! Prima Mexiko-Deckblatt! – Wat meenen Sie dahinten? Uff de Rieselfelder jewachsen? Des denken Sie sich so, weil die Ware zu jroß is vor den Minimumpreis. Schon an die janze Aufmachung können Sie 't sehn: so verpackt sich keene Schwindelware. Vielleicht Probe jefällig? Bitte, meine Herrn, langen Se zu! -'n Hochjenuß, nich? – Wat – Sie dahinten von de Rieselfelder – Sie wolln ooch eene? Bitte unscheniert ze kaufen; Probe-Exemplare verjriffen!«

Q 33/5/362

George Grosz

WERTHEIM

Matheo Quinz

Seit den Gründungen der ersten Warenhäuser in Deutschland in den siebziger und achtziger Jahren ist es keiner noch so finanzkräftigen Gruppe gelungen, den Vorsprung einzuholen, den die Pioniere ihrer Branche wie Wertheim zeitlich und an Erfahrung haben. Ein Warenhaus in vollkommener Form kann nicht »gegründet« werden, es muß anscheinend aus der kleinen Zelle herauswachsen, neue Zellen bilden, um schließlich als Riesenbetrieb, wie es heute Wertheim ist, doch noch organisch und dirigierbar zu sein. Dabei ist die Gliederung der geschäftlichen Leitung verblüffend einfach, ohne großen Instanzenweg geht es von der Geschäftsleitung direkt in den Ladenbetrieb, an den Käufer heran. Bezeichnend ist auch die Einfachheit der Büros in dem Luxusbau der Leipziger Straße: hinter irgendeinem Warenstand eine Tür mit irgendeiner büromäßigen Aufschrift, nicht etwa »Direktion« oder sonst irgend etwas Hochtönendes. Hinter der Tür einige Büromädchen und in einem abgeteilten Verschlag, der nicht einmal bis zur Decke geht, und also allen Lärm und das Stimmengewirr des Betriebes durchläßt, das leitende Mitglied der Geschäftsleitung. Nervös ist man also gar nicht bei Wertheim, und so luxuriös die Aufmachung der Kundenräume ist, so puritanisch einfach sind die Räume hinter den Kulissen. Nur: der Kunde, der Kunde und noch einmal der Kunde. Er hat immer recht, er soll sich wohlfühlen im Haus, soll sich verwöhnt und geehrt vorkommen, soll alles vorfinden, was sein Herz begehrt und womöglich noch mehr, und soll das alles in diesem Hause kaufen, das mit allen Mitteln der Verführung um seine Liebe wirbt – und um den Betrag seines Vermögens, den er zum Umsatz in Ware bestimmt hat, und den er möglichst restlos hierlassen soll.

Neun Jahre nach der Stralsunder Gründung des Stammhauses, dessen Arbeit auf ein Personal von zwei Menschen eingestellt war, des Inhabers und seiner Frau, wurde die erste Filiale in Rostock (1884) eröffnet. Der Gedanke »Warenhaus«, Haus, in dem der Kunde alle Waren findet, hatte sich schon durchgesetzt. Der kleine Kaufmann allerdings hatte seine Gefahr für das Detailgeschäft noch nicht erkannt, denn noch glaubte man allenthalben, im Warenhaus zwar billig, aber minderwertig einzukaufen. Die besseren Kreise mieden seine Räume, und es war dem Inhaber eines alteingesessenen Spezialgeschäftes nicht schwer, seiner Kundschaft die Reellität seiner Geschäftsmethode, gegenüber der des Outsiders, klarzumachen. Gegen ein Argument Wertheims war freilich nicht anzukommen. Als erster ersetzte er in allen Waren die Hieroglyphen kaufmännischer Kalkulations-

Reiseartikel
bei
TIETZ
kaufen
TIETZ
HERM. TIETZ
LEIPZIGERSTR
ALEXANDERPLATZ
FRANKFURTERALLEE
VERSAND-ABTEILUNG LEIPZIGER STRASSE

kunst durch jedem Kunden sichtbare feste Preisangaben. Erst wenn man sich die Versumpftheit jener Jahre vor Augen führt, ermißt man den Mut, den die Neuerer im Geschäftsleben damals aufzubringen hatten. Auch die Presse stand ihnen nicht zur Seite, denn auch sie stand noch ganz unter dem Einfluß des Spezialkaufmannes. In den Annoncenbüros ahnte man nicht, daß die Warenhäuser einmal ganze Seiten belegen und den eisernen Bestand des Inseratengeschäftes bilden würden, sondern sagte sich: Zehn Detaillisten sind mehr als ein Warenhaus, in dem zu kaufen noch obendrein nicht zum guten Ton gehörte.

Ein Jahr nach der Stralsunder Gründung begann die Eroberung Berlins, ganz logisch in dem Wohnviertel anfangend, in dem der damalige kleinste Mittelstand hauste, am Rosenthaler Tor und in der Leipziger Straße, in gemieteten Räumen, die aber in weiteren fünf Jahren das Geld zum ersten eigenen Bau in der Oranienburger Straße einbrachten.

Vier Jahre war er in Berlin, als er den Grundstein zu seinem Hauptwerk, dem Bau in der Leipziger Straße, legte. Daß man Messel als Architekten wählte, spricht für das künstlerische Feingefühl der Bauherren, denen es gelang, einen Zweckbau hinzustellen, der auch heute noch, 30 Jahre nach der Eröffnung, modern und neu wirkt, den Ansprüchen des heutigen Riesenverkehrs und seinem Tempo entspricht, jede Angliederung vertrug – kurzum, einen Bau, der so klar aus der Erfahrung heraus geschaffen und ausgedacht ist, daß seine Bauherren nur weit über den Durchschnitt hinaus denkende Menschen gewesen sein können. Das System der Lichthöhe wurde typisch für alle Warenhausbauten. Noch heute wird der Wintergarten in derselben Art gehalten wie seit der Gründung, und der Sommergarten mit den Cadinener Kacheln (der Kaiser als Lieferant besichtigte ihn und brach für manche Gesellschaftsschichten den Bann gegen das Warenhaus). Die Lichtanlagen (es brennen im Hause 105 000 Glühlampen, die fünf Millionen Kilowattstunden pro Jahr verbrauchen) haben mit der Elektrisierung nicht etwa nur Schritt gehalten, sondern sie vorgeahnt: unverändert so seit dreißig Jahren, könnten sie gestern entstanden sein.

Den wirklichen Begriff von der Größe des Baues und seiner Ausnützung bekommt der Besucher erst, wenn er in die Keller- und Speicherräume vordringt. Im Keller, wo gerade Gänge, nicht von Warentischen und Säulen gestört, ein Bild von der Ausdehnung des Hauses geben, wo ein das ganze Haus durchziehendes Laufband die verpackte Ware Paket an Paket ununterbrochen nach der Versandzentrale führt, wo die Licht- und Kraftzentrale und das Wasserwerk, das bis 800 cbm pro Stunde leistet, arbeiten, wo ein Labyrinth von ungezählten Kabeln die Decken entlang zieht, erkennt man verblüfft die Kompliziertheit dieses Betriebes, der sich dem Käufer so einfach präsentiert, seinem Zweck entsprechend, die Verkaufshandlung zu vereinfachen. Inventur, das Schreckenswort für jeden Ladenbesitzer und jeden Kommis, das Inferno des Lehrlings, hier ist sie so organisiert, daß die richtige Zeiteinteilung einiger Januartage genügt, das Riesenlager zu bewältigen, das ein Haus füllt, dessen Grundfläche weit über doppelt so groß ist, als die des Reichstagsgebäudes (Wertheim 27 221 qm, Reichstag 12 920 qm), dessen Straßenfront in der Leipziger Straße 330 Meter mißt und dessen Lichthöfe die Verkaufsetagen in einer Höhe von 25 Metern durchschneiden. Die eigene Rohrpost hat eine Rohrlänge von fünf Kilometern, die die 70 Stationen des Hauses miteinander verbindet, denen weitere 1000 Telephonhausanschlüsse zur Seite stehen.

Paternosterwerke, 83 Fahrstühle und drei Lauftreppen durchziehen das Haus in vertikaler Richtung, in dem es keinen Unterschied zwischen dem Kunden gibt, der einen Knopf für sechs Pfennige nach endlos langer Wahl einhandelt und dem, der einen seltenen Buchara ersteht.

Die Pflege des Kunden, Kultivierung der Verkaufsformen, Kulanz bis zur Selbstverleugnung sind traditionelle Geschäftsprinzipien Wertheims, die das Geheimnis seines Erfolges und der Kontinuität seines Geschäftes bilden. Kein anderer als der Massenbetrieb kann sich aber auch den Luxus leisten, den Wertheim seinem Besucher bietet.

Ein Kaufmann betreibt sein Geschäft nicht aus Menschenfreundlichkeit, sondern um Geld zu verdienen. Wenn Wertheim seinen Tausenden von Angestellten die Dächer zu Gärten gestaltet und ihnen Liegestühle aufstellt, so tut er es, weil er weiß, daß nur die Verkäuferin Umsätze erzielen wird, die sich im Hause wohl fühlt und ihren Brotgeber nicht mit scheelen Augen ansieht. Früher gab es einmal für die Angestellten bei Verfehlungen, wie Zuspätkommen, ein Bestrafungssystem durch kleine Geldabzüge. Von ihm ist man abgekommen zugunsten eines Belohnungssystems: Wer das Jahr hindurch nicht öfter als eine bestimmte Zahl von Tagen, durch die Großstadt bedingte Möglichkeiten, zu spät kommt, bekommt drei Tage länger Urlaub. Der Erfolg ist ausgezeichnet.

Vor allem die kultivierte Atmosphäre ist es, die Wertheim den Vorsprung vor allen anderen Warenhäusern gesichert hat: Es gibt keine Gesellschaftsschicht Berlins, die nicht bei Wertheim kauft. Die beste Gesellschaft verkehrt in seinem Teeraum in der Bellevuestraße, und der kleinste Käufer macht bei ihm seine lebenswichtigen Einkäufe. Dabei ist diese Erziehung zum schnellen Einkauf vom Massenlager, die Konzentrierung der Ware an einem Ort, bei uns noch immer mit großen Schwierigkeiten verbunden, die Amerika nicht kennt. Ein Beispiel: Ein amerikanisches Warenhaus bringt ein Kleidchen heraus, das besonders gelungen ist; in einer Massenauflage von 10 000 Stück angefertigt, kann der Preis auf ein Minimum reduziert werden. Sofort rennt alles, um ja dieses selbe Kleid zu besitzen, die Dame und das Laufmädchen, wer es überhaupt erschwingen kann. Stellt der deutsche Kaufmann ein ebensolches Kleid her, so wird er es nicht in Stapeln auflegen können. Sobald das Kleid ein paarmal auf der Straße gesehen wird, ist es unverkäuflich. Man ist nicht stolz, an einer günstigen Kalkulation zu partizipieren, sondern schämt sich, billig gekauft zu haben.

Das sind die Widerstände, die noch zu überwinden sind. Sie liegen in der Mentalität des Käufers, der gerade beim Einkauf noch nicht die eigentliche Idee des Warenhauses erfaßt hat, Zeitersparnis und Nervenersparnis für den Käufer. Er sieht im Warenhaus immer noch das Geschäft, in dem man billiger kauft, nicht aber den Konzentrationspunkt einer Zeit, die den ganzen Lebensbetrieb in ihrem großen Triebwerk eingliedert und ihn von einer persönlichen Wichtigtuerei des einzelnen befreit. So sind auch Warenhäuser nicht mehr Geschäfte einzelner Kaufleute, sondern öffentliche Institutionen geworden, das Wirtschaftsleben kontrollierend und bestimmend; aus der Gründung des kleinen Kramladens in Rostock ist aus der Zeit und mit der Zeit ein Begriff entstanden, ohne den die Entwicklung des Lebens nicht mehr denkbar wäre.

Q 28/1/9

F. Léger

DAS CAPITOL

Hans Poelzig

Die heut errichteten Kinos pflegen sich meist mit einem verwässerten Barock- oder Rokoko-Mantel zu umhängen, um trotz der ganz modernen Baubestimmung die Tradition irgendwie zur Geltung kommen zu lassen. Fraglos spielen hier falsche Vornehmtuerei, um den Instinkten der Masse zu schmeicheln, Feigheit und Unfähigkeit, an der eigentlichen Formenentwicklung zu arbeiten, eine große Rolle. Denn daß ein modern durchgeführter Kinoraum etwas ganz anderes ist als ein Theater des 18. Jahrhunderts, das ist ohne weiteres klar.

Jeder Bauherr wird ohne weiteres darauf dringen müssen, daß der *Organismus* seines Baus selbst modern gestaltet werde. Hierunter ist zu verstehe: volle Ausnutzung des zur Verfügung stehenden Raumes – im Kampf mit den behördlichen Bestimmungen –, Durchführung dieser Ausnutzung mit möglichst geringen Baumassen, volle Sichtbarkeit des Bildes oder der Bühne von jedem Platz aus, Erreichung einer möglichst guten Akustik in musikalischer oder sprachlicher Hinsicht. Das rein Formale schert den Bauherrn durchschnittlich nur insoweit, als bei einer günstigen Lösung durch Besprechungen in der Presse die Reputation seines Baus erhöht wird. Dieser Punkt ist aber nicht so wichtig, da für Kinos durchaus die Gelegenheit da ist, in ausführlichen Annoncen auch die Schönheit des Theaters hinreichend anzupreisen.

Ein Drang oder eine Nötigung, auch im einzelnen dem Bau einen konsequenten und modernen Ausdruck zu geben, besteht nicht. Im Gegenteil läuft der Bauherr seiner Ansicht nach Gefahr, durch ein zu gewagtes künstlerisches Experiment sein Theater dem Durchschnittspublikum zu verekeln. Hieraus resultieren die Zurückhaltung und das Überwiegen von Kompromißlösungen, die der Moderne geben, was des Organismus ist, und der ornamentalen Tradition, was die dekorative Ausgestaltung angeht.

Vor allem aber ist ein Gebiet da, von dem aus die konsequente moderne Durchbildung einsetzen muß. Das ist die *Beleuchtung.* Die wirkliche Ausnutzung der elektrotechnischen Beleuchtungsmöglichkeiten, direkt oder indirekt, verlangt Räume, die diese Beleuchtungsart zur vollen Wirkung kommen lassen, und deren Form sich den Beleuchtungsmöglichkeiten anpaßt. Der Architekt wird also Raumformen ersinnen müssen, die die Ausnutzung moderner Technik nicht nur ermöglichen, sondern aus ihren Möglichkeiten heraus sich aufbauen. Und da unsere Kinos auf Tageslicht so gut wie verzichten, und keine Form ohne Licht zur Erscheinung kommen kann, muß das künstliche Licht als *raumschaffend* in die architektonische Rechnung eingesetzt werden.

Ein weiterer Faktor und wahrlich ebenso wichtig ist die Rücksicht auf gute *Akustik.* Während die Lichtwirkung aber annähernd errechnet werden kann, tappen wir in der akustischen Frage noch stark im Dunkeln. Experimentelle Versuche bringen allmählich auch hier einige Klärung, aber die Akustiker bestreiten sich vorläufig gegenseitig die Richtigkeit ihrer rechnerischen Methoden. Trotzdem sind aber doch schon einige Grundlinien da, die zum Beispiel für die Wirkung der Musik die knappste und darum die organischste Form mit einiger Sicherheit konstruieren lassen. Die modernen Beleuchtungsmöglichkeiten, die Entwicklung der akustischen Grundlagen können allmählich Raumformen entstehen lassen, die in dieser Konsequenz noch nie da waren, und die doch ganz und gar logisch aus modernen technischen Erwägungen und Berechnungen heraus entstehen und hieraus, in der Gesamtform und in den Einzelheiten, als neue Form geboren werden können.

Q 26/10/750

BERLIN UND DIE INTERNATIONALE BAUKUNST

ZUR BERLINER BAU-AUSSTELLUNG

Werner Hegemann

Die neckische Verleumdung, Architektur sei »gefrorene Musik«, stammt wahrscheinlich von der betrübten Frau eines Architekten, die sich über den Beruf ihres fleißigen Gemahls ärgerte, nachdem sie sich vorher an zu viel Gefrorenem den Magen verdorben hatte. Ihre »gefrorene Musik« macht noch nachträglich Leibschmerzen. Viele Berliner Bauten erinnern allerdings an die kunstreichen Formen, in denen geschickte Konditoreien ihr Gefrorenes auf die Festtafel schicken. Ähnlich erinnern die Schöpfungen des Barock (wie der Dresdener Zwinger) an schwelgerische Geburtstagstorten mit Zuckerguß; und die Prunkstücke der frommen Gotik gleichen phantastischen Baumkuchen. Aber das in Berlin marktgängige Ideal der Baukunst strebt heute, wie vor 120 Jahren, wieder nach viel einfacheren und glatteren Formen, als sie in den Zuckerbäckereien noch beliebt sind. Baustile wechseln wie die Kleidermoden. Sie werden heute zum Teil sogar schon in der Hauptstadt kreiert – Berlin entwickelt sich! –, während man sie früher fast immer aus Frankreich, Wien oder München importierte. Friedrich der Große importierte sie aus aller Welt, Italien, Frankreich, England, China und namentlich aus Dresden und Wien. Nur zur Schinkel-Zeit war Berlin selbst einmal etwas wie architektonische Führerin.

Heute denkt man in Berlin ernsthaft daran, endlich von dem Reichstagsgebäude und vom Dom alles »Gefrorene« und alle Zuckerbäcker-Garnituren abzuklopfen. So will man diese beiden bezeichnenden Bauten am westlichen (!) und am östlichen (!) Ende von Unter den Linden wieder für den Tagesgebrauch verwendbar machen. Konservative und liberale Politiker, gemeinsam und gegeneinander, versprechen sich viel oder alles von dieser zeitgemäßen Verwandlung. Diese Weitsichtigen wissen: Sind erst einmal Reichstag oder Dom wieder für den Tagesgebrauch verwendbar, dann werden auch Parlamentarismus und Religion wieder modern, und Diktaturdrohung sowie Gottlosengefahr sind wieder einmal überwunden. Der Einfluß der Baukunst als der Mutter der bildenden und der brotlosen Künste kann nie überschätzt werden. Es gibt aber in Berlin auch gewissenhafte Künstler, die nicht gewillt sind, ihre künstlerischen Überzeugungen jährlich mit der Mode zu wechseln. Nicht nur Unmoderne halten an dem alten Glauben fest, daß die Architekturformen sich zwangsläufig aus dem Material und der Konstruktion entwickeln sollten. Man nennt das noch immer »neue Sachlichkeit«.

Die neuen Vorkämpfer dieser uralten und immer neuen, echten Sachlichkeit, wie z. B. die Brüder *Luckhardt,* verurteilen sogar das Abklopfen der Verzierungen und Zuckerbäcker-Garnituren, das heute an so vielen Gebäuden Berlins verübt wird. Diesen alten Steinbauten wird dadurch fälschlich der Anschein gegeben, als seien sie moderne Stahl- oder Betonbauten. Da aber den alten Steinbauten doch immer ihre alte Schwere anhaftet, können sie niemals die schwebende leichte Eleganz gewinnen, mit denen die modernen Stahl- und Betonbauten das Herz moderner Menschen entzücken. Andererseits können Stahlgerüstbauten die angeborene Leichtigkeit selbst dann nie ganz verlieren, wenn sie auf das Widernatürlichste mit Steinquadern bekleidet und als alte Steinbauten frisiert werden. Die wuchtige Schwere der alten Steinbauten wurde für viele Betrachter nur durch die plastische Gestaltung dieser Steinklötze erträglich gemacht. Die unendlichen Massen von Bildhauerwerk, welche die Gotik, das deutsche Rokoko und der Berliner Wilhelmismus über die Wände und die Dächer ihrer Bauten verstreuten, waren gottgewollte Notwendigkeiten. Keine frevle Menschenhand dürfte sich daran vergreifen. So meinen wenigstens die treuesten Anhänger der modernen Baukunst. Sie fürchten für die Entwicklung der neuen Beton- und Stahlgerüst-Architektur; sie wird darunter leiden, daß die Menschen sich bald über die öden Kästen zu langweilen anfangen, die allzu leicht entstehen, wenn schwere Steinbauten als leichte Stahl- und Betonbauten frisiert werden, was doch nie ganz gelingt.

Bei einem Bau, der aus Stein errichtet wird, müssen die Pfeiler wenigstens vierzig Zentimeter dick sein, sonst fällt der Steinhaufen in sich zusammen. Ein moderner Stahlgerüst-Bau dagegen braucht nur zwölf Zentimeter dicke Pfeiler. Er federt besser als eine Sprungfedermatratze oder ein Tennis-Racket. Seine Wände brauchen keine Lasten zu tragen; sie sind nichts als leichter und doch wirksamster Schutz gegen Nässe, Kälte und Lärm. Das Stahlskelett wird vom Wärmetechniker eingekleidet wie einst die alten Fachwerkbauten aus Holz ausgefacht worden sind. Aber zu diesem Ausfachen hat der moderne Architekt viel wirksameres Material als Backstein.

Auch für die äußere Bekleidung des Baues gibt es heute viel dauerhaftere und reinlichere Stoffe als Putz oder Backstein. Der sonst so moderne Erich *Mendelsohn* liebt für die äußere Einkleidung seiner Bauten noch die altmodischen Travertin-Platten, die käseartig Löcher haben und damit Staub und Nässe aufsammeln können. Aber das Telschow-Gebäude am Potsdamer Platz (das die Architekten Luckhardt kürzlich gebaut haben und das bei der bevorstehenden Neugestaltung des Platzes wieder abgerissen werden muß), ist schon mit matten Opalglas-Platten bekleidet, deren Glätte jeder tüchtige Gewitterregen sauber wäscht.

Die Brüder *Luckhardt* sind die Verfasser des überzeugenden und unübertrefflich illustrierten Buches »Zur neuen Wohnform«. Bei ihren eleganten neuen Wohnhäusern in Dahlem und an der Heerstraße arbeiteten die Luckhardts mit Fensterumrahmungen und Sockelbekleidungen aus Emaille, mit riesigen, leicht verschiebbaren Spiegelglasscheiben, mit den lichtesten Farben und mit enkaustischen Wandbehandlungen, die schon das Entzücken der Pompejaner gewesen sind. Wenn unsere Technik diese neuen Methoden bei uns durchzusetzen und wirtschaftlich zu machen vermag, werden sich die südlichen Träume unserer Romantiker endlich in unserem grauen Norden verwirklichen lassen. Der verbesserte Städtebau wird vielen das Einzelwohnhaus mit Garten erschwinglich machen. Haus und Garten werden ineinander verschmelzen. Die schmuddelige Erscheinung unserer grauen Städte wird verdrängt werden durch die neuen selbstabwaschenden, farbigleuchtenden Wände der modernen Baukunst.

Man hat der neuen Berliner Baukunst einen Vorwurf daraus machen wollen, daß sie nicht nur nicht bodenständig und nicht ausschließlich in Berlin gewachsen, sondern eine unpatriotische internationale Angelegenheit sei. Derselbe Einwand trifft bei uns jede große Epoche der Baukunst. Die deutscheste Bau-Epoche ist wahrscheinlich die Zeit der sogenannten romanischen Baukunst gewesen. Aber von dieser Kunst gibt es in Berlin keine überzeugenden Beispiele. Selbst das Romanische Café hat nur zur Hälfte echt wilhelminisch-deutschen, zur anderen Hälfte aber wie seine Gäste internationalen Charakter. Auch die Gotik war international. Wir bekamen sie aus Frankreich und vielleicht ein wenig aus Persien. Deswegen nennt man sie gern urdeutsch. Unsere Baukunst der folgenden Jahrhunderte war erst recht eine internationale Angelegenheit. Auch Schinkels Vorliebe für das flache Dach stammt aus südlichen Ländern. Gegen die heute in Berlin moderne Baukunst wird also eingewendet, daß sie eigentlich in Wien von Otto Wagner, in Holland von van der Velde und in Paris von Perret und Le Corbusier erfunden worden sei. Aber das sind kurzsichtige Einwände. Es handelt sich bei der modernen Baukunst tatsächlich um ein internationales Konzert – wenn auch ohne Musik –, bei dem die Reichsdeutschen schon lange erste Violinen spielen und bei dem auch die Berliner sich ihrer Mitwirkung nicht zu schämen brauchen. Für viele Ausländer, namentlich in England, Skandinavien und Amerika, ist die Vorstellung vom neuen Baustil heute sehr viel mehr mit Deutschland als zum Beispiel mit Frankreich verbunden. Die berüchtigte Kunstgewerbe- und Architektur-Ausstellung in Paris 1925 hat beinahe ebenso betrübliche Leistungen der Baukunst gezeitigt, wie die Pariser Welt-Ausstellung 1900.

In diesen Tagen öffnet die Berliner Bau-Ausstellung ihre Tore. Obgleich sie ausdrücklich der »kommenden Baukunst« gewidmet ist und einen besonders wichtigen Schritt auf dem Wege der neuen internationalen Baukunst darstellt, darf sie sich getrost »Deutsche Bau-Ausstellung« nennen. So sehr ist der Stil der kommenden Baukunst auch schon ein deutscher Stil geworden. Wer die Kämpfe zwischen den deutschen Architekten heute aufmerksam verfolgt, muß erkennen, daß sogar den Konservativeren und den Radikalsten unter ihnen ein gemeinsames neues Ziel vorschwebt. Selbst der Schützling des thüringischen Exministers Frick, der konservative *Schultze-Naumburg,* hat früher Wesentliches zur modernen Reinigung unserer Bauformen und unserer Städtebaukunst beigetragen, ganz zu schweigen von so feinen, aber vorsichtigen Künstlern wie *Messel* oder *Sonatz* oder *Schmitthenner.* Wenn nach kühnen Neuerern gefragt wird, so arbeiten heute viele der Führer der neuen Bewegung dauernd in Berlin; außer der starken jüngeren Gruppe, von denen Luckhardt und Erich Mendelsohn schon genannt wurden, auch Sechzigjährige wie Peter *Behrens,* der zusammen mit Stadtbaurat *Wagner* dem Alexanderplatz seine erstaunliche neue Gestaltung gibt, und Hans *Poelzig,* der das neue Funkhaus gebaut hat und zusammen mit Wagner für die neuen Ausstellungsbauten verantwortlich ist.

Architektur ist keine Musik, weder gefrorene noch geschmolzene. Erst recht aber ist moderne Architektur keine moderne *atonale* Musik. Goethe nannte »die Architektur eine verstummte Tonkunst«. Heute sieht es so aus, als ob die Tonkunst innerhalb der überkommenen Tonleitern alles Erdenkliche und Ausdrückliche erschöpft hat. Sie muß verstummen oder zu neuen Tonleitern und Harmoniegesetzen greifen. Der Architektur dagegen stehen auch innerhalb der überkommenen Baugesetze noch unabsehbare Möglichkeiten offen. Der Eisenbau ist kaum hundert Jahre alt. Der Betonbau ist noch viel jünger. Ihre Möglichkeiten sind noch nicht annähernd ausgeschöpft. Ebenso ist es im Städtebau. Namentlich in Berlin fängt man eben erst zu begreifen an, was die neuen Verkehrsmittel für den kommenden Städtebau bedeuten können. Man fängt zu begreifen an, wie wirksam und wie schön moderne Verkehrsmittel sein können. Allerdings darf man nicht so blöde sein, sie in unerschwinglich teuren Kellerbauten als sogenannte Untergrundbahnen verstecken und damit die Stadt bankerott machen zu wollen, sondern muß sie als leicht beschwingte Hochbahnen oder noch billiger und wirksamer als Schwebebahnen über das Gedränge des Straßenverkehrs hinwegführen. Dann können endlich unabsehbare Außengebiete der Großstadt erschlossen und billiges Bau- und Gartenland jedem zugänglich gemacht werden. Kasernierung wird endlich unmodern.

Eine der wichtigsten Abteilungen der »Deutschen Bau-Ausstellung«, die von Mai bis August Hunderttausende in die Nähe des Funkturms locken wird, ist ihre erste Abteilung, die »Internationale Ausstellung für Städtebau und Wohnungswesen«. Sie ist seit dem Jahre 1910 die erste große Städtebau-Ausstellung in Berlin. Sie wird Unzähligen die Augen darüber öffnen, daß das Berliner Mietskasernensystem überholt ist. Die moderne Dezentralisation im Städtebau verlangt nur sehr beschränkte City- und Hochhausviertel, nur beschränkte Hotel- und Appartment-Hausbezirke. Die modernen Verkehrsmittel und vor allem die wirtschaftlich notwendige Abwanderung der Industrie ermöglichen Auflockerung unserer Städte und für Hunderttausende das Wohnen in den eleganten Flachbauten, die allen Komfort der Großstadt mit den Freuden des Landlebens vereinigen.

Q 31/5/301

HERMANN NOACK · BILDGIESSEREI

BERLIN-FRIEDENAU, FEHLERSTRASSE 8 / RHEINGAU 133 / GEGRÜNDET 1897

+

KUNST- UND KUNSTGEWERBLICHE METALLARBEITEN JEDER ART FÜR BAU UND INNEN-EINRICHTUNG NACH ZEICHNUNG UND MODELL

+

AUSFÜHRENDE WERKSTATT DER BEDEUTENDSTEN ARCHITEKTEN UND BILDHAUER

PASSANTEN-GESPRÄCHE

Berlin, Kurfürstendamm

… Ha kész lesz a kèp küldjön …
… kein Wort mehr von Erotik, Wolfgang. Wir …
… im Sommer wollen die Leihämter keine Smokings nehmen …
… fabelhaftes Anzugsvermögen, macht 130, eben überholt, Type 28, gefedert wie das Bett der Pompadour … Sehen Sie sich morgen den Wagen an … eine dicke Mezie!
… Alte Kleider zu verkaufen?
… wenn ick mir amüsieren will, loof ick uffn Wedding!
… man müßte die Schose anders aufziehen …
… habn wir Mostrich zu Hause, Hanne?
… ich hätte mich weniger verändert als sie …
… Jessas, wenn i an Wean zrückdenk – – na, da geht mir a die Gall raus!
… Scheiße!
… die Fritzi aus dem Eldorado hat sich 'n Opel gekauft …
… mir platzt der Wechsel!
… wolln mal mitm Zwanzijer Bus fahren, vielleicht …
… er sei ihr verfallen und dürfte nicht …
… vorher eine Flasche Kognak kaufen. Zigaretten hab' ich im Nachtkästchen …
… eine Drecksau, mein Wort …
… Boze drogi, pan tysz jestes w Berlinie
… diese Schönheitskönigin aus dem Lunapark …
… ein wenig auflockern …
… fahr ich also mit dem Hilfsoperateur nach Werder hinaus. Und eine Rolle …
… vielleicht eine Zigarette ohne Mundstück? Nee?
… das ist ein subjektiver Begriff …
… Madame, Sie verlieren die Hosen! – Komm, laufen wir, jetzt hat sie 's gehört!
… einen Körper, sag ich dir …
… wenn Sie sich so für meine Gespräche interessieren, dann kleb ich Ihnen eene, daß Ihnen sämtliche Jesichtszüje entgleisen … vastanden?

Q 29/7/499

George Grosz

THE CHARM OF BERLIN

Harold Nicolson

My bedroom at Berlin looks out upon the elevated railway. It looks at it diagonally, across and aslant a triangle of loosesoiled garden. The garden contains a green bench, a long rectangle of red carpet which has hung for eight months upon a cord, a golden ball of glass on a green pole, and a large china statue of a bull-dog. The bull-dog turns his tail upon the trains as they rattle or thunder above him, but the glass ball reflects them very quickly. I have seldom seen any motion so quick and so continuous as the flashing reflection of the trains that skim around the golden ball. When I tie my tie in the morning, I stand by the window and look at the trains. The local electric trains jingle past me, like virgins going to school, like kingfishers or canaries darting across the shadow of a pool. For my garden is a pool. The great European trains flap up from the main stations like storks or herons, lumbering along so slow at starting, the black vans that terminate their scarlet Mitropa bodies, trailing cumbersomely backwards as if the black legs of a heron or a stork. For they are off to the smell of leather which greets one at Eydkühnen, or to the smell which greets one at Bentheim of a proximate and salted sea. At night, when I tie my white tie for the evening (a symbol of bondage) the gold ball and the bull dog are no longer visible. There are no intermediaries between me and the Reichsbahn. The electric trains soar upwards as they pass me, they are chariots of gold, they are the rockets which carry people, who have been to tea at Rummelsburg, back to supper at Charlottenburg, they are the comets on which the intellectuals of Wilmersdorf are borne enchanted to the no less cultured homes at Weißensee. I look up at them, and see a blur of light, the mist upon the windows, a man leaning outwards against the pane. They look down at me and see an English diplomatist (stout and amiable) tying his white tie. They think, if they have time to think »That man is a foreigner and as we passed him he was tying a white tie«. They think, if they have time to think, »What is it that prevents us Germans from being able to tie a white tie?« But I, for my part, who am by then putting on my waistcoat, I think only, –»What on earth is it which gives this town its charm?«

Movement in the first place. There is no city in the world so restless as Berlin. Everything moves. The traffic lights change restlessly from red to gold and then to green. The lighted advertisements flash with the pathetic iteration of coastal lighthouses. The trams swing and jingle. The jaguar in the Zoo paces feverishly all night: the Planetarium when closed flings revolving planets upon its ceiling: the directors of the museums pace their corridors alone at midnight. They are showing the Luca Signorelli by the light of an electric torch; they are explaining to a photographer from Holland the importance of the Turkestan frescos: they are merely unable to sleep. In the Tiergarten the little lamps flicker among the little trees, and the grass is starred with the fire-flies of a thousand cigarettes. Trains dash through the entrails of the city and thread their way among the tiaras with which it is crowned. The jaguar at the Zoo, who had thought it was really time to go to bed, rises again and paces in its cell. For in the night-air, which makes even the spires of the Gedächtniskirche flicker with excitement, there is a throbbing sense of expectancy. Everybody knows that everynight Berlin wakes to a new adventure. Everybody feels that it would be a pity to go to bed before the expected, or the unexpected, happens. Everybody knows that next morning, whatever happens, they will feel reborn.

This physical and luminous movement finds its parallel in the dynamics of the brain. At 3.0 a. m. the people of Berlin will light another cigar and embark afresh and refreshed upon discussions regarding Proust, or Rilke, or the new penal code, or whether human shyness comes from Narcissism, or whether it would be a wise or a foolish thing to turn the Pariser Platz into a Stadium. The eyes that in London or in Paris would already have drooped in sleep, are busy in Berlin, inquisitive, acquisitive, searching, even at 4.0 a. m., for some new experience or idea. The mouths that in Paris or London would next morning be parched for bromoseltzer, in Berlin are already munching sandwiches on their way to the Bank.

Second to movement, comes frankness. London is an old lady in black lace and diamonds who guards her secrets with dignity and to whom one would not tell those secrets of which one was ashamed. Paris is a woman in the prime of life to whom one would only tell those secrets which one desires to be repeated. But Berlin is a girl in a pullover, not much powder on her face, Hölderlin in her pocket, thighs like those of Atalanta, an undigested education, a heart which is almost too ready to sympathise, and a breadth of view which charms ones repressions from their poison, and shames ones correctitude. One walks with her among the lights and in the shadows. And after an hour or so one is hand in hand.

Movement and frankness. The maximum irritant for the nerves corrected by the maximum sedative. Berlin stimulates like arsenic, and then when one's nerves are all ajingle she comes with her hot milk of human kindness; and in the end, for an hour and a half, one is able, gratefully, to go to sleep.

Q 29/5/345

GRUSS AN DAS ZWÖLFHUNDERTSTE HOTELZIMMER

Klaus Mann

Zwölfhundertstes Hotelzimmer – sei mir gegrüßt!
Sei mir gegrüßt, mit mäßig gutem Bett, Spiegelschrank, Kommode, wackeligem Schreibtisch;
Mit rosa Nachttischlampe, abgeschabtem Teppich, Wasserkaraffe, Briefpapier, Kofferständer.
Sei gegrüßt, Heimat seit einer halben Stunde, Heimat für zwei, drei oder vierzehn Tage –:
Wirst du mir freundlich gesinnt sein?
Werde ich bei dir ausruhen dürfen?
Oder gibt es gleich Ärger, weil der Kellner mich neun geschlagene Minuten warten läßt, seit ich nach meinem Frühstück geklingelt habe? Neun bittere Minuten, die ich, zornig summend, zwischen Bett und Waschtisch spazierengehe;
Neun verfluchte Minuten, zwischen Aufstehen und Café complet, die nicht mehr zur Nacht, noch nicht zum Tage gehören;
Was kann ein Tag bringen, der so beginnt?
Schlechte Heimat! Schon ist das Vertrauen dahin, das ich dir zunächst entgegenbrachte. –

Kiril Arnstam

Werde ich nach Kleiderhölzern, Tinte, Aschenbecher, Papierkorb erst verlangen müssen, oder ist alles zur Stelle?
(Was für eine Heimat wäre denn das, ohne Tinte und ohne Papierkorb!)
Versuchest du ihn zu bluffen oder zu verblüffen, deinen Gast, deinen Schutzbefohlenen –
Oder trachtest du vielmehr danach, sachlich für ihn zu sorgen?
(Bluff scheint mir, wenn ich drei Glocken übereinander angebracht finde, für Kellner, Hausburschen, Zimmermädchen – noch dazu mit neckisch erläuternden Bildern, komisch flatterndem Frack des Kellners, Zimmermädchen, sich niedlich machend mit Besen:
Es ist aber gleichgültig, auf welche Klingel man drückt, immer erscheint der Angestellte, der gerade nichts andres zu tun hat.)
Wie ist der Nachtportier?

Gestattet er mir, meinen Besuch mit aufs Zimmer zu nehmen, schaut höflich beiseite, wenn ich, mit gemachter Selbstverständlichkeit, vorbeischlendere an seiner Loge?

Oder spielt er den Strengen – »bitte sich ins Schreibzimmer zu bemühen, gibt es noch was zu besprechen.«

Wie verhält sich das Bett?

Ist die Steppdecke ganz appetitlich, garantiert frisch bezogen –

Oder ein wenig klebrig, nicht kühl genug, von verdächtiger Weichheit?

Oberkellner, schwatzest du mir zuviel, Trinkgeldlüsterner?

Oder erklärst du mir gar, daß nach zehn Uhr morgens kein Frühstück erhältlich?

(Bin ich in einem Gefängnis?)

O Heimat von drei, vier Tagen, sechs Wochen, zweieinhalb Monaten – wieviel Enttäuschungen hast du mir schon bereitet!

Wie hart und peinlich hast du sie schon bestraft, meine Unruhe, Unrast, meinen Ehrgeiz und mein Abwechslungsbedürfnis.

Und es mich als Beschämung empfinden lassen, daß ich immer wieder zu dir zurückkehren mußte. –

Aber freilich, wieviel Gutes hast du mir schon gewährt, wieviel Rührendes, Sanftes, Aufmerksames. Laßt mich euch danken, meine zwölfhundert kleinen Heimatländer!

Ich schaue durch euch hindurch,

Ihr reiht euch, eins hinters andere, in unendlicher Perspektive –

Wie wenn man zwei Spiegel sich spiegeln läßt ineinander.

(Badezimmer wie Grotten der Operndekoration).

Nein, nicht wie zwei Spiegel.

So ähnlich ihr euch nun scheint, so verschieden wart ihr euch doch.

Ich sehe mich durch euch hindurchgehen, Kilometer um Kilometer.

Kleiner Punkt, winzige Figur, die hartnäckig wandert, ganz allmählich herankommt;

Dort länger verweilend, dort nur sehr flüchtig;

Plaudernd mit Zimmermädchen, mit Kellnern, Portiers,

Im Hotelzimmer lesend, schreibend, Freiübungen machend;

Viel allein, manchmal mit Besuch Tee trinkend am Tischchen (schlechtes Gebäck).

Einsame Nacht, da man über den Rand des Buches in eine Öde starrt, die den kleinen Raum ins Unendliche weitet.

Liebesnacht im Hotelzimmer – oh, welcher Töne bedürfte ich, um deine Reize zu schildern, die, bitterer, zärtlicher, unverbindlicher, als Liebesnächte in anderen Zimmern sie kennen, den Geschmack des Endes in jeder Umarmung hatten.

(Und draußen Meer und eine mondbeschienene Promenade; oder die große Stadt; oder das schwarze Gebirg.)

Q 31/8/552

George Grosz

»PROVINZ« UND BERLIN

Hannes Küpper

Die Wortbegriffe *Provinz, provinziell, Provinzler* werden geprägt und haben ihre Gültigkeit in Berlin nebst Vororten.

Die Provinz fängt geographisch ohne Übergang sofort an der Peripherie von Groß-Berlin an. Wenn man 20 km von Berlin wohnhaft ist, so lebt man ebenso in der tiefsten Provinz wie 800 km davon entfernt.

Das Wort *Provinz* in seiner Berliner Anwendung drückt etwas Zweitrangiges, Minderwertiges aus, ungefähr so, wie das Wort *Berlin* in der Provinz seine Geltung hat.

Berlin bedeutet in der Provinz Benzinluft, Morphium, Überfall, Begaunern, Asphaltkultur, Sittenlos, Die Natur ist Kitsch, Nur Oberfläche, Hysterie.

Provinz bedeutet für Berlin Mottenpulverluft, Maiglöckchen, Flanellunterröcke, Cäsar Flaischlen, Bildungsphilister, Brett vor dem Kopf, Im Gehen schlafen, Wenig arbeiten, Schwerfällig wie ein Nilpferd sein.

Diese Art der Anschauung von Berlin und der Provinz, so oft man sie auch hören und lesen mag, ist ohne Kraft und Wirkung, weil sie nicht die elementare Gegensätzlichkeit aufzeigt; es ist die Konversation, der Unterhaltungsstoff für den Biertisch, das Damenkränzchen, den Golfklub und den Bridgetee. Der objektive Beobachter findet das, was man gemeinhin als Provinz bezeichnet, ebenso in Berlin, wie er auch das Berlinische in der Provinz findet. Das Getuschel und Getratsch in Münster, das entsteht, wenn Lieschen Neumeier nach vierteljähriger Ehe glückliche Mutter eines prächtigen Kindes wird, ist unerträglich, provinziell; wenn die Tochter Traude des Berliner Geheimrats Krüger sich in derselben Lage befindet wie unser Lieschen Neumeier, so entsteht zwar keine Bettschnüffelei; aber die Neugier wird befriedigt im Broschürenformat gewisser Abendgazetten, die einen dahingehend informieren, daß der Honigmond schon vor der Ehe stattgefunden hat, was ebenso provinziell ist.

Von dieser Ebene aus betrachtet ist Berlin des Deutschen Reiches Hauptprovinzstadt.

Was nun die Gegensätzlichkeit *Berlin* und *Provinz* betrifft, so hat sie ihre mannigfachen Ursachen. Die Ideen, die Allgemeingültigkeit haben, übertragbar sind, werden nicht aufgenommen; man erlebt fast immer, daß die Provinz das, was typisch berlinische Gesetzmäßigkeit hat, übernimmt und die Irrtümer, die naturgemäß daraus entstehen, nicht erkennen will. Es ist dieselbe Verwirrung und Enttäuschung, die entstand, als vor einiger Zeit Deutschland sich anschickte, alles Amerikanische zu übernehmen, ohne Berücksichtigung und Erkennung dessen, was ureigen amerikanisch ist. Der amerikanische Finanzmagnat, der einmal sagte: »Amerikanisches Geld können wir euch geben; dieses Geld verdeutschen müßt ihr selbst!« hat damit den Richtspruch über die amerikanische Invasion in Deutschland ausgesprochen.

Berlin leidet an der Unterschätzung der Provinz und fühlt sich in der Rolle des Exporteurs; aber es führt die Rolle ungefähr so aus, wie wenn beispielshalber ein Pelzhändler die absurde Idee hätte, seine Pelzwaren am Äquator abzusetzen. Der Berliner beschränkt sein Studium der Provinz darauf, daß er den Provinzler studiert, wenn er sich in Berlin aufhält, der sich dann ganz anders zeigt. Er gewinnt dann hierbei einen vollkommen falschen Begriff. Dadurch, daß das fremde Milieu den Provinzler in Berlin einengt, schüchtern und einsilbig macht, wird der Berliner zu seiner berüchtigten Redseligkeit verleitet. Er führt ein Zwiegespräch mit sich selbst. Aber unser Provinzler macht sich seinen Vers darauf. Er, der Sinn und Gefühl und Schulung am Detail hat, erkennt gar bald, wo die Schwäche des andern liegt. Wenn der Provinzler nach einiger Zeit die Summe zieht, die sich zusammensetzt aus dem Berliner Tempo, den unzählbaren Telefongesprächen, die geführt werden über eine unwichtige Sache, den vielen Sitzungen, die abgehalten werden und doch nur aufhalten, dem Instanzenweg, bis eine Sache realisiert wird, dem Gemanage und all den Verabredungen, und vor allem, wenn er staunend sieht, daß eine These nicht aus den praktischen Ergebnissen stabiliert, sondern theoretisch aufgestellt und behauptet wird – dann ist er über das Resultat baß verwundert; denn er sagt sich: Solche geringfügigen Resultate sind auch ohne solchen Aufwand zu zeitigen.

Hier liegt die Stärke des Mannes aus der Provinz und was ihn ermuntert, in Berlin Fuß zu fassen. Es ist auch ein Naturgesetz, daß Berlin in bestimmten Intervallen durch provinzielle Invasionen erneuert wird. Die schlesische Invasion, die vor fünfzig Jahren nach Berlin einsetzte und zur Zeit am besten überprüfbar ist, gibt der exakten wissenschaftlichen Behauptung recht, daß der berlinische Bevölkerungstypus das historische Produkt einer Blutmischung ist, nicht allein aus allen deutschen Stämmen, sondern daß Scharen von Holländern, Franzosen, Schweizern, Böhmen, Slawen den ursprünglichen Kolonialtypus bilden. Berlin hat sich noch nie aus sich selbst erneuert, es ist gleichsam anämisch und bedarf des Auftriebs aus der Provinz.

Es ist bezeichnend, daß das Wort *Provinz* für das Wirtschaftsleben und seine Politik nicht angewandt werden kann. Diese beiden Lebensfaktoren sind in der

Isolierung nicht möglich, und je mehr man über das Problem Berlin und die Provinz nachdenkt, um so mehr erhält die Überzeugung ihr Recht, daß die Gegensätze trotz allem doch sehr an der Oberfläche liegen und sich nur in jener Schicht bemerkbar machen, die man schlechthin als die intellektuelle bezeichnet. Die Wirtschaftskreise sind sich handelseinig und wissen sehr genau, wo die Grenzen der Verständigung aufhören und anfangen. Dem Oberkellner bei Kempinski ist es auch vollkommen gleichgültig, ob der Gast aus der Provinz statt *Kartoffelpuffer* einfach *Reibekuchen* sagt; die Hauptsache ist, daß er etwas bestellt und bezahlt.

Wenn sich nun die Intellektuellen die Gedankenwelt, die Methodik des Wirtschaftslebens zu eigen machen würden, dann würde die Welt um die Begriffe *Provinz, Provinzler, provinziell* zwar ärmer, jedoch ihre Tätigkeit würde endlich einmal wieder eine lebenswichtige Kraft erhalten.

Q 31/5/307

DIE EMMA VON DRÜBEN BEI WAGNERS

Robbin Hood

Die Emma von drüben bei Wagners. Jeder Mann kann jeden Morgen irgend etwas nicht finden, und dann geht es los: »Lotte, wo sind meine gelben Schuhe hingekommen?« »Wo haben Sie denn wieder die Nagelfeile hingeschludert?« Und beim Frühstück: »Die Eier sind wieder hart wie Stein!« Bei gewöhnlichen Menschen ist das ganz unwichtig, wenn auch die sprichwörtlich bekannte verekelte Morgenstunde Einfluß auf Stimmung und Produktion des ganzen Tages hat. Und was bedeutet schon *unsere* Stimmung, *unsere* Produktion? Wenn man aber bedenkt, daß auch große Künstler, wie Liszt und Wagner, unter den Tücken ihrer dienstbaren Jungfrauen gelitten haben, muß man mit Ehrfurcht die Wahrscheinlichkeit in Betracht ziehen, daß viele erhabene Kunstwerke vielleicht ganz anders ausgefallen wären, wenn die an dem Tag der Konzeption in Frage kommende Lotte, Anna oder Emma nicht gerade ihre Nücken und Tücken gehabt hätte. Daß ein Richard Wagner am Morgen die Tür seines Schlafzimmers aufreißen und in seinem markigen Sächsisch hinausbrüllen mußte: »Emmah, zum Dunnerlitchen, wohin habn Se denn wieder meine Sahfianbanduffeln verkrümelt?«, diese Tatsache zeigt klar den Einfluß der Dienstbotenfrage auf die Kunst.

Die Emma von drüben bei Wagners (eine Entdeckung unseres Freundes Kurt Pinthus) lebt als biedere Witwe und Aufwartefrau in Berlin im Kreise ihrer Kinder. Sie ist noch rüstig und vergnügt und schwelgt in den Gedanken an ihre große Weimarer und Bayreuther Zeit, wo sie Liszt und Wagner zwar nur aushilfsweise, aber doch in allernächste Nähe kam. Beide Heroen waren damals schon betagte Herren, Ende der Sechzig.

»Das will mir nämlich heute kaum einer glauben, daß damals vor 46 Jahren die Cosima auch schon absolut nicht mehr jung war, und daß Herr Wagner und Herr Abbé Liszt fast gleichaltrig waren, aber es ist so. Ich war damals 18, und mit Hartwigens, die in der Hofgärtnerei waren, und mit dem Hofkammerdiener Schanz, dem Vater von der Frieda, von meinen Eltern her befreundet, und so bin ich manchmal zur Aushilfe zur Pauline von Liszt gekommen, weil er immer sehr viel Besuch hatte. Wenn ich auch nur in der Küche und so geholfen habe, so bin ich doch oft in die Zimmer gekommen. Oben im ersten Stock, da war das große Zimmer mit dem Flügel und dem Sofa in der Ecke. Da habe ich doch gelacht, wenn ich dahinter geguckt habe: Denn da standen lauter Schnaps- und Weinflaschen. Herr Liszt hat ja wenig getrunken, aber die vielen anderen, die gekommen sind, haben das Versteck gewußt und haben sich immer hinter dem Sofa etwas vorgelangt. Damals haben wir in Weimar die neunte Symphonie aufgeführt und viel zu tun gehabt wegen der Proben, und der Tag der Aufführung war eine große Sache. Es sind so viel Leute zu uns gekommen, daß wir in der Küche gar keine Ruhe gehabt haben, und der Herr Abbé hat uns ein paar Tage später gesagt, wir hätten mindestens soviel Verdienst an der neunten Symphonie, und daß alles so schön geklappt hat, wie die Musiker, worauf wir sehr stolz waren. Die Cosima ist oft herübergekommen von Bayreuth, und hat sozusagen immer wieder Ordnung schaffen wollen im Haushalt, aber der war sowieso in Ordnung, und deswegen hätte sie nicht von Bayreuth herüberkommen brauchen; es ging alles ganz schön.

Das war eine andere Zeit, der Carl Alexander lebte noch, und wahrscheinlich wäre es lang nicht so schön gewesen, wenn es damals schon wie heute Automobile und Telefons und die ganzen modernen Sachen gegeben hätte. Wenn die Cosima damals ein Auto gehabt hätte, wäre sie womöglich jeden Tag herübergekommen, und wir hätten überhaupt keine Ruhe mehr gehabt. Bülow war damals in Meiningen und ist nur selten herübergekommen. Aber z. B. d'Albert ist damals zum erstenmal hingekommen. Gott, wenn ich daran denke, der war ganz klein, und jetzt ist er schon so oft geschieden. Oft ins Haus gekommen ist auch der gute Ludwig Dingeldey, den ich noch vor ein paar Jahren hier in Berlin gesehen habe. Auf den hat der Herr Abbé große Stücke gehalten, und wie ich vor kurzem gehört habe, daß er so traurig gestorben ist, habe ich daran denken müssen. Herr Dingeldey war oft bei Wagners, und wie bei Wagners einmal verschiedene vom Personal krank waren, hat er mich zur Aushilfe hinüber empfohlen, und Frau Cosima hat mich kommen lassen. Ich habe ja Angst gehabt, denn die Gnädige war als sehr streng verschrien, aber neugierig war ich doch, und so bin ich hinüber gemacht, nach Wahnfried.

Gleich vom ersten Tage an habe ich Sehnsucht gehabt nach der Hofgärtnerei. Der junge Herr war damals elf Jahre und hat sich mit seinen Stiefschwestern gar nicht vertragen. Alles hat sich um ihn gedreht, weil er kränklich und sehr verwöhnt war. Herr Wagner selbst war damals auch nicht mehr gesund und hat immer lange geschlafen. Wenn er aufgestanden ist, hat er dann immer irgend etwas gesucht, und dann hat das ganze Haus auf dem Kopf gestanden. Bei Herrn Liszt war höchstens einmal Krach, wenn die Schnupftabakflecken aus seinem Priestergewand nicht herausgeputzt waren. Aber der Herr Wagner, der zu Hause immer samtene und mit Seide abgesteppte Schlafröcke angehabt hat, von denen er ganze Schränke voll gehabt hat, hatte immer den Vormittag über etwas zu mäkeln. Auch die Samtmützen, die er zu Hause getragen hat, weil er sich zu leicht erkältete, waren ein

Kapitel für sich. Leicht hat es die Frau Cosima nicht mit ihm gehabt, aber letzten Endes hat doch sie das Regiment im Hause geführt und der kleine Siegfried. Ich muß schon sagen, bei meinem Mann hätte ich das nicht riskieren können, trotzdem er auch musikalisch war. Weil Herr Wagner immer sehr unregelmäßig gegessen hat und nie das essen wollte, was gerade da war, mußte die Küche immer auf dem Sprung sein. Aber es hat immer einen Ausweg gegeben, denn Herr Wagner hat leidenschaftlich gern Würstchen gegessen. Ich glaube, es waren Halberstädter, und die waren immer da. Wir haben damals am »Parsifal« gearbeitet, und wenn Herr Wagner komponieren ging, mußte es totenstill im Hause sein, nur der böse kleine Siegfried hat oft keine Rücksicht darauf genommen, die anderen, namentlich die Daniela, haben nicht gemuckst.

Herr Wagner hat schon seit einigen Jahren an Atmungsbeschwerden gelitten. Dann wurde indischer Hanf angezündet, der einen wohlriechenden süßen Dampf verbreitete. Er hatte sich das so angewöhnt, daß er eigentlich nur noch komponieren konnte, wenn der indische Hanf schöne, dicke Wolken machte. Wenn man dann nach dem Komponieren ins Musikzimmer kam, um die Fenster aufzumachen, wurde einem ganz schwummerig davon zumute. Die Frau Cosima war nicht sehr glücklich über den vielen indischen Hanf, sie meinte, zu viel ist schädlich. Aber der Herr Wagner widersprach, es sei nicht nur wegen dem Asthma, sondern er müsse die Wolken ganz einfach zum Komponieren haben.«

Q 26/10/804

Der Bequemlichkeit der werten Gäste wegen neben dem staatlichen Leihhause!

Größte Sehenswürdigkeit / Jeder muß sie kennen

Meyer's Original-Bauernschänke

„Zum groben Gottlieb"

einzig und allein **65 Jägerstraße 65**

Der Bequemlichkeit der werten Gäste wegen neben dem staatlichen Leihhause. Ein richtiges Dorf in Berlin mit Kühen u. Eseln. Einzigartige Ausstattung der 1000 Personen und mehr Platz bietenden Räume. Humoristische Bauernkapelle, wie Gesangsvorträge u. 14 witzige Bauern-Originale als Bedienung, von denen jeder ein Künstler in seiner Art ist, sorgen für Unterhaltung unter Leitung von

Richard von Mayer I.

dem Direktor mit der künstlichen Pfeife aus Menschenfleisch, die man gehört haben muß

Also kommt alle und erfreut Euer Herz und vergeßt die Sorgen der Zeit

WANNSEE

VORWORT ZU OTTO SCHOFFS MAPPE

Hans Siemsen

Wissen Sie, was »verunnoseln« ist? Eine Sache verunnoseln, heißt eine Sache verlieren. Vielmehr, wie wir in der Schule sagten: »Du hast meinen Federhalter verloren gemacht!« »Verloren machen« – das ist »verunnoseln«.

Flechtheim hat das »Vorwort« verloren gemacht, das ich schon im vorigen Sommer für diese Wannsee-Mappe geschrieben habe. Was heißt geschrieben? Gedichtet, Geträumt! Dem Sommer und dem Wannsee abgelauscht! Er hat es verloren gemacht. Er hat es so sorgfältig weggelegt, daß es nun kein Mensch mehr wiederfinden kann. Er hat es verunnoselt.

Ach, du lieber Himmel, und das war gerade so ein hübsches Vorwort geworden! Es hat mir selber gut gefallen – und das ist nur sehr selten der Fall, wenn es sich um Kunstschriftstellerei handelt. Es stand auch gar nichts über Kunst darin. Weder über die Technik noch über die Weltanschauung Otto Schoffs. Kein Wort von »Diskrepanz des Daseins«, »Mentalität« oder »gefühlter Linie«. Ich hatte nicht einmal die Rubrik ausfindig gemacht, unter der wir Schoff in den Kunsthandel bringen könnten. Ex-, Im- oder Depressionismus? Keine Spur! Sogar den Hinweis auf Bonnard hatte ich vornehm unterdrückt. Es war wahrhaftig ein sehr feines Vorwort.

Ich hatte die komischen Namen der Wannseedörfer aufgezählt: Kladow, Sakrow, Nowawes, Neubabelsberg, Glienicke und sogar Caputh. Ich hatte erzählt, wie wir mit einem der kleinen Dampfer nach Potsdam gefahren waren und durch den abendlichen Park nach Sanssouci hinauf und wieder hinunter nach Charlottenhof und zu den römischen Bädern gegangen waren. Es war inzwischen schon fast dunkel geworden. Unter den Kastanien hinter dem kleinen Sommer- und Herbst-Palais lustwandelte eine Dame, die an die Königin Luise erinnerte. Sie hielt ein Buch in der Hand und setzte sich auf eine der Bänke, die aber doch eigentlich auch im Sommer, wenigstens des Abends zu kalt für eine so mousselinehaft angezogene Dame sind: nicht gerade Marmor; aber doch irgendein recht kalter Stein. Wir zogen es jedenfalls vor, in den Einsiedler zu gehen und ein Glas Rotwein zu trinken.

Und dann der reizende Abend in Kladow! Eier, Schinken, Salat und Weißwein. Eine leicht bekümmelte Rucerergesellschaft. Und Lindenblütenduft im Himmel und auf Erden. Unter den Bäumen am Ufer lachende, kichernde, rufende, flüsternde und schweigende Liebespaare, auf- und abgehend oder im Grase sitzend. Lichter, Laternen und Sterne, die sich im Wasser spiegeln. Und Boote, die aneinander klappern, Ruderschläge, Ketten, die klirren. Von weither über das Wasser gewehte Stimmen.

Und das kleine Restaurant im Bade Nikolassee! Alle Jünger Platos, Freunde Platens und Anhänger Friedrichs des Großen waren, huch nein, in lila Bademäntel gehüllt, in diesem vornehmen Sonderbad versammelt, das so ganz anders als die anderen Bäder, aber hübsch, aber nett, aber ulkig war. Und endlich das eigentliche, das Freibad Wannsee!

Es war, weiß Gott, ein inhaltsreiches Vorwort! Flechtheim hat es verloren gemacht.

Und ich soll nun ein neues dichten? Im Winter? Bei zehn Grad Kälte? Während über den Wannsee schwer im Eise knirschende Lastwagen fahren? Nein! Ein Wannseebad mit Ofenheizung, ein im Schlafrock erdichteter Sommertag? Gott soll uns bewahren!

Und was brauchen denn diese Blätter von Schoff überhaupt ein »Vorwort«? Wozu? Was sollte drin stehen? Es steht ja alles in den Blättern selber.

Irrsinnige Figuren sieht man im Freibad Wannsee: verhinderte Sadisten, Platoniker aus Mangel an Geld, freiwillige Brunners und sorgfältig entblößte, so gut wie sorgfältig verhüllte Liebesbereitschaft. Aber die unheimlichste, besessenste Figur war Schoff, der Zeichner dieser Blätter: den steifen Hut im Nacken, die aus Amerika bezogene Pfeife in dem aus Amerika bezogenen Gebiß, mit Spiralbohrer-Augen die richtigen, die einzig in Betracht kommenden Stellen visierend, den Bleistift in der Feldherrnhand, die Zeitung, in deren Text hinein er zu skizzieren pflegt, zerknittert in der, weiß Gott aus welchem Grund, geballten Faust, so stand er wie ein Rocher de bronce gar manchen Tag in dem Gewimmel zweck-, sinn- und ziellos lebender, liebender, nicht gerade immer badender Bewohner der seltsamen Stadt Berlin.

Dicke Schlächtersfrauen, de- und durch die immer gleiche Großstadtliebe ach so uniformierte Mädchen, Nutten, Kinder – aber immerhin Mädchen –, sah und liebte er.

Was hat er gezeichnet? Berliner? Berlinerinnen? Freibad Wannsee? Keine Spur! Er zeichnete die Mädchen, die er liebt. Sah er andere? Nein! Das ist das reizende Geheimnis dieses Malers: Er sieht nur das, was er liebt. Und was er liebt – sind rührend reizend kindlich unschuldig verlangende Mädchen.

»Laufe nicht so in die Nacht, kleines Pflichtfortbildungsschulmädchen mit deinen erhabenen Luftschlössern!« sagt er in einem seiner schönen Liebesgedichte.

»Du bist so ohne Ahnung. Nur lieb sein, das willst auch du, und weißt nicht, wie's gemacht wird.«

Setzt ihn vor eine dreckige – na – sagen wir nicht eben saubere, nicht eben sehr gepflegte, nicht eben reizvolle Nutte aus Berlin NO; er zeichnet (wenn er sitzen bleibt) ein rührend reines, kindlich unschuldig verlangendes Mädchen. Er zeichnet Nymphen, Engel, Grazien.

Alles »nach der Natur« – denn er sieht nichts anderes. Er sieht in jeder Frau, in jeder Hure dies reizende, unschuldige, schöne Mädchen.

Hat er Unrecht? Wer wollte behaupten, daß er Unrecht hat? Ein Schuft oder ein Idiot, der nicht in jedem Weib, in jeder Hure das Mädchen findet. Schoff ist zwar manchmal ein Schuft. Aber nie ein Idiot.

Er sieht ein kleines abgearbeitetes Mädchen aus dem Norden, ihr Badekostüm ist ein wenig durchlöchert, ihre Hände sind ein wenig rot geseift, sie ist eine recht dürftige, ausrangierte, alte Tischdecke gewickelt. Zeichnet er das? I bewahre! Er sieht es gar nicht. Er sieht ein reizendes kleines liebeverlangendes Mädchen, das sich ganz anmutig ein wenig verhüllt. Das sieht er, und das zeichnet er.

Corot versicherte seinen Schülern, man müsse immer nur das malen, was man sähe. Und als ihn einer im Wald von Fontainebleau bei der Arbeit besuchte, auf seinem Bild im Sommerzwielicht des Waldes tanzende, schwebende, badende Nymphen fand und ihn fragte: »Aber, Meister, sehen Sie denn diese Nymphen, die Sie da malen?« fragte Corot zurück: »Ja, sehen Sie die denn nicht?«

Diese Anekdote könnte man auch von Schoff erzählen. Wenn Sie ihn fragen: »Finden Sie denn solche, so hübsche Mädchen im Freibad Wannseer?« wird er Sie erstaunt ansehen, als wollte er sagen: »Ja, finden Sie die denn nicht?«

Q 22/1/47

BERLIN IST KEINE STADT

Heinrich Heine

Es ist heute eine scheene Witterung –«

Hättest du, lieber Leser den Ton gehört, den unübertrefflichen Fistelbaß, womit diese Worte gesprochen wurden, und sahest du gar den Sprecher selbst, das erzprosaische Witwenkassengesicht, die stockscheuen Äuglein, die aufgestülpt pfiffige Forschungsnase: so erkanntest du gleich, diese Blume ist keinem gewöhnlichen Sande entsprossen, und diese Töne sind die Sprache Charlottenburgs, wo man das Berlinische noch besser spricht, als in Berlin selbst.

Ich bin der höflichste Mensch von der Welt und esse gern braune Karpfen und glaube zuweilen an Auferstehung, und ich antworte: »In der Tat, die Witterung ist sehr scheene.«

Als der Sohn der Spree dermaßen geentert, ging er erst recht derb auf mich ein, und ich konnte mich nimmermehr losreißen von seinen Fragen und Selbstbeantwortungen, und absonderlich von seinen Parallelen zwischen Berlin und München, dem neuen Athen.

Ich aber nahm das neue Athen sehr in Schutz, wie ich denn immer den Ort zu loben pflege, wo ich mich eben befinde. Daß solches einmal auf Kosten Berlins geschah, das wirst du mir gern verzeihen, lieber Leser, wenn ich dir unter der Hand gestehe, dergleichen geschieht zumeist aus purer Politik; denn ich weiß, sobald ich anfange, meine guten Berliner zu loben, so hat mein Ruhm bei ihnen ein Ende, und sie zucken die Achseln und flüstern einander zu: »Der Mensch wird sehr seicht, uns sogar lobt er.« Keine Stadt hat nämlich weniger Lokalpatriotismus als Berlin. Tausend miserable Schriftsteller haben Berlin schon in Prosa und Versen gefeiert, und es hat in Berlin kein Hahn danach kräht, und kein Huhn ist ihnen dafür gekocht worden, und man hat sie unter den Linden immer noch für miserable Poeten gehalten, nach wie vor. Dagegen hat man ebensowenig Notiz davon genommen, wenn irgendein Afterpoet etwa in Parabasen auf Berlin losschalt. Wage es aber mal jemand gegen Polkwitz, Innsbruck, Schilda, Posen, Krähwinkel und andere Hauptstädte etwas Anzügliches zu schreiben! Wie würde sich der respektive Patriotismus dort regen! Der Grund davon ist: Berlin ist gar keine Stadt, sondern Berlin gibt bloß den Ort dazu her, wo sich eine Menge Menschen, und zwar darunter viele Menschen von Geist, versammeln, denen der Ort ganz gleichgültig ist; diese bilden das geistige Berlin. Der durchreisende Fremde sieht nur die langgestreckten, uniformen Häuser, die langen breiten Straßen, die nach der Schnur und meistens nach dem Eigenwillen eines einzelnen gebaut sind, und keine Kunde geben von der Denkweise der Menge. Nur Sonntagskinder vermögen etwas von der Privatgesinnung der Einwohner zu erraten, wenn sie die langen Häuserreihen betrachten, die sich, wie die Menschen selbst, voneinander fern zu halten streben, erstarren im gegenseitigen Groll. Nur einmal, in einer Mondnacht, als ich etwas spät von Lutter und Wegener heimkam, sah ich, wie jene harte Stimmung sich in milde Wehmut aufgelöst hatte, wie die Häuser, die einander so feindlich gegenüberstanden, sich gerührt baufällig christlich anblickten, und sich versöhnt in die Arme stürzen wollten; so daß ich armer Mensch, der in der Mitte der Straße ging, zerquetscht zu werden fürchtete. Manche werden diese Furcht lächerlich finden, und auch ich lächelte darüber, als ich, nüchternen Blicks, den anderen Morgen durch eben jene Straße wanderte, und sich die Häuser wieder so prosaisch entgegengähnten. Es sind wahrlich mehrere Flaschen Poesie dazu nötig, wenn man in Berlin etwas anderes sehen will als tote Häuser und Berliner.

Hier ist es schwer, Geister zu sehen. Die Stadt enthält so wenig Altertümlichkeit, und ist so neu; und doch ist dieses Neue so alt, so welk und abgestorben. Denn sie ist größtenteils, wie gesagt, nicht aus der Gesinnung der Masse, sondern einzelner entstanden. Der große Fritz ist wohl unter diesen wenigen der Vorzüglichste, was er vorfand, war nur feste Unterlage, erst von ihm erhielt die Stadt ihren eigentlichen Charakter, und wäre seit seinem Tode nichts mehr daran gebaut worden, so bliebe ein historisches Denkmal von dem Geiste jenes prosaisch wundersamen Helden, der die raffinierte Geschmacklosigkeit und blühende Verstandesfreiheit, das Seicht und Tüchtige seiner Zeit, recht deutsch-tapfer in sich ausgebildet hatte. Postdam z. B. erscheint uns als solches Denkmal, durch seine öden Straßen wandern wir wie durch die hinterlassenen Schriftwerke des Philosophen von Sanssouci, es gehört zu dessen œvres posthumes, und obgleich es jetzt nur steinernes Makulatur ist und des Lächerlichen genug enthält, so betrachten wir es doch mit Interesse, und unterdrücken hie und da eine aufsteigende Lachlust, als fürchteten wir plötzlich einen Schlag auf den Rücken zu bekommen, wie von dem spanischen Röhrchen des alten Fritz. Solche Furcht befällt uns nimmermehr in Berlin, da fühlen wir, daß der alte Fritz und sein spanisches Röhrchen keine Macht mehr üben; denn sonst würde aus den alten, aufgeklärten Fenstern der gesunden Vernunftstadt nicht so manch krankes Obskuratengesicht herausglotzen, und so manch dummes, abergläubisches Gebäude würde sich nicht unter die alten skeptisch philosophischen Häuser eingesiedelt haben. Ich will nicht mißverstanden sein, und bemerke ausdrücklich, ich stichle hier keineswegs auf die neue Werdersche Kirche, jenen gotischen Dom in verjüngtem Maßstabe, der nur aus Ironie zwischen die modernen Gebäude hingestellt ist, um allegorisch zu zeigen, wie läppisch und albern es erscheinen würde, wenn man alte, längst untergegangene Institutionen des Mittelalters wieder neu aufrichten wollte, unter den neuen Bildungen einer neuen Zeit. (Aus der »Reise von München nach Genua«, 1828)

Q 31/9/591

Im Tiergarten

REICHSTAG

Matheo Quinz

Ein deutsches M. D. R. wird existent, wenn es seinen Hut und Mantel in der Garderobe abgegeben hat. Der fraktionsweise von links nach rechts geordnete Kleiderhaken im unteren Vestibül ist in belegtem Zustand das Signal für das ganze Haus, daß der Volksvertreter in Funktion getreten ist; es wird automatisch an alle Zentralen des Hauses weitergegeben. Das Telephonfräulein erfährt es, die Diätenkasse, die Anmeldung für Besucher, die Presse-Tribüne und über sie hinaus das deutsche Volk – eventuell sogar die Welt.

Rudolf Großmann · Der Koch

Trotz seiner Größe kommt im ganzen Hause nicht eine Spur von feierlicher oder wichtiger Stimmung auf. Der repräsentativste Raum, die große Wandelhalle, auch an grellen Sommertagen in schummerigem Halbdunkel dösend, erinnert stark an ein riesenhaftes Hotelvestibül, das ein waghalsiger Spekulant, die Konjunktur überschätzend, übergroß erbaut hat, auf eine Besucherschaft rechnend, die Weltgeltung und Weltgewandtheit hat; statt dessen wird die ganze Wallotpracht von unscheinbaren Kleinstadthonoratioren bevölkert, denen die Dimensionen schreckhaft erscheinen; wie müde Zwerge verschwinden sie in einem Riesenzirkus, der sich um das Denkmal Wilhelm I. dreht. Auch den ältesten Routiniers merkt man an, daß sie sich hier nicht zu Hause fühlen. Die Gruppen, zu denen sie sich zusammenfinden, wirken fremd und zufällig und lösen sich rasch, wenn sie nicht von dem Magnet einer der Klubsesselbatterien an den Wänden wider Willen festgehalten werden. Sie fühlen sich zu sehr von allen Seiten und auf weite Entfernung sichtbar und eilen so schnell sie können dem Hafen einer vor Blicken rettenden Tür oder Portiere zu. Es ist Flucht vor allzu großer Exponiertheit, selten Eile in verantwortungsvoller Geschäftigkeit. Stehen bleibt nur, wer Rückendeckung hat, die aber nur das Denkmal Wilhelms I. gewährt, an dem ständig ein paar Bienenschwärme kleben: Abgeordnete, die Cercle halten vor den bewundernd zugereisten Wählern und peinlich berührt zum Fraktionskollegen hinüberschielen, der im Klubsessel dem wohlverdienten Mittagsschläfchen verfallen ist.

Die Wandelhalle imponiert vielleicht zur Not durch Dimensionen, der Sitzungssaal enttäuscht restlos. Dem großen Publikum ist er seit einigen Jahren bekannter geworden, seitdem er dem Reichskunstwart als Tummelplatz dient, der sich hier bei besonders feierlichen Anlässen übt, die staatlichen Lorbeerbäume und Tuchstreifen aus den Lagern der Republik in immer neuen Variationen zu verteilen. Es wird ihm nie gelingen, die Flächen dieses Saales würdig zu zieren. Sie bleiben nach wie vor schablonenmäßige Eßzimmertäfelungen, gleich denen, die als grausiger Komfort der besseren »Berliner Zimmer« der neunziger Jahre uns noch heute entsetzen. Die heftigsten Temperamentsausbrüche von rechts und links zerschellen hoffnungslos an der Banalität dieser soliden Tischlerarbeit, und auch die erregenden Minuten der »großen Tage« verebben sofort, gebändigt von der Unsachlichkeit des ganzen Raumes. Nur das mechanische »Hört, hört« und »Oho!« unterbricht die Monotonie von Papiergeraschel und Rhabarbergemurmel. Die Fraktionen verlassen sich auf das gute Ohr ihrer Horchposten, die sich um die Rednertribüne gruppieren. Und die meisten Redner haben es längst aufgegeben, für andere als für die Stenographen zu reden. Nur wenn die Primadonnen auftreten, kratzt sich alles etwas auf, aber auch da weiß man ja meist schon, was nun kommen wird, je nach der Qualität des Redners serviert. Präsident und Vizepräsidenten wissen, bei wem sie die Ohren spitzen müssen, um die Donnerstrahlen der Ordnungsrufe rechtzeitig zu schleudern, und auch die kommunistischen Versuche, Leben in die Bude zu bringen, wirken nur noch auf den naiven Neuling; den Insassen des Hauses sind sie zur alltäglichen, kaum mehr störenden Gewohnheit geworden, etwa wie den Anwohnern der Stadtbahn das lärmende Vorüberrasseln der Züge.

Rudolf Großmann · Die Kaffeeköchin

Nur eines wimmelt und bewegt sich ständig in dem Saal der Frettchenbau der Stenographen, unter der Rostra deutscher Auserwählter eingebaut. Alle zehn Minuten huschen zwei dieser unwirklichen Menschen hervor aus diesem Bau, zwei andere huschen hinunter. Mit verglasten Augen kritzeln sie ihr Pensum hin, diktieren, kommen wieder – hin und her. Sie haben keinen Blick für das, was sich im Saale tut, nur Hand und Ohr sind zugespitzt in fieberhafter Spannung. Wie sie sich ablösen, der eine noch die letzten Worte des anderen mitschreibt, dann abzieht, das erinnert an Leben und an Sport, etwa an ein blendend abgelöstes 6-Tage-Rennen. Eine Betriebsamkeit, die keine Sekunde aussetzt! So kritzeln – kritzeln – kritzeln sie jedes Wort und jeden Laut, der hier vom Stapel geht. Sie sind die wichtigsten, bei denen alles Bleibende ruht, das sonst im Nichts des Schalls verflattern würde. Ihre Protokolle sind die Basis des Regierens, dessen Exponenten fünf Stufen erhöht hinter langer Logenbrüstung rechts und links zu ihren Häuptern thronen.

Rudolf Großmann · Im Zandersaal

Hier auf der Regierungsbank ist alles viel theatralischer aufgezogen – wenn die Minister da sind. Dann eilen eilfertige Referenten mit dicke Mappen aus dem Hintergrunde vor zu ihren Chefs. Eine Marineuniform, ein grauer Rock zeigt an, daß Herr Geßler in den Saal lächelt (ohne sein Gefolge wäre er wohl kaum zu bemerken), und auch der Auftritt der anderen Minister vollzieht sich meist viel Reinhardtischer als der Gang der Redner zur Tribüne, deren Wechsel man erst ganz zufällig konstatiert, wenn er schon lang stattgefunden hat.

Ist kein großer Tag, sind die oberen Tribünen traurig und vereinsamt. Die Journalisten helfen sich durch Arbeitsteilung aus, die ausländische Presse ist nicht da, und nur auf der Mitteltribüne hausen die ständigen Gäste, meist Arbeitslose, ein paar Kriegervereinsvorsitzende aus der Provinz und die Habitués der Tribüne. Das sind die Leutchen, die sich schon seit Jahren damit befassen, sich zu ärgern und die liebe Gewohnheit nicht mehr missen wollen. Ob rot, ob schwarz, ob schwarzweißrot, sie ärgern sich. Kleine Rentner sind es, die in Erinnerung an Bebel wie an Bassermann (nicht Albert) schwärmen, die jeden Kurs mitgemacht haben und von ihrer die Heizung des Stübchens ersparenden Warte aus seit Jahrzehnten als unheilprophezeiende Eulen hinabschauen auf ihre Erwählten und schimpfen, was das Zeug hält.

Im Lesesaal des Hauses ist es am stillsten und einsamsten. Die Zeitungsmarder aller Caféhäuser würden vor Neid die Gelbsucht bekommen, sähen sie diese kaum genützte Fülle und Pracht an gedruckter Tagesweisheit, die täglich in adlergeschmückte Halter ein- und ausgespannt wird und, kaum gelesen, in herrlichem

Eichenregal lagert. Ruhe ist hier, fast Feierlichkeit, von schönen Teppichen gedämpfte Stille, die durch die Anwesenheit von ein paar Volksboten kaum gestört wird, sofern sie ihr vom New York Herald gedecktes Nickerchen nicht allzu geräuschvoll äußern. Hier ruht der Geist.

Das Herz des Reichstags pocht im Restaurant, wo es für zivile Preise ein mittelmäßiges, ja, fast Mitropa-mäßiges Essen gibt. Die Tische, wieder fraktionsmäßig belegt, sind trotzdem immer gut besetzt, und nur dem farbenfreudigen bayerischen Hiasl Eisenberger, der in seiner Wichs das Haus belebt, ist es gelungen, sich diesem Lokal zu entziehen, indem er sich täglich sein Geselchtes mit Kraut und Knödeln in seinem Kämmerlein selber auf Spiritus kocht. Er scheint es nicht sehr mit den Kollegen zu haben, und seiner Porzellanpfeife weichen alle gern und naserümpfend aus, wenn er mit den Talern der Uhrkette und den Hirschgrandeln scheppernd um die Ecke steuert.

Es muß festgestellt werden, daß es im Reichstag den schlechtesten Kaffee von Berlin gibt, und das mag allerhand erklären. Zwar erzählt die Kaffeeköchin, daß sie schon seit Jahrzehnten in Amt und Würden und samt Maschine in Wien beheimatet sei, und daß ihr echt Wiener Kaffäh den Abgeordneten jeder Schattierung und jeder Regierung seit 20 Jahren ausgezeichnet schmecke. Dabei schaut sie sinnend und stolz auf das Bismarck-Denkmal und die Siegessäule. – Es soll der schönste Moment im Leben eines Abgeordneten sein, wenn er zum erstenmal mit dem Freifahrschein 1. Klasse die Perronsperre passiert; das Schrecklichste muß es sein, wenn er sich auf vier Jahre zu diesem Kaffäh verurteilt sieht, zu dem es in Wallot-Dimensionen erbaute Schillerlocken gibt, die namentlich bei der kommunistischen Fraktion Anklang finden. Es gibt nämlich einen Hauskonditor, der mit ein paar Köchen und einer kalten oder warmen Mamsell in der Unterwelt haust, wo man keine Parteien kennt und gleich geschmacklos für alle kocht.

Hier unten gibt es auch den Friseur und dicht dabei den Zandersaal. In Kurven geht es da hopp-hopp und auf und ab. Wer eben einmal auf dem Kamelreitersattel sitzt, der muß sich rühren, ob er will oder nicht. Der Pferdesattel geht Trab und Galopp, der Rudergriff beklopft den ruhigsten Parlamentarierbauch. Hier ist Bewegung und der Hochbetrieb, der im Sitzungssaal fehlt. Es ist der aktivste Raum des Hauses, betreut von einem wortkargen Faktotum. Schade, ich hätte so gern gewußt, wer die Athletengewichte stemmt, die hier herumstehen, und welche Fraktion am liebsten badet. Immerhin, der Zandersaal ist ein Lichtblick in dem verschlafenen Riesenhaus, das auch an den sogenannten großen Tagen kaum wirklich erwacht. Da wird zwar mörderisch gebrüllt, Hört, hört! geschrien, und die Glocke bimmelt. Aber es ist eben nur Radau und Lautheit, Überschreien des Gegners. Die erste Garnitur an Rednern rückt auf die Tribüne, schüttelt die Faust, ein Tintenfaß fliegt beinahe, es hagelt Ordnungsrufe. Aber der Orkan hat keine Seele. Ein paar Tage, und die Chose geht genau so weiter. Höchstens, daß ein Stenograph mal zusammenklappt.

Q 27/3/161

BÜCHER AN DEN MANN BRINGEN

Billie Wilder

Ein guter Bekannter hat sich neulich erschossen. Er war Reisender in Büchern. Seine Kollektion, er trug sie in einem kleinen Koffer aus Pappendeckel, bestand aus »ddei Abdeilunden«, wie er selbst, zu lebenslänglichem Schnupfen verurteilt, seinen Kunden durch die verstopfte Nase zu sagen pflegte. Diese drei Abteilungen waren: links »Kdiminaldomane«, in der Mitte »Polidik« und rechts »Kdassisches«. Bis auf einen zerschundenen Band Altenberg, in dem die Seiten 8 bis 26 fehlten und den er nie loswerden konnte, wechselte seine Kollektion alle paar Wochen ihr Gesicht. Er machte gute Geschäfte. Mit einem Male heißt es jetzt, daß er sich erschossen hat. Und zwar, daß er sich aus Not erschossen hat.

Das kann ich nicht glauben. Zufällig trieb ich mich in der letzten Zeit viel in Buchhandlungen herum, weil es mich interessierte, wie die Leute Bücher kaufen und verkaufen, hauptsächlich aber, ob Bücher überhaupt gekauft werden. Ich sah gut hin und fragte auch die Herren ordentlich aus. Das Geschäft ist gut. Freilich, seit Weihnachten hat's ein wenig nachgelassen. Was aber wichtig ist: In Berlin, und ich darf verallgemeinern, in Deutschland werden Bücher gerade jetzt viel gekauft. Man kann sehr zufrieden sein.

Wenn sich also mein Bekannter erschossen hat, so wird das wohl nicht gewesen sein, weil etwa kein Mensch Geld für Bücher ausgibt. Ganz gewiß hat er sich nicht aus Hunger erschossen. Sondern … Vor der Amélie haben wir ihn schließlich alle gewarnt, man kann uns keinen Vorwurf machen.

*

Ein Nachmittag in einer dieser herrlichen Buchhandlungen des Berliner Westens, in denen es besser riecht als bei Coty und Chanel, und die in der reizenden Disharmonie der bunten Bucheinbände fast so angenehm anzusehen sind wie talentiert geschminkte Frauen.

Eine Dame ist da und interessiert sich für Amerika-Literatur. Sie hat in Kansas einen jüngeren Bruder, Pfarrer, zu dem sie will. Das muß sich der Verkäufer anhören, muß höchst familiären Angelegenheiten sein Ohr leihen, bis er endlich einen broschierten Kisch, »Paradies Amerika«, loswird. Ein junges Ehepaar entschließt sich zu einem Vegesack, »Liebe am laufenden Band«. Des ehrwürdigen Felix Dahn »Kampf um Rom« wird zweibändig abgestaubt, ein Papa nimmt ihn mit, in der

REKLAME SCHAU

1929 · BERLIN · 10. AUG.–8. SEPT.

Auskünfte und Prospekte durch das Ausstellungs-, Messe- und Fremdenverkehrsamt der Stadt Berlin,
Berlin-Charlottenburg, Königin-Elisabeth-Straße 22
sowie durch alle Reisebüros

Nähe hat morgen wohl ein hoffnungsvoller Knabe zwölften Geburtstag. Ein Mann, der nichts von einem Dozenten an sich hat, besteht gleichwohl auf der neuen Propyläen-Weltgeschichte, die frisch nach Kunstdruck duftet.

Einen Herrn, der hier verkauft, zieht man ins Gespräch. Was denn ginge, was nicht. Was in den Regalen verschimmelt und was man einem aus den Händen reißt, warmen Schrippen gleich. Wie man den Käufer berät, wie man ihm ein zweites, ein drittes Buch anhängt. Und so weiter.

*

Also der Käufer, der bessere zumal, hat heute eine durchaus feine Nase für gute Bücher, meint der Herr hinter dem Pult. Der Käufer beginnt sich langsam schon für die Verlage zu interessieren, daraus schließt er auf die Qualität des Buches: aha, S. Fischer, das wird doch kein Mist sein! Er läßt sich durch die Besprechungen in den Zeitungen beraten. Bauchbinden mit Sätzen bedeutender Zeitgenossen nimmt er sich hin und wieder auch zu Herzen, wenn diese Sätze nicht allzu aufdringlich nach Reklame schmecken. Er läßt die Auslagen nicht mehr unbeachtet, hat auch nichts dagegen, wenn man ihm alle Monate einen Katalog der Neuerscheinungen ins Haus schickt.

*

Der Preis des Buches ist gar nicht das Wichtigste. In Frankreich fliegen sie auf billige Bücher. Kann gedruckt sein auf einem Papier, so dick und hart, daß man einen mit so einem halben Blatt erschlagen kann. Oder auch auf sanitärem Papier. Das ist denen egal. Nur billig, billig, billig soll es sein. Ein Deutscher kauft sich ein Buch mit dem gleichen Ernst, mit dem er sich etwa ein Hemd kauft. Dauerhaft, darauf kommt es ihm an. Er denkt nicht daran, es in der Eisenbahn liegen zu lassen oder es in die Ecke zu werfen wie eine Zeitung von gestern. Es muß von »bleibendem Wert« sein. Ein Möbelstück. Noch dazu ein prunkvolles. In Deutschland machen sie viel geschmackvollere Bücher als zum Beispiel Hemden. Man vergleiche nur das Schaufenster einer Buchhandlung mit dem eines Ladens, in dem wollene Wäsche geführt wird.

Trotzkis Memoiren, Stefan Zweigs »Fouché«, Döblins »Alexanderplatz« sind eben die Bücher des Tages.

Während meiner halben Stunde Beobachtungen geht der Trotzki dreimal, Fouché einmal und Döblins »Alexanderplatz« sogar viermal. Die Nachmittagspost, die eben eintrudelt, bringt noch dazu zwei briefliche Bestellungen auf Döblins berlinisches Buch: eine aus München und eine aus Riga. Memoiren, Biographien stehen hoch im Kurs. R. Oldens »Stresemann«, Seeckts »Zukunft des Reiches«, Fülöp-Millers »Jesuiten« notieren ausgezeichnet. An Romanen kommt knapp hinter Döblin der neue Leonhard Frank, »Bruder und Schwester«. Viel gefragt ist auch Sarah Levys »O mon Goye!«, wozu sicher nicht wenig der freche Titel beiträgt. An Zeitdokumenten starten Theodor Pilviers »Des Kaisers Kulis« und Beumelburgs »Sperrfeuer um Deutschland« mit ausgezeichneten Chancen. Der letzte London, »Mondtal«, kann sich nicht beklagen, Berndorffs »Spionage« kommt bald ins vierzigste Tausend.

In Kriminalromanen ist leichte Stagnation. Der Erfolg überspannter Massenproduktionen ist sehr fraglich geworden.

Großartig gehen hingegen seit Eippers »Tiere sehen Dich an« die illustrierten Tierbücher. Bengt Berg zum Beispiel. Und die schönen Reisebücher. Plüschow. Filchner.

Das ist kurz die Situation, wie man sie an einem Nachmittag in einem Berliner Buchladen übersehen kann.

Was aber das »Anhängen« eines Buches anbelangt, so wollen die Herren hier nichts davon wissen. Wir drängen dem Kunden nichts auf. Wir nicht. Wir beraten ihn. Wir legen ihm schüchtern Bücher vor, die interessieren könnten. Wir lassen ihn darin blättern, so lange er Lust hat. Wir vergessen nicht, einen Kunden, der etwa Remarque gekauft hat, auch auf Renn, auf Gläser hinzuweisen. Aber wir hängen ihm nichts an. Wenn nur der Laden appetitlich aussieht, dann nimmt er sicher noch etwas mit, und ist's auch nur ein Reclam-Bändchen.

Die Methoden dieser Herren sind sehr lobenswert, das ist klar.

In Texas, sagen wir, wird es vielleicht Buchhandlungen geben, in denen es nicht so friedlich zugeht. Sowie ein Kunde den Laden betritt, wird die Türe von innen abgeschlossen, der Verkäufer steckt lächelnd den Schlüssel in die Hosentasche, und nun beginnt der Kauf. Der arme Herr, der das Geschäft betreten hat, um sich einen Fahrplan zu kaufen und so unvorsichtig war, das Maschinengewehr zu Hause zu lassen, wird kaum wieder lebend auf die Straße können, ohne 50 Bücher käuflich erstanden zu haben, die ihn die Bohne angehen oder interessieren.

Man stelle sich das bei uns vor. Daß man einen nicht eher aus dem Buchladen läßt, bevor er nicht ein paar Stratz und einen vollständigen Rudolf Herzog mitnimmt. Danke schön.

Q 30/3/192

PENKLUB,
DEUTSCHE AKADEMIE DER DICHTUNG UND ANDERES NEUZEITIG GEISTIGES DEUSCH-BERLINISCHES UNTERFANGEN

Carl Sternheim

Neunzehnhundertneunzehn las man in meinem Buch »Berlin oder Juste milieu«, das jetzt die Pariser ergötzt: »In der Kindheit hatte ich den Eindruck, die katholische Kirche sei die unbeugsamste menschliche Einrichtung. Später meinte ich, eher stürbe trotz Macaulay die katholische Kirche als das Auswärtige Amt in Berlin und seine Methoden aus. Heute weiß ich, beides ist Spreu im Wind vor Phrasen und Gepflogenheiten des Berliner Juste milieu, das bis zum jüngsten Tag Nachrichten in seiner Presse starten wird, wie: *Fulda und Sudermann seien als Vertreter deutscher Dichtkunst* vom Reichspräsidenten, ihm der deutschen Geistesarbeiter Not vorzustellen, empfangen worden, und der habe allen Ernstes, sich der darbenden *Kulturträger* anzunehmen, versprochen.«

Neunzehnhundertsechsundzwanzig steht in dem von Paul Zsolnay reizend aufgemachten Schriftchen »Lutetia«, Berichte über europäische Politik, Kunst und Volksleben, von mir:

»Berlin ist heute geistige Wüste, in der die Bewohner nicht einmal mehr Durst nach intellektueller Labung haben, doch seit Jahren emsig besorgt blieben, den letzten sprossenden grünen Halm eines ursprünglichen Gedankens durch die Lauge ihrer zynischen Denkkraft zu ersticken. Im Bösen nicht schüchtern.« Während im In- und Ausland diese lapidaren Wahrheiten gerade allseitigen brausenden Jubel wecken, entstand durch das gleichzeitige schrille Wutgeheul der mit Recht geprügelten drei größten liberalen Zeitungen Deutschlands und ihrer verwilderten Berichterstatter, unter denen sich ein rassiger semitischer veritabler »Panther« am ungestümsten gebärdete, in der sonst geistig versumpften Hauptstadt Deutschlands durch meinen Anstoß so muntere Bewegung, daß man einen Augenblick, ein neues intellektuelles Zeitalter sei in Spreeathen angebrochen, glauben könnte.

Leider schossen, einmal angekurbelt, die offiziellen Kreise, denen in Berlin die Verwaltung der noch vorhandenen Geisteskräfte von Amts wegen anvertraut ist, bei diesem Anlaß in lebfrischem Elan so tollkühn in die von ihnen nicht gekannte und nicht beherrschte Atmosphäre vor, daß der seiner kontrollierenden Vernunft noch nicht ganz beraubte Deutsche, das überraschte Ausland, durch das von offiziellen Führern deutscher Intelligenz wieder Angerichtete starrsteht, der auf der

Hut befindliche Herausgeber dieser Zeitschrift mich händeringend bittet, Aufschluß und meinen Standpunkt zu den nicht mehr zu bezweifelnden erstaunlichen Tatsachen eines in Berlin angezettelten »Penklubs«, einer »deutschen Akademie der Dichtkunst« hier zu geben.

Schon als mich vor zwei Jahren der Penklub in Paris – diese Klubs werden heute in jeder größeren Stadt von dem Engländer Galsworthy zu seiner persönlichen Bequemlichkeit auf Reisen gegründet – zu einem mir gegebenen Abendbrot einlud, konnte ich behutsam von Zürich aus meine schon erfolgte Abreise aus Paris dorthin telegraphisch melden und der mir zugedachten Ehre entgehen, weil ich seit einem Abendessen in Walter Rathenaus Brandenburger Renaissancehaus im Grunewald weiß, nichts verbürgt so krasse Gesellschaftskatastrophe, denkbar größte Langeweile, die durch markige Ansprachen, feurige Weine nicht gemildert werden kann, wie das auch nur flüchtige Zusammentreffen zahlreicher Geistesheroen.

Also war leicht vorauszusehen: was Zusammenkünfte Gides, Duhamels, Hamps, Giraudoux', Rollands, Claudels, Mauriacs, Maurois, Montherlands, Cocteaus, Blochs, Bloys, Delteils, Jammes, Crevels, Girards, Jaloux', Bérauds, Coquiots, Ghéons, der Tharauds, auch als sie später Heinrich Mann u. a. glänzende Gastmähler gaben, in Paris an Völkerverbrüderung nicht fertigbrachten, konnte auch in Berlin unter günstigsten Umständen nicht ausgerichtet werden. Trotzdem war sogar die geistig bis zur Bewußtlosigkeit anspruchslose deutsche Kapitale jetzt mit Recht verzweifelt angeödet, als sie die lebenstreue drollige Photographie der gesamten Teilnehmer der ersten Berliner Penklub Versammlung in Heft 11 der Zeitschrift »Das Theater« abgebildet sah, auf der sich an für den deutschen Parnaß üppig angerichteten sechs Festtischen nur der hurtige Fulda, alerte Angermayer von deutschen Autoren fanden, während die restlichen hundertvierundvierzig Ehrenplätze vom Kultusminister Dr. Becker, Oberbürgermeister Böß, Maschineningenieur Schnaas, den Herren Heuß, Jessner, Richter, Rickelt, Borberg, Blunk, Müller-Jabusch, Scheffauer, Hippel, Haeckel, Meisel, Pietro, Britton, Eberius, Schrader und Frau Theodor Wolff u. a. besetzt waren, prominenten Persönlichkeiten, die man aber eher als Teilnehmer an einem Kongreß deutscher Woll- oder Schaumweinhändler zu sehen vermutet hätte.

Zum erstenmal finde ich darum der jungen deutschen Dichter wütenden Protest wegen der an ihnen begangenen Rücksichtslosigkeit ihrer Nichteinladung zu solchem Schmaus begreiflich, denn ist das Geld einmal da, Champagner aufgefahren, ist, den gutmütig zutraulichen Nachwuchs deutscher Dichtung mittrinken zu lassen, der Verantwortlichen Pflicht.

Nicht aber verstehe ich, wie die – neben Galsworthy natürlich – anscheinend beiden einzigen ausländischen Gäste, Jules Romains und Fabricius, die Herren Blunk, Bosberg, Müller-Jabusch für Stefan George, Rainer Maria Rilke und Gottfried Benn, die sie doch erwartet haben mußten, nehmen konnten. Doch war auch das bei dem vollendet angerichteten Chaos möglich.

Nicht viel anders liegt es wohl mit der gänzlichen Verwilderung hinsichtlich deutscher Dichterakademie, nur daß man hier sagen darf, die Entgleisung begann notwendig schon vor dem Festessen, das nicht stattfand, als nämlich die Beauftragten Herrn Gerhart Hauptmann, der, weil er deutscher Dichtkunst seit Jahren fernsteht, nichts von ihr verstand, erst fragen mußten, wen er überhaupt als Repräsentanten für die Sessel der Akademie in Betracht kommend empfehlen könnte; auf welche Frage dem außer ihm selbst, nur der jeweils an den Peripherien parate Fulda, der knorrige Mann der Buddenbrooks, Lübecker Professor, der störrige Holz und der, laut Züricher Zeitung, bis zum heutigen Tag verkannte Stehr, eine, man darf wohl sagen, dürftige Korona einfiel.

Die auch sämtlich mit so starkem Erfolg ernannt wurden, daß Fulda in repräsentativer Zeitung, er hoffte von der neuen Stelle aus der literarischen Jugend durch Hebung ihrer Lebensbedingungen den Weg zu ebnen, erklären konnte, Thomas Mann an gleicher Stelle rund verlautete, eine akademische Einrichtung dieser Art könnte immerhin beitragen, den »Einfluß des Geistigen« in Deutschland zu erhöhen, und er nähme, den Staat nicht vor den Kopf zu stoßen, obwohl er kein Mensch der Organisation und des Amtlichen sei, die Stelle an.

Nur Gerhart Hauptmann selbst, der um alle Vorbereitungen gewußt, und dem man endlich den Ehren- und Seniorsessel der neugegründeten Akademie auf allgemeines Verlangen zugeschoben hatte, stieß ihn zu aller Beteiligten Entsetzen brüsk zurück, hatte, dem Hirschberger Vertreter des schon erwähnten repräsentativen liberalen Organs zu erklären, die Freundlichkeit, er könnte es mit Annahme oder Ablehnung solcher Ehrung, wie er es wollte, halten. Nehme dabei lediglich das Recht für sich in Anspruch, das jedem Kleinbürger, dem man ein Stadtverordnetenmandat anbietet, zusteht. Wobei von dem Reporter nicht gesagt wird, ob Hauptmann den Nachdruck auf Stadtverordneter oder Kleinbürger legte.

Ich aber gebe bei dieser Sache Gerhart Hauptmann zum ersten Male in meinem Leben recht: Auch ich würde mich unter keinen Umständen weder von Exzellenz Becker noch dem Oberbürgermeister Böß in die offizielle und beamtete deutsche Geistigkeit verwickeln lassen. Auch ich sage unverblümt: Eher werde ich Stadtverordneter als Dichterakademiker in Berlin!

Q 26/8/548

MARY WIGMAN UND VALESKA GERT

Valeska Gert

Tanzen bedeutet: Triebe ausleben, und künstlerisches Tanzen bedeutet: Triebe sublimieren, mit Hilfe des überlegenen Geistes ordnen und in Tanzgestaltungen umsetzen. In Deutschland ist bei der großen Masse nicht nur das Gestalten der Triebe, sondern merkwürdigerweise auch die Überlegenheit des Geistes verpönt. Wehe der Tänzerin, die in Deutschland eine erotische Wirkung hat, und wehe der Tänzerin, deren Geist es wagt, Kapriolen zu schlagen. Geist wird hier für Intellektualität gehalten, Intellektualität für Geist. Eine Tanzdarbietung muß nach saurem Schweiß riechen, ethisch sein, wirrgeistig und langweilig. Genialität ist weniger erwünscht als Solidität. Weil der Durchschnittsdeutsche kein Selbstvertrauen hat, hält er nur die Kunst für groß, die er nicht versteht und die ihn langweilt.

Mary Wigman erfüllt als einzige Tänzerin alle diese Bedürfnisse des deutschen, gebildeten Mittelbürgers und ist darum zur Nationaltänzerin geworden. Sie gibt die Suggestion, große geistige Kunst zu machen, dadurch, daß sie in ihren Tänzen geistige Schlagworte gibt, die vor einigen Jahren aktuell waren, oder Titel, die die Musik als Protektorin heranziehen. Die Aufgabe des Geistes ist es, die verwirrten und dunklen Dinge zu klären. Mary Wigman gelingt es, selbst die einfachsten Dinge zu verwirren. Wagt sie einmal, aus ihrem klug erwählten Dunkel herauszukommen und zum Beispiel Visionen zu vergegenständlichen, so wird sie nur allzu verständlich. Wir sehen plötzlich Visionen vor uns, wie sie vielleicht aus dem Gehirn eines begeisterten Kolportageromanlesers entsprungen sein könnten. So rutscht sie, als Schornsteinfeger verkleidet, auf der Erde herum, läßt sich von Erbsengekuller begleiten und macht Bewegungen von einer Hintertreppendämonie, die in jedem Varieté als Durchschnittsleistung mit durchgehen würden. Grauen kann einen packen, aber nur über die vollkommen falsche Einstellung einiger Menschen, die diese Billigkeiten als große Kunst ansehen. Denn es ist billig, sich der Wirkungskraft der Zeichen zu bedienen, ohne den Rausch immer wieder zu erleben, dessen letzter und eindeutigster Ausdruck sie sind.

Ihre Kompositionen sind nie vehement aus einem Zentrum geschleudert, sondern konstruiert und darum nie einheitlich. Immer bleibt etwas starr. Sie ist völlig untänzerisch in einem höheren Sinn, weil sie körperlich und geistig rauschlos ist; sie kann auf der Bühne nicht wahrhaft leiden und sich freuen, sie kennt nicht die Entzückungen, ohne die es keine Tanzkunst gibt. Mary Wigman als Regisseurin wäre ein neues Thema.

Dolbin · Valeska Gert

· Mary Wigmann

Ich dagegen, Valeska Gert, werde bei allem Ruf, den ich habe, sehr unterschätzt. Man schreit nach der Kritik und dem Extrakt unserer Zeit in der Revue. Ich habe in meinen Tänzen alle Zeiterscheinungen und Auswüchse, die sich durch den Körper darstellen lassen, ausgedrückt. Ich habe Dirnen, Kupplerinnen, Zirkus, Varieté, alle Sportarten komprimiert und in Einminutentempo auf die Bühne gestellt. Ich habe das Ballett, den spanischen Varietétanz überspitzt, Geburt, Liebe, Tod und Demut in drei, vier wesentliche Bewegungen gepreßt, alles klar, schnell, eindeutig. Meine Ethik aber, die darin besteht, daß ich unter allen Umständen wahr sein will, wird lange nicht so geschätzt wie die bürgerliche Ethik, die vor allen Dingen moralisch sein will. Meine großen Fehler sind: daß meine Tänze artistisch nicht schwierig wirken, daß sie so selbstverständlich gemacht werden, daß die Ahnungslosen glauben, sie könnten sie ebenso machen, daß ich keinen Lehrer hatte, dessen Theorien mir meine Wege ebneten, daß ich keine Lust habe, mich der Schlagworte, der immer gerade dominierenden Kunstrichtung zu bedienen, daß ich hin und wieder Lachen auslöse oder Entsetzen, daß ich oft »Laster« als Thema habe, kurz, ich bin zu brutal und zu wenig vertrauenerweckend für den Bürger, der lieber eingeschläfert werden will zu den Klängen des Harmoniums und der Flöte.

Da ich meinen Mund sowieso zu Anklage und eigenem Lob auftun soll, will ich nicht unterlassen, zu sagen, daß ich es war, die den modernen Tanz unter Pfeifen und Johlen des Publikums, getragen von dem fast immer milden und mißverstehenden Lob der Kritik, unter der begeisterten Anerkennung einer Schar moderner Europäer auf die Szene geschleudert hat. Der moderne Tanz ist ja nichts weiter als der Übergang vom alten zum neuen Theater. Der schauspielerisch produktive Mensch mußte, da ihm die alte Szene nichts mehr bot, zunächst alles selber sein. Er mußte das neue, wieder gereinigte Gefühl haben, aus diesem unmittelbar heraus das Gegenständliche (das Stück der alten Bühne) komprimiert schaffen. Diese Vereinfachung von Raum, Zeit und Gegenstand schuf die intensivste Bewegung und den intensivsten Ausdruck: das Tanzen. Nun steht der Tänzer einsam auf den Ruinen des Theaters, und langsam erwacht in ihm die Sehnsucht nach dem neuen Wort. Dieser Entwicklung, die gleich mir viele gefühlt haben, habe ich als erste den schärfsten Ausdruck gegeben.

Q 26/5/361

GEORGE GROSZ

Nur einige Worte

Anläßlich der bevorstehenden Ausstellung bei Flechtheim

Emil Szittya

I. Man spricht immer von der Unzulänglichkeit der deutschen Malerei, aber der Fehler liegt nicht darin, daß die deutsche Malerei keine Möglichkeiten hätte, sondern in der Feigheit der Maler, die Angst haben, nicht ohne ausländische Tradition auskommen zu können. George Grosz ist der mutigste deutsche Maler, weil er aus deutscher Atmosphäre eine persönliche Meinung universell gestaltet.

II. Bei einem Maler wie George Grosz sind Wertschätzungsbegriffe (gleichgültig, ob für oder wider) unmöglich geworden, weil sein Temperament sich nicht festlegen läßt und bei jeder neuen Arbeit einen neuen Wertschätzungsbegriff begehrt. (Das bedeutet nicht ein »Unfertigsein«, sondern immer nur ein neues Werk.)

III. Die Unzulänglichkeit der deutschen Malerei entsteht dadurch, daß man immer nur lernt und sich niemals für genügend abgeschlossen hält und durch diese falsche Einstellung auch mit sich niemals fertig wird. (In keinem Lande kann man soviel talentierte Skizzen finden, denen immer etwas Letztes fehlt, wie in Deutschland.)

Der Maler George Grosz lernt niemals, sondern verwertet nur, und dieses Verwerten ist durch seine Persönlichkeit so durchsiebt, daß man schwer feststellen kann, von woher er etwas hat.

IV. Die meisten, die sich zum Verkünder einer Stadt ausersehen glauben, begehen den Fehler, daß sie sich von der Stadt, deren Verkünder sie sein wollen, erdrücken lassen. Sie werden keine Verkünder, sondern sind nur eine Ausdrucksform.

George Grosz hat die souveräne Begabung, Berlin zu überschauen, er benützt die Stadt, um mit ihr seine malerische Anschauung festzulegen. Er baut ein Berlin, er amerikanisiert Berlin mit französischer Farbe, und seine Gestaltungskraft liegt darin, daß Berlin dadurch immer mehr Berlin wird.

V. Man müßte George Grosz' Bilder im Auslande als Aushängeschilder für Berlin zeigen, vielleicht würde man dann Berlin, wie Paris, im Auslande zu lieben beginnen und an die Zukunft einer deutschen Malerei glauben.

Q 26/3/245

Heinrich Zille

HEINRICH ZILLE AN CLAIRE W.

Veröffentlicht anläßlich des 60. Geburtstages des Meisters

Meine liebe Cläre Waldoff!

Jetzt, da mich das Kranksein festhält, ich wenig aus der Wohnung komme, muß ich Dir, da wir uns lange nicht gesehen, einen recht herzlichen Gruß senden. Als ich Dich kennenlernte, mit Freude denk ich daran. Wir nannten Dich Karl, und »ein Kerl wie Samt und Seide« warst Du auch jederzeit geblieben. Rauchend und fluchend wie ein Müllkutscher, mit Deinen bronzeroten knisternden Bubihaaren (wir sagten damals, die wie eine »Omnibuslaterne« leuchten) – die aber wie ein Heiligenschein Dein liebes Schalkgesicht, mit den lustig zwinkernden Augen umgaben, mit neusten Schlagern und heiteren Vorträgen hast Du noch nach Theaterschluß in traulicher Nachtkneipe zum größten Beifall und aufrichtiger Bewunderung hingerissen. Und im Theater, auf der Bühne – andächtig lauschten wir und das Publikum auf Deinen herben Gesang und alles bejubelte den Liebling der Berliner. Ich denke an unsere Wanderungen im Norden und Osten Berlins, um »Nacht und Leute« zu studieren. Ich sehe Dein erstauntes, ernstes Gesicht, als sich Dir eine andere Weit zeigte – hast viel vom Ernst des Lebens in Deine Kunst hineingenommen und die Hörer zum Denken veranlaßt.

Und wenn man Dir damals, als man Dich erkannte, vor Begeisterung hätte, wie man so sagt, »die Pferde ausgespannt«, so würde man jetzt, da Dein Ruhm gewachsen, Dir vielleicht das Auto – ausspannen. Entschuldige, ein kleiner Spaß muß auch sein, sonst verlern' ich das Lachen. Nun bitte besuche mich doch mal wieder, damit ich Dich sehe und Deine neuesten Schlager, die schon ganz Berlin kennt, doch auch zu hören bekomme, bitte – bitte.

Mit herzlichen Grüßen Dein alter Freund und Weggenosse

H. Zille

(Dann singste mir auch wieder – Ne dufte Stadt ist mein Berlin –.)

Q 28/3/161

DER ACHTZIGJÄHRIGE LIEBERMANN

Rudolf Großmann

»Talent bedeutet nichts, Charakter alles« – sagt Liebermann. Er selbst ist das, was man einen »Charakter« zu nennen pflegt. Dieser nur ihm eigene Sinn steckt in seinem ganzen Wesen, in seiner Arbeitsweise, in seinem Pinsel, in seinen Malmitteln, setzt sich der Familie gegenüber durch.

Er hat mit diesem Charakter in der Kunst eine Ausnahmestellung bezogen, steht wie ein Weiser zwischen und über den Generationen, ihre immer wechselnden künstlerischen Ausdrucksformen persifliert er oft in witziger Weise wie ein Compère in der Revue. Ganz verankert in der Individualistischen Zeit hat sein Kopf von dieser Zeit noch etwas Überbetontes, Übercharakterisiertes, das in heutiger Zeit wie eine Legende anmutet, in einer Zeit, in der das individuelle wieder mal ins Kollektivistische hinüber laviert. Das arme Eigenich wird immer kleiner, durchs Vaterich, Überich, unbewußte Ich, Kollektivich – und wer weiß noch was alles für Ichs der Psychologen – schrumpft es immer mehr und ist ganz komprimiert geworden.

Man hat deshalb versucht, Liebermann in die Historie zu verweisen, aber er springt aus ihr oft unvermutet zeitgemäß immer angriffsbereit und gar nicht verstaubt heraus, das Heute und sein künstlerisches Gebaren bald mit lebensweisen Ansichten, bald mit Bonmots treffend und blitzschnell charakterisierend. Er hat seine Lieblingsthemen, die er immer wieder neu abhandelt, wie die malerische Phantasie, das Naturabmalen, Sentimentales und Naives in der Kunst, äußere und innere Ähnlichkeit von Bildnissen (»Det Porträt ist ähnlicher wie Sie selbst«, versetzte er einmal einem unzufriedenen Besteller). Seine auch von Kritikern oft zitierten Aussprüche sind geflügelte Worte geworden. Er verteidigt sich und sein Kunstschauen damit im Grunde immer selbst, auch ohne angegriffen zu sein. Das hält ihn immer wieder frisch und in Spannung. Er hatte einmal vor, all dies festzulegen für den künstlerischen Nachwuchs, ein Vademecum für Künstler herauszugeben (das, glaube ich, auch erschienen ist oder noch erscheinen soll), begeistert sich oft innerlichst bewegt an diesen seinen eigenen, durch intensive Lebensarbeit gefundenen Einsichten, denkt daran, das Malen zu lassen, um sie niederzuschreiben, kommt aber dann zur Ansicht, es sei doch nur »pro domo«, nimmt den Pinsel wieder in die Hand und entläßt seine literarische Muse etwas ungnädig und plötzlich.

Während er mir sitzt, ist alles an ihm Übergang, er ist stets gespannt und ganz spontan. In Ruhe, die sein Gesicht selten zu kennen scheint, die ich aber für meine

Zeichnung haben will, nickt er so in sich hinein, mit dem Kopf leise pendelnd, als ob er sich selbst bejahe.

Durch Schicksal – er war von Haus aus reich und die Familie war dagegen, daß er Maler werde – in eine fast bürgerliche Gebundenheit gesetzt, ist alles bohemehaft Exzentrische ihm zuwider. Er wirkt in seiner ganzen Anlage selten harmonisch, trotz scheinbarer Gegensätze zwischen Privatmann und Künstler.

Er ist kein Monomane wie etwa van Gogh oder Cézanne, seine Art ist eher kühl, er weiß Distanz zu legen zwischen sich, die Menschen und Dinge, und das, was ihm nicht adäquat ist, rücksichtslos auszuschließen. »Bei Ihren Bildern muß ich oft an platonische Ideen denken!« »Entelechien«, korrigiert er; denn Aristoteles liegt ihm als praktisch ordnende Natur mehr als der schwärmerisch mystische Plato. Diesem Drang, das Wesen, den Kern der Erscheinung zu fassen und darzustellen, ist er sein ganzes Leben hindurch gefolgt. (Noch heute soll er Kant lesen, und das, was er sich für sich herausliest, streicht er rot an.) Er ist nicht intellektuell, wie manche glauben, sondern hat sich nur einen außerordentlichen bon sens für das Leben bewahrt, ist berlinerisch schlagfertig und wirkt mit seinen bald 80 Jahren frisch und lebensbejahend, weiß immer zu überraschen und zu fesseln. So bejaht er die Welt nur bedingt, sich selbst aber ganz, ist nicht etwa saturiert und geruhsam, sondern immer aktiv und kampfbereit mit einem Lächeln über die Dinge dieser Welt, das manchmal etwas Grausames hat. »Die zu gutmütigen Menschen bringen's zu nichts«, meint er. Als ich den alten Thoma mal im Rollstuhl besuchte, sagte er: »Ich hab mich vom Lebe immer so trage lasse!« Das kann Liebermann nicht sagen. Er hat die Dinge nach seinem Willen geformt, seine Kunst ist ganz männlich. Nach schöner Materie, nach Oberfläche, nach dem stofflichdinghaften Greifbaren in der Malerei, was die Modernen so lieben, fragt er nicht viel und hat gar keinen Sinn dafür. »Die Kinder, die der Vater liebt, züchtigt er.« Immer wieder zwingt ihn etwas, nur das Wesen der Erscheinung zu fassen, den Sinn der Natur im ganzen, nicht im Einzelding zu packen. Er tut dies mit der kühleren Besessenheit eines Philosophen, der nie in Sackgassen gerät, und der zwischen der naiven und sentimentalen Welt klug equilibriert. Vielleicht fehlt das weibliche Element in seiner Künstlernatur ganz. – Dieser Weltschöpfer ist mal kein Zwitter.

Rudolf Großmann · Max Liebermann

Q 27/6/436

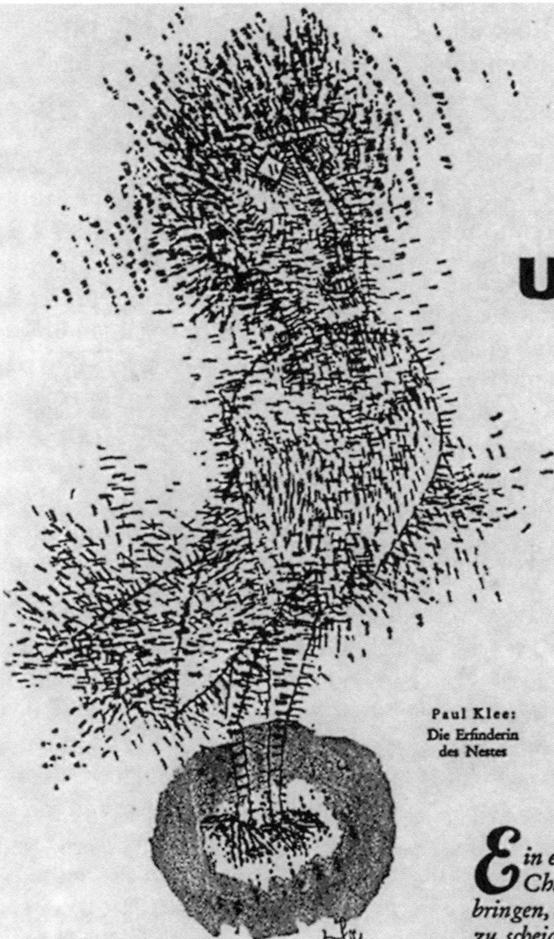

Paul Klee:
Die Erfinderin
des Nestes

DIE KUNST UNSERER ZEIT

Ein erster Versuch, Klärung in das Chaos der Kunst unserer Zeit zu bringen, das Wertvolle vom Wertlosen zu scheiden, Absichten und Ziele der modernen Malerei und Plastik aufzuzeigen, ist Carl Einsteins Werk »Die Kunst des 20. Jahrhunderts«.

Wer die Kunst unserer Zeit wahrhaft verstehen will, lese dieses Buch! Es erschien soeben in zweiter Auflage! 208 Seiten Text, 387 Abbildungen, 20 Kupfertiefdruck-Tafeln und 20 mehrfarbigen Tafeln. — Preis in Halbleinen 48 M, in Halbleder 52 M.

IM PROPYLÄEN VERLAG

DIE ZUNGE DER KULTUR REICHT WEIT

Erich Kästner

Die Zunge der Kultur reicht weit!
Wohin sie sich erstreckt,
da wird der Mensch nebst seiner Zeit
so lang wie hoch und weit und breit
von der Kultur beleckt.

Oh, daß sie tausend Zungen hätte!
Noch gibt es Neger ohne Uhr,
und Dörfer ohne Operette,
und Eskimos ohne – Pardon! – Klosetts.
Die Zunge raus, Kultur!

Noch gibt es Frauen, die den Nabel zeigen
und ohne Kleid und ohne Scham spazieren gehn.
Noch gibt es Männer, die im Dunkeln geigen,
und Leute, die, selbst wenn sie dumm sind, schweigen.
Man kann das kaum verstehn …

Denn wir stellten unsre Kinder künstlich her
und unsre Nahrung in Tablettenform.
Das Altern kennen wir nicht mehr.
Bouillon mit Ei gewinnen wir aus Teer.
Kurzum: Es ist enorm!

Der Straßenkehrer braucht das Abitur
und muß belesen sein in Schund und Schmutz.
Da denkt man manchmal: Die Kultur,
sie kann uns am –! Sie soll uns nur –!
Sie ist imstand' und tut's.

Q 28/7/518

MARGINALIEN

QUERSCHNITT – BALL – FLECHTHEIM – BAR

fd.

Man nehme sehr viele schöne Frauen, fünf Mitglieder der Haute-Banque, mehrere andere Bankiers, je fünf prominente Schauspielerinnen, Schauspieler, Tänzerinnen, mehrere berühmte Rechtsanwälte, Dichter, Parlamentarier, Frauenärzte, Boxer, etwas von der Konfektion, Matratzen, die Sintenis und die Hatvany, drei Schnapsfabrikanten, Erik Charell und Lotte Cassirers Jüngsten als Dekorateure, Gin, eine Jazz-Band, den Tänzer Henri, Berlins prominente Maler und Bildhauer, Stoperan im Frack, Kunsthistoriker im Smoking, von den Düsseldorfer Ulanen den mit der Haute-Banque Shimmy tanzenden Wilhelm, Hochadel und Adel seit 1888, den spanischen Militärattaché als Vertreter des Gesandten seiner Majestät des Königs Alfonso, einen Verleger, der, an die elegische Blässe der charmantesten Galerie-Direktorin gelagert, sich in frühere Zeiten zurückträumte, da er nur auf dichterischen Abwegen ging und noch nicht diesem Rattenkönig und Barhalter den »Querschnitt« zu vollziehen hatte, sehr viel Pfirsichbowle, 600 von Lotte von Mendelssohn eigenhändig geschmierte Butterbrote, von den drei Schnapsfabrikanten gestifteten Alkohol und Mixer, warme Würstchen, eine Düsseldorferin aus Argentinien und eine aus Zürich, eine Bilderbude, gedrängt voll und schlauchlang, wie dieser Satz, und dann hat man den Querschnitt durch Alfred Flechtheim von Mitternacht bis morgens.

Andere Version:

W.

Der Ball erinnerte an die besten Zeiten des quat's Arts, in der Dichte der Bevölkerung auch ans »Royal« zwischen eins und drei, wo Begründer und Herausgeber sich zuerst näher traten. In diesem Darm, der in einer besseren Bank Platz für zirka ein halbes Dutzend Aufsichtsratsmitglieder geboten hätte, tanzten vor dem Kriege ebenso viel hundert Phänomene, ohne daß dies die Liebe und ihren Vollzug beeinträchtigt hätte. Börse, Bank, Boxer, Epheben, Androgynen waren im Übermaß, die Diplomatenwelt durch den ehemaligen Gesandten in Havanna, die Deutzer Kürassiere durch einen Major mit scharfgeschnittenem Kürassierprofil vertreten, während von den Düsseldorfer Ulanen Wilhelm anwesend war. Am Zentraltisch hatten Platz genommen: Gottfried Benn, George Grosz mit Frau, Max Herrmann-Neiße und Frau und der Herausgeber des »Querschnitt«. Viel bemerkt, teils mit Unbehagen, wurde die Anwesenheit des Regierungsrats Martin, Verfasser des bekannten Werkes: »Handbuch der Millionäre Preußens«. Die Privatgalerie Wilhelms, die besonders schöne Waetjens aufweist, war wie immer für Geständnisse reserviert, dort sah man den übrigens streng monogamen Schriftsteller der Katholizität Franz Blei aus- und eingehen. Gegen Ende sammelte sich auch Schupo an, die, genau wie auf den quat's Arts-Bällen die Flics, allerhand Hilfeleistungen leisteten. Die alte Glanznummer: Flechtheim als Andalusierin, die Seguidilla tanzend, begeisterte die anwesenden Spanier, denen sich hier unvermutet die Reize ihres Landes erschlossen. Den Rekord des Décolleté hielt Düsseldorf.

Q 24/2+3/183

REINHARDT ALS THEATERBAUER

Heygrodt

Professor Max Reinhardt baute am Kurfürstendamm sein neues Theater, das inzwischen den Namen »Die Komödie« erhalten hat. Oskar Kaufmann machte die Sache, dem wir, zusammen mit Leschnitzer, schon die Krolloper und das Palais Lewin in Breslau verdanken. Kaufmann, angesteckt von der Sucht nach westlicher Kultur, beauftragte den Berliner Bildhauer Fiori, sechs Karyatiden für die Bühnenlogen und rechts und links vom Saaleingang zu bauen. Fiori machte sich an die Arbeit, entzückt, daß Reinhardt zu den großen Unternehmern der Kunst gehört, die schon wissen werden, warum sie auf ihn verfallen. Es wurden prachtvolle Plastiken, Fiori zeigte sein Bestes.

Gerade hatte der brave Maurermeister die Karyatiden gerichtet, als Kaufmann wie zu einer Generalprobe des Hauses Max Reinhardt erschien, begleitet von einem Generalstab von Theaterleuten. Tiefe Verbeugungen.

Dann ist der große Reinhardt in den Saal hereinspaziert, der in vorläufiger Beleuchtung die Malereien Hans Meids zeigte, hat sich um und um geschaut, und alles hat gebibbert. Immerzu schüttelte Oskar Kaufmann mit dem Kopfe und suchte schweißtropfend dem hohen Herrn etwas klar zu machen. Aber der stand da: böse, überrumpelt. Und plötzlich sammelten sich seine Blicke auf den schuldig-nackten Karyatiden Fioris. »Was ist denn das da? Das verdirbt ja den ganzen Eindruck! Das sind ja *Kunstwerke!* Sagte ich Ihnen nicht ... Das Publikum wird immerzu da hinschau'n und auf die Bühne nicht acht geben.«*) Der Himmel verfinsterte sich. Fiori versank. Die Maurer am Tempel der heiligen Komödie bauten in aller Schnelle die peinlichen Figuren ab und legten sie in die Ecke hinter die Kulissen.

*) Übrigens hat Reinhardt z. Zt. die Munchschen Fresken im Deutschen Theater abnehmen lassen und an Cassirer verkauft und letzthin die vier Munchschen Skizzen für die »Gespenster«, die er noch besaß, in den Kunsthandel gebracht. Sein Schloß Leopoldskron ist von der Firma Hugo Baruch u. Co. eingerichtet.

Q 24/6/428

BEI MAX REINHARDT ZU GASTE

Selma Harden

Just vierundzwanzig Stunden vorher, ehe seine neueste Schöpfung »Die Komödie« für das theaterbesuchende Berlin eröffnet wurde, lud Max Reinhardt »die Freunde des Deutschen Theaters« zu sich, um für sie »eine Aufführung zu veranstalten«, wie die offizielle Einladungskarte lautete. Und es war wirklich eine »Premiere«, die sich sehen lassen konnte! *Das gesellschaftliche Ereignis der Saison.* Über das *entzückende, auge-erfreuende Theater, voll heiterer Grazie, als Ding an sich,* das in seiner ganzen Gestaltung, in seinem Namen *Komödie* die *italienische Commedia* verkörpert, und über die Aufführung selbst, *fehlt mir die Berechtigung zu sprechen.* Ich will nur etwas erzählen, was ich zu beobachten Gelegenheit hatte. Von dem Regisseur Max Reinhardt, mit *welch innerer* Frische er seinem Werk gegenübersteht. Wie immer bei seinen Generalproben saß er, *von seinen Getreuen umgeben,* in einer *der vordersten Parkettreihen* (doch *fehlte* heute natürlich das *Regiepult* mit der »*ewigen Lampe«),* seine Notizen während der Aufführung machend. Als nun aber Hermann Thimig seine *unwiderstehlichen* Lazzi von sich gab, die Zuhörer nicht aufhören konnten zu lachen, mußte sich Reinhardt, dem die Sache doch eigentlich nicht ganz neu war, die Augen mit dem Taschentuch trocknen, *so sehr hatte er lachen müssen.* In diesem Augenblick war er eben auch *nur unbefangenes, genießendes Publikum.* Und aus welchen Elementen bestand nun dieses Publikum? *»Namen nennen dich nicht« – denn, wer war nicht da? Gesellschaft (von den oberen Stufen der ehemaligen Leiter angefangen), Kunst, Wissenschaft, Literatur, Theater,* wohin das Auge sah, bekannte Gesichter. »Die Damen geben sich und ihren Putz zum besten und spielen ohne Gage mit.« Und so wie damals, so auch heute. Denn, bot es nicht ein amüsantes Schauspiel, wie, à la Fregoli, eine der Schönen in ihrer Loge eine silberglitzernde Schulter, bald vom dunklen Pelzmantel, bald von Hermelin umrahmt, zum »besten« gab? Und man sah schöne Frauen, schöne Toiletten *(die Herren dem Stil des neuen Hauses entsprechend ebenfalls im Abendanzug), die Schönste schien mir aber die zum Bau gehörige junge Schauspielerin, die ihr »goldenes Vließ« mit seltener Anmut zu tragen weiß. »Oh, du mein Land Tirol«... Alles in allem ein schönes Bild in schönem Rahmen. Eine liebenswürdige Aufmerksamkeit des Gastgebers, dieses Bild seinen Getreuen auf der Platte verewigen zu lassen* und so für die Dauer, für sie und sich festzuhalten, was in leider allzu flüchtigen, schönen Stunden er an dankbaren »Freunden des Deutschen Theaters« um sich geschart.

Q 24/6/428

DER DIENER ZWEIER HERREN

Kurt Pinthus

Wenn aber dieser Lebendige, der am Schluß der Vorstellung gewaltig gefeiert wurde, aus der koketten Weltabgeschiedenheit seines Theaterchens, aus dieser heiteren Glanzspielerei heraustritt auf den Kurfürstendamm, wo die Autos, die Bogenlampen, die von der Arbeit Heimströmenden, die Dirnen und Bettler, die Reichgewordenen und Verarmten, ein ganz anderes bewegtes Bild bieten, während fern ringsum die endlosen Vorstädte drohen ... fügen sich dann nicht die zuckenden Lichter der Großstadt zu einem Menetekel zusammen, das Sie, verehrter Max Reinhardt, in die Gegenwart ruft und Sie drohend in die Zukunft weist?

Q 24/6/428

LENE KAINER-SCHNEIDER

E. G.

In der Rankestraße 14 in Charlottenburg hat Lene *Kainer-Schneider,* die bekannte Malerin, einen Verkaufsraum für Luxuswäsche eröffnet. Von dem kleinen Straßenladen führt eine Treppe in einen größeren, im Keller ausgebauten Raum, wo die Modelle von zwei jungen Bühnenkünstlerinnen vorgeführt werden. Sie sind von Lene Kainer-Schneider entworfen und in der von ihr geleiteten Werkstatt unter Anwendung der edelsten Variationen der Nadeltechnik ausgearbeitet worden. Hier ist wirklich Kulturarbeit geleistet. Alles, was man zu sehen bekommt – die beiden reizend ausgestatteten Räume, die zahlreichen Modelle, von der einfachen Sportkollektion bis zum raffiniertesten Luxus-Négligé, zeigt die Hand einer Dame und den Geist einer Künstlerin.

Bln. Ach, wenn doch alle Malweiber so klug wären! Alfred Flechtheim

Q 25/2/166

FLECHTHEIMBALL

H. H. E

Der heurige Flechtheimball unterschied sich von dem letztjährigen, der im Querschnitt beschrieben war, dadurch, daß ein Ausschuß für ihn gebildet war, dem, außer den Flechtheim'schen Malern und Bildhauern, Dichter wie Blei, Herrmann-Neiße, Ringelnatz und Sternheim, Damen aus der Gesellschaft, Hans Breitensträter und Erik Charell angehörten, und dadurch, daß die Räume der Galerie durch Einbruch in das Buchantiquariat von Altmann vergrößert wurden, Räume, die den Tanzsaal bildeten, dekoriert von Jean Lurçat, Otto Block und de Fiori. Hier spielte Julian Fuhs-Follies Band, die Charell aus seiner Revue zur Verfügung gestellt hatte, ebenso wie je ein Dutzend Tiller-Girls und Tiller-Boys. Die Räume der Galerie waren von Charell eingerichtet als Bar, geschmückt mit Pascin's Panneau des Festmahls des verlorenen Sohns, und als Konditorei mit Matratzen und Gräflich Bopp von Oberstadt'schen Mazzen und mit Schoff'schen und Waetjen'schen Nuttenbildern.

Obwohl die Wilhelm Unbekannten sich durch Paß oder Personalausweis auszuweisen hatten neben ihrer Einladungskarte, die geschmückt war mit einem Hündchen der Renée Sintenis und den Mitgliedern des Auschusses, hat doch eine riesengroße Reihe uneingeladener Mitglieder der Berliner Gesellschaft es fertig bekommen, einzudringen, um Flechtheim ihre Ovation darzubringen und sein Bier und seine Butterbrote zu vertilgen.

Das Fest erreichte seinen Höhepunkt um 8 Uhr früh, als die Gäste eine Ausstellung vertauschter Hüte eröffneten.

H. v. Wedderkop machte am gleichen Abend eine Festsitzung der großen Carnevals-Gesellschaft in Köln mit.

Q 25/2/166

WARUM STELLE ICH BASCHWITZ AUS?

Alfred Flechtheim

1. Weil er ein Dilettant ist, d. h. ein Amateur, und ein Amateur die Kunst oft viel lieber hat als Berufsleute. – Dilettantenschauspieler sind oft viel enragierter als Berufsschauspieler, die alle Abend auf der Bühne stehen müssen, einem Amateurboxer macht das Boxen meist viel mehr Spaß als zum Beispiel dem Dempsey, der sich noch immer drückt, oder dem Körner, der monatelang den Kampf mit Breitensträter verschob. Der Amateurkunsthändler ist viel tüchtiger als der mit einer Händlernummer. Der Lehrer Renoirs sagte dem Meister mal, damals, als er Akademieschüler war, ob er sich einrede, daß Malen ein Vergnügen sei. Dem Baschwitz ist Malen ein Vergnügen.

2. Weil das Niveau der Baschwitzschen Bilder durchaus nicht schlechter ist als das Niveau vieler Berufsmaler.

3. Weil wir unendlich viele Berufsmaler haben, die von morgens früh bis abends spät vor ihren Leinwänden sitzen und malen, während der Generalkonsul Baschwitz von morgens bis abends in seiner Fabrik arbeitet und von 6 – 8 Uhr in seinem Atelier, und weil davon das große Elend unter den Künstlern kommt, deren Niveau das Mittelmaß nicht oder kaum überschreitet, daß sie in ihrem Künstlerwahn meinen, daß Kunsthändler, Sammler, Museen verpflichtet seien, ihnen die Sorge für das tägliche Brot abzunehmen, weder gehen sie einer lukrativen Beschäftigung nach, noch frönen sie in den Mußestunden ihrer Leidenschaft, wie dies ein vernünftiger Mensch tut. Wenn dies die allzuvielen Malweiber und Malmänner einsähen und tagsüber sich einer produktiven Beschäftigung hingäben, dann wäre ihnen viel wohler.

Die jüdischen Philosophen des Mittelalters waren im Zivilberuf Handwerker. Paul Morand, einer der besten französischen Dichter von heute, ist Beamter im Auswärtigen Amt. Robert Delaunay, ein bekannter französischer Maler von heute, ist Buchhalter bei seiner Frau, der Modistin Sonia Delaunay-Terk. – Und Rubens war Diplomat. – Viele solcher Beispiele wären zu nennen, und deshalb könnte die Baschwitzausstellung für die Berufsmaler, die nun gerade kein ganz besonderes Talent haben, ein lehrreiches Beispiel sein.

Q 25/11/989

SIAMESISCHE MASKENKATZEN

Eugenie von Garvens

»Betty, wir müssen Siamkatzen haben – hörst du?« ruft entzückt Alfred Flechtheim, als er die Bilder sieht.

»O Gott, alles, nur keine Katzen!« meint die charmante Betty, »denk nur, wenn die sich einem aufs Gesicht legen!« –

Ich weiß nicht, warum sie ausgerechnet das tun sollten, noch weniger, wieso man dazu stillhalten müßte. Ich weiß nur, daß man sie haben muß! – Eine Katze ist *das* Tier des Ästheten, und das Zimmer einer Frau erfüllt sie mit anmutigerem Leben und einprägsamerer Schönheit als seltene Blumen.

Falsch, grausam, tückisch? Nein – eine Katze ist ein Tier von Welt. Die königlichste unter ihnen ist die Maskenkatze Siams.

Wildheit des Raubtiers, gebändigt im Umgang mit dem Menschen – und doch ungebändigte Kraft, rassige Geschmeidigkeit des Pumas, gepaart mit lieblichster Koketterie, weiches Kurzhaar gleich dem glänzenden Fell des Bibers, rätselhafte Augen, vom tiefsten Enzianblau bis zum klaren Blau des Aquamarins in einer Maske von dunklem Braun, das in den weichen Tönen des Rauchtopases über den schmalen Rücken und in dunkle, zarte Pfoten verläuft, das sind ihre Merkmale.

Königlich – in ihrer stolzen Unabhängigkeit, und weil sie in den Palästen Siams und seinen Tempeln heilig gehalten wird in der Überzeugung, daß die Seelen verstorbener Könige in der Form dieser unvergleichlichen Tiere vollkommenerer entgegenreifen.

Könnte ich in Worten dem entzükkenden Esprit, der Schönheit der Linie, dem Adel der Bewegung wie der Grazie der Ruhe, der vollendeten Beherrschung jeder Situation, den gesellschaftlichen Talenten – kurzum, der wahren Vollkommenheit dieser Tiere nur annähernd gerecht werden, so stiege in der Welt der Ästheten und Tierfreunde eine solche Sehnsucht nach ihnen auf, daß die Katzenmütter Siams von einem Wochenbettchen ins andere steigen müßten, sie zu stillen, und zu andern Freuden ihres Katzendaseins nicht mehr die philosophische Ruhe und Beschaulichkeit fänden, durch die sie uns heute entzücken.

Q 26/10/751

QUERSCHNITT-KABARETT

Meyer

Wedderkops Flat war voll wie eine Sardinenbüchse mit sehr schönen Frauen, haute banque, Boxern, Hochadel, Schauspielern, Dichtern, Malern, Politikern und Ministersöhnen, alles Mitarbeiter des Querschnitt.

Es gab Tee und Butterbrote mit Schinken. Dazu ein Kabarett, Künstler aus den »Hetären-Gesprächen«, u. a.

dazu André Germain, der Verse der Komtesse de Noailles vorlas, dazu die Boxmeister Schmeling, Gerron und Szittya, die Alfred Flechtheim auf das Podium trugen, damit er gegen den Import französischer Literatur und französischer Bilder wettere und zum feucht-fröhlichen Krieg auffordere, dazu Tilla Durieux, deren eigenartiger Charme die an kulinarische Genüsse gewöhnte Zuhörerschaft zur höchsten Begeisterung hinriß, dazu die Palfi, die das Lied vom Tod des schönen Alfred sang, dazu vor allem Dotz Sohn-Rethel, der Enkel und Sohn aller Düsseldorfer Sohns und Rethels, dessen D-Zug-W. C.-Imitation ebenso wertvoll ist, wie die Aachener Fresken seines Urgroßvaters, dazu Willi Schaeffers als himmlischer Conférencier und Miß Evelyne, Trude Lieske und W. Schott (nicht der Bildhauer), eine musikalische Melange unerhörtester Qualität, dazu Friedrich Hollaender am Klavier und die Königin des deutschen Kabaretts, Margo Lion, aus der, wäre sie in Paris, mindestens eine Mistinguett gemacht worden wäre. Und über allem Wedderkops göttlicher Humor und harmonische, positive Lustigkeit.

QUERSCHNITT-KABARETT

Diese interessierende Form der Unterhaltung stammte in der Idee von Herrn von Wedderkop, der sie am 12. Dezember anläßlich eines Tees in seiner Wohnung ausführte und erprobte. Der Erfolg war vorauszusehen:

Der Querschnitt besteht aus Kontrasten: Herr von Wedderkop besteht auch aus Kontrasten. Bei jedem Kabarett ist aber Kontrastwirkung die Hauptsache – wieviel stärker und überspitzter also ein Kabarett unter dieser besonderen Devise und dieser prädestinierten Regie. Denn es galt nicht nur Nummer mit Nummer, sondern auch den Darsteller mit seiner Produktion in Gegensatz zu bringen – und diese Aufgabe wurde auf die amüsanteste Weise gelöst.

Der Clou in diesem und jedem Sinne war *Tilla Durieux,* die als blonder Hase vom »Kabarett der Namenlosen« ein anzügliches Chanson hinreißend herunterspielte. In Wasserstoffperücke, als Abendkleid ein rosa seidenes Nachthemd mit Silberbrokat-Gürtel, Vorstadt-Temperament und Vorstadt-Charleston – sie war superb.

Q 27/1/64

BERLINER SILVESTERBALL

Harte, preußische Luft zeichnet in den Prunksälen des großen Hotels an Hunderten von schmatzenden Tischen die festumrissenen Konturen eines Berliner Silvester-Wichses. Jazz schrillt auf! – Während der Essenspause stoßen paillettengeschuppte dicke Hüften buntschillernder Fabelwesen die Frackschöße zum Tanz. Üppigquellendes überwuchert meist kleine, gedunsene, noch börsendösige Männer.

Es gilt, heute wieder Fassade zu zeigen! Masken und Larven! – Wenn sie etwas fadenscheinig zu gespenstern anfangen, schnell rettet das 100-PS-Tempo, ein auf die Spitze getriebener Kollektivismus. Bei Selbstbesinnung würde Leere gähnen. – (Der Engländer hat wenigstens noch seinen sympathisch stillen Spleen, der Franzose seine individuelle Hysterie.)

Hier tanzt Amor syphiliticus mit Hakennase und Stechaugen und etwas verbeulter Papiermachéglatze; dort ein Furunkelpflaster auf speckigem Hals. Aus drachenartig gezackter Rüsche biegt sich ein Weibernacken – Modisches, sonst in zarter Andeutung, wird in barocken Schnörkeln plakatiert: statt wippender Orchideen liegen ganze Moosgärten auf den Schultern. Hotel-Lieferanten mit Freibilletts mischen sich. Biedere spießige Fräuleins lehnen träumerisch an Türpfosten still, resigniert. Langsam welken an den verlassenen Tischen die Blumen. Puppen starren zur Decke, wahrer in all ihrer steifen Hilflosigkeit als ihre automatisierten à tout prix up to date sein wollenden Besitzer.

Q 27/2/148

LUDWIG BÖRNE ZUM 90. TODESTAG

(Aus seinen Werken)

Berlin: In Deutschland gibt es keine große Stadt. Von Wien ist gar nicht zu sprechen und von Berlin nicht auf das beste. Zwar ist dort mehr Geist zusammengehäuft als vielleicht in irgendeinem Ort der Welt, aber er wird nicht fabriziert. Es gibt in Berlin geistreiche Beamte (?), geistreiche Offiziere (??), geistreiche Gelehrte (???), aber es gibt dort kein geistreiches Gesamtvolk. Das gesellige Leben ist dort ein Markt, wo alles frisch, aber nur roh zu haben ist, Äpfel, Kartoffeln, Brot, aber durch die Adern der Gesellschaft sollen keine Kartoffeln rollen, sondern Blut soll fließen.

Q 27/3/241

»KABARETT DER UNBEGABTEN«, ODER WAS HERR VON WEDDERKOP VERMAG.

Augusta von Oertzen

»Das sich nach Hause sehnende, zu Hause erwartete, durchweg gut erholte Publikum« (vergl. H. v. Wedderkop: »Adieu Berlin«) ist wieder in Berlin! Sämtliche Mitspieler der amüsanten Sommerfrische waren als »Typen« um ihren Interpreten versammelt; Szenerie nicht Nordsee, sondern Wohnung von Herrn von Wedderkop, das Ganze »Kabarett der Unbegabten« benannt;

enormer Andrang, die »Prominenten« etwas eingeengt auf etwas zu dichten Stuhlreihen, die »Unbegabten« auf der Bühne vor dem gelben Kuhvorhang von Lotte Krohn …

Würdige Matrone im Schleppkleide, Dame des Hauses (!) führte die »Unbegabten« ein, es war Friederike Kempner, alias Willi Schaeffers. Vor der schwarzen Kuh (Reminiszenz der »Kuh von auffallend kleinem Format, mit elegantem Euter«, die vor dem »distinguierten Bauernhaus« der Frau Gerstel weidete?!) stand Fern Andra, das singende Rautendelein, Anni Mewes, das »Fräulein mit der Nummer«, Cläre Waldoff, die »Äbtissin« und H. v. Meyerinck, »die junge Nonne«; Ferdinand Bonn, der »dressierte Mime«, Alfred Flechtheim, das »schwarze Reh« (Renoir)! Hauptschlager Tilla Durieux, die Meisterschülerin von Mary Wigman, nämlich Käte Knolle als »sterbender Schwan« (Schacht und die Börse) und »tanzend«… die Kritik der reinen Vernunft!

Alle diese »querschnittlichen« Schaustellungen umrankt von Friedrich Hollaenders einfühlendem Spiel am Flügel, hin und zurück durch die Jahrhunderte. Es war allerhand los in der Sigismundstraße 8: Querschnitt hier und Querschnitt da, Gesellschaft, Politik, Wissenschaft, Kunst, Sport, alles quergeschnitten nach dem berühmten Rezept: Kontrastwirkung, Gegenüberstellung!

»Es war schön, es war übermenschlich schön!« aus verzücktem Frauenmunde; »Adieu, Wedderköpchen, es war unbegreiflich himmlisch …!« (Anm. d. Red.: Huch, nein!)

Man trennte sich mit Anstrengung, einige waren überhaupt nicht wegzubringen …

Q 28/1/53

»BEI UNS – UM DIE GEDÄCHTNISKIRCHE RUM.«

Revue von Moriz Seeler und Friedrich Hollaender, Musik von Hollaender

Alfred Flechtheim

Das ist das Beste und Witzigste, was man in Berlin sehen kann. Hollaenders Musik, von ihm selbst am Flügel und von den herrlichen Weintraub Syncopators interpretiert, immer voll neuer, glänzender Einfälle. Schaeffers hinreißend als Zettelankleber (»Klebe, wie du, wenn du stirbst, wünschen wirst, geklebt zu haben«) und als Professor Theremin, Hubsi von Meyerinck als Major der Reichswehr und als Nutte unter dem Bülowbogen, Anni Mewes mit ihren dunklen Augen und zwei Eiern im Glas und als Josma Selim, die Hase als Knusperhexe am Wittenbergplatz und Alexa von Poremsky als sich selbst und Elisabeth die Große!

Q 28/2/133

BERLINER BÄLLE

Hermann von Wedderkop

Prominenten - Dank Willi Schaeffers und seinem großherzoglich-weimarischen Wesen war dieser Ball wahrhaft distinguiert. Keine Fülle, eine Menge feld-wald-wiesen-schöner Frauen – Flechtheim infolge Grippe etwas weniger bemerkbar als sonst, kurzum, feiner Duft des »18.« war über dem ganzen. Beruhigtes Abziehen.

Levy - Alfred Kerr in Hemdsärmeln, weil er dem Kimono nicht gewachsen war, Georgi Grosz und Ernstel Fiori mit Schnurrbärten, Georgi auf gemein, Ernstel auf gentleman, Kaus mit Beinen, Purrmann mit Rheinschlamm auf dem Kopf. Zahlreiche Matrosen mit freier Brust, Bert Reuscher mit Sehnsucht, Israels mit Schlangenbewegungen. Frau Feist mit Abwesenheit (leider), Genichen mit leiser Melancholie und Milchbedürfnis, Francesco mit blondem Haar als Siegfried in schimmernder Wehr (zum zweiten Male, genug, Francesco!), Rut mit ohne. Hubsi Meyerinck als falscher, ich als echter Etonboy. Levy selbst als Otto Gebühr und hinter ihm Rollenhagen mit seinem Büfett. Rudi, wer hätte das gedacht!

Akademie – Nach der Edelprominentenproletariatsauslese bei Levy war es angenehm, im Dunkel der Katakomben in der Hardenbergstraße unterzutauchen. Hier schien die Sonne in der Nacht, diese beste Dekoration sämtlicher Berliner Feste dieses Winters. Aus der dortigen Anonymität ragen z. B. Blümel, der ausgezeichnete Präsident des A. D. S. V. hervor, leider ohne die auch mir unvergeßliche Lya, die jetzt mit Blumenthal verlobt ist.

Der Ball bei der Baronin Baby Goldschmidt-Rothschild, zu dem jeder in seiner Wunschgestalt kommen sollte, war das glänzendste Ereignis in dieser Saison. Erst ein Film, in dem Paul Hulle eine Maharadscha-Gouvernante spielte (er häkelt ausgezeichnet) und Mr. Graves dauernd Paukenschläge auf den Kopf bekam. Beide haben Zukunft. Dann ein Souper unter nächtlichem Sternenfeld. Die Baronin selbst erschien als Schauspielerin. Beliebt war achtzehntes Jahrhundert, Spanien, Jeanne d'Arc, Fuchsjagd, Harem und Mitinhaber der Firma Emanuel Friedlaender, was Herbert Gutmann gern gewesen wäre. Aber alles wurde überglänzt durch den im Orientexpreßdienst abgeschabten originalechten Anzug eines Schlafwagenkontrolleurs, den Francesco sich am Anhalter Bahnhof für eine Nacht ausgepumpt hatte. Francesco ist zur Zeit Cellist (er spielt heute in Erfurt, morgen in Lübeck), aber er war Schlafwagenkontrolleur und wird es wieder sein.

Q 28/3/200

VENEDIG IN BERLIN ODER »MIR KANN KEENER!«

Papillon

Frau Professor Hellwag bittet zum Longhiball!! (Venetianisches Maskenfest) Hotel Adlon, großes Galadiner oder kleines Souper. Damen: Stilkleid, schwarzer Spitzenschal, Dreispitz, weiße Maske. Herren: Frack, weiße Blume, schwarze Maske.

So sollte es aussehen ... Arme Gastgeberin, du hattest das Stilgefühl der Berliner zu hoch eingeschätzt, ihren Widerstand unterschätzt!

»Ich lasse mir nichts vorschreiben, fällt mir gar nicht ein, eine Maske aufzusetzen, wenn es dieser Dame so paßt! ich komme, wie ich will!« so die Herren. »Ich werde mich hüten, mich nur in Schwarz und Weiß anzuziehen, das steht mir ja gar nicht, und so ein blödsinniger Schleier um die Ohren ... das ist mir viel zu heiß, und überhaupt diese Unkosten!« so die Damen. Nun, man hatte seine Freude, was sich aus diesen Widerständen entwickelt hatte: unter etwa 300 Personen etwa 10 Prozent »stilecht«, ein Schleier, ein zweimasterähnliches Hütchen schien den meisten Zugeständnis genug. »Überhaupt, wer ist denn eigentlich dieser Longhi!!?? Warum ausgerechnet der?!« Abgründe historischer Verwirrungen taten sich klaffend auf ... »Na, wissen Sie denn nicht, in Venedig, da gab's doch ebensoviele Longhis wie in Berlin Müllers und Schulzes, und da hat man eben diesen da genommen, um dem Kind (d. h. dem Fest!) einen Namen zu geben!« Armer Pietro, vierzig Jahre lang der eleganteste und preziöseste Genremaler des Rokoko, geschätzt und bewundert in aller Welt, und nun mit Müller und Schulze in einen Topf geworfen!

Immerhin ... das Bild war abwechslungsreich, ganz besonders für den überraschten Stilkritiker, der sich auf das 18. Jahrhundert eingestellt hatte; Venedig zum Kollektivbegriff aller Stilarten geworden, unter dem Sammelbegriff »nackt«. Am innigsten mit der Lagunenstadt verknüpft scheint der Begriff der Kurtisane ... Visionen von Carpaccio tauchten auf, von Veneziano, von Tizian, was die Unbekleidetheit anbetrifft; aber die Berliner selbst waren sicher unschuldig an diesen »Stilechtheiten«, »nackt« ist eben »nackt«, ob an der Lagune oder an der Spree ...

Hotel Adlon hatte ein reizendes kleines Souper serviert: Ostender Steinbutt Longhi, junge Hähnchen venetianischer Art, Salat Carneval und noch ein Galadiner mit Rokokoeinlagen. »Fällt mir gar nicht ein, ich esse, was mir paßt!« Anachronismen auf der ganzen Linie! Man aß friedlich Sandwiches mit sauren Gurken, sicher gern mit Bier, wenn es das »Stilgefühl« des Hotels zugelassen hätte!

Marek Weber tobte modern, Knallbonbons knatterten, Papierhauben schaukelten auf den Häuptern der Smokingherren ... »Darf ich mir eine Leiter anstellen, Gnädigste?« kichert so ein Herrchen zu einer stolzen Schönen herauf, die durch den Zweispitz noch um einige Zentimeter gewachsen. Oh, Geist der Galanterie, wo bist du geblieben?!

Ein Hauch »sterbenden Rokokos« zitterte in den Wachskerzen, die auf allen Tischen in silbernen Leuchtern flackerten ... sie erstarben bald, man machte Licht, hell, blendend ... Venedig und Berlin, zwei inkommensurable Begriffe! Berlin hat gesiegt, »mir kann keener!«

Q 28/3/210

ANDRÉ WIRD BERLINER

Hermann von Wedderkop

Wenn André Gide, als er hierherkam, sich etwa gedacht hatte, er könne hier, wie er es liebt, den stillen Beobachter spielen, lange mit Naturwissenschaftlern sprechen und ab und zu ins Aquarium gehen, so hat er Berlin und seine Tüchtigkeit unterschätzt. Sofort nach seiner Ankunft auf dem Berliner fließenden Band festgemacht, hat er alle Handgriffe und Bearbeitungen über sich ergehen lassen müssen, die ihn zum Berliner machen. Freundlich und gütig, wie das seine Natur ist, ließ er alles geschehen und wurde unser. Berlin, mit seiner unbegrenzten Möglichkeit, kennt keine Unterschiede. Wer hier aussteigt, wird verarbeitet.

Q 28/3/215

VÖLKERSCHAU AM POTSDAMER PLATZ

Peter Mattheus

Der Ruhm anderer Leute hat Kempinski nicht schlafen lassen. Was Hagenbeck und Heck können, kann er auch: Er macht sich seine eigene Völkerschau.

Im Zentrum der Stadt, am alten Ufa-Haus am Potsdamer Platz ist diese neueste Attraktion Berlins zu finden. Die Herrschaften aus der Provinz werden Augen machen; und sogar der Urberliner staunt, obwohl er doch allerhand gewöhnt ist.

Er wird dort nämlich Studien über das Leben anderer Völker machen können, hauptsächlich was deren Essen und Trinken angeht. Da ist zum Beispiel ein Saal, der als Münchener Oktoberwiese hergerichtet ist. Man kann bei den Klängen einer original-bayrischen Juhu-Kapelle echtes bajuvarisches Bier und Weißwürscht vertilgen, und im Hintergrund erstrahlen die Zugspitze und der Elbsee in rosigem Osram-Alpenglühen.

Ein einziger Schritt weiter, und man ist am Ufer der Donau, wo der Heurige fließt. Eine Schrammel-Kapelle entdeckt stündlich neu das taufrische Weaner Herz, und vor lauter Lampions und Blumengewinden sieht man kaum die Pappdeckelherrlichkeit des Kahlenberges, der milde von der Wand herunterlächelt.

Was Wien recht ist, ist Ungarn billig! Feurige Czardasfürstinnen kredenzen dir im nächsten Saal Paprika-Gulyas und goldglänzenden Tokaier. Und wenn du noch weiter willst, müder Wanderer, durch kulinarische Genüsse, so winkt dir fern im Süd das schöne Spanien, wo du an bauchigen Fässern Südwein lutschen kannst. Erste Tür links, bitte! Gleich nebenan!

Vielleicht ist auch das Reich der Mitte vertreten. Vielleicht kann man irgendwo bei künstlichem Opiumduft sein Schwalbennest verdrücken und die beinah echten chinesischen Kellner an den kaum sichtbar mit Reißzwecken befestigten Zöpfen ziehen. Vielleicht ist auch Yoshiwara irgendwo aufgebaut. Ich weiß es nicht. Konstantinopel ist jedenfalls vertreten und eine furchtbar realistische Wild-West-Bar. Schade, daß Karl May schon tot ist. Er hätte doch einmal im Leben ein richtiges Blockhaus gesehen.

Aber das alles ist ein Dreck gegen den Rhein! So etwas Schönes ist überhaupt noch nie dagewesen. Man sieht ihn förmlich vor sich, den alten Vater, wie er seine Fluten zwischen den Weinbergen hindurchwälzt und gemächlich das alte St. Goar umplätschert. Nur eine einzige Glasscheibe trennt uns von der Herrlichkeit; und es ist gut, daß sie da ist, sonst wäre alles zu natürlich und vor lauter Schönheit nicht mehr zu ertragen.

Die Hauptsache kommt aber noch. Wenn du besonders großes Glück hast, wird hinten gerade eine Donnermaschine gedreht; und dann zucken die Blitze, und richtiges Wasser rauscht hernieder. Da bist du glatt erschlagen.

Wahrlich! Der Plan ist gut und groß! Es wird sich ja nicht vermeiden lassen, daß Verwechslungen vorkommen. Vielleicht wird Herr Griebsch aus Leipzig beim Anblick des Fudschi-San in Duliö-Rufe ausbrechen und einen Schuhplattler exekutieren. Aber was will das schon bedeuten?

Q 28/8/744

JANNINGS UND SCHMELING

Ariel Tukar

Bei einer Filmpremiere Jannings' in New York telegraphierte Schmeling aus seinen Training-Camps begeistert »Ich bin stolz auf Sie.«

Jannings, anstatt sich über die spontane Handlung des jungen Landsmannes zu freuen, ärgerte sich furchtbar darüber und erklärte, daß ein Boxer und zumal ein solcher, der schon mal von Gibsy Daniels geschlagen worden sei, nicht das Recht habe, ihm so »gönnerhaft« auf die Schulter zu klopfen.

Q 28/8/813

ATTACKE AUF UNSERE WELTANSCHAUUNG

B. F. Dolbin

Professor Dr. Canti, London, hielt vor wenigen Hundert – den Mitgliedern und Gästen der »Berliner Medizinischen Gesellschaft« – auf Einladung des »Zentralkomitees zur Erforschung und Bekämpfung der Krebskrankheit« einen Vortrag über seine Gewebs- und Zellforschungen. Bereits sein Vortrag beanspruchte und erweckte mehr als das Interesse seiner fachlichen Zuhörerschaft; der zur Illustrierung des Gesagten gezeigte Film jedoch hatte die Wirkung einer revolutionären Attacke, geeignet, nicht bloß die Weltanschauung der zufälligen Hörerschaft, sondern die der ganzen zivilisierten Menschheit von Grund auf zu verändern. Ebenso wie die geistig-sittlich-religiöse Haltung der Menschheit durch die Erkenntnis, daß sich nicht die Sonne um die Erde, sondern diese um jene dreht, grundlegend verändert wurde, so muß das Ich-Bewußtsein eines jeden ein völlig anderes unter der Wirkung dieses Films werden. Der Film zeigt in vielhundertfacher Vergrößerung und in außerordentlicher Zeitraffung das Wachstum normaler, embryonaler, krebsiger Zellen und Gewebe auf künstlichem Nährboden. Wachstum, Teilung und Wucherung wird ein dramatisch bewegtes Geschehnis; in einer uns bisher unsichtbaren Welt, deren Weltall quasi jeder von uns selbst ist. (Hier bereits brüllt die Frage nach dem Wesen jenes Organismus, dessen Gewebszellen wir sind.) Nicht etwa bloß das Gras, uns selbst hören wir gleichsam wachsen. Spiel und Gegenspiel, Spaltung und Mißgeburt geschehen vor unseren Augen. Krebszellen schwärmen aus und überfallen das Gesunde; Überfall einer Meute gesunder Zellen auf eine versprengte Krebszelle, Umzinglung, Abschleppung, Verhaftung, Einkerkerung! Zellen eines Rattensarkoms werden mit β- und φ-Strahlen beschossen, werden wie mit einem Schlag gelähmt, hören auf, sich zu bewegen, sich zu teilen. Die Revolution im *Zellenstaat:* Ratte ist niedergeschlagen!! Der Zellenstaat: Mensch sieht zu. Und findet keinen anderen Ausweg aus dem Wunder als den, wie ein Kind jubelnd in die Hände zu patschen. Was die geistig erlesene Zuhörerschaft auch tat!

Q 28/12/873

GERÄUSCHFILM IN BERLIN

Anton Kuh

Ich habe bei der Erstaufführung des Stroheim-Films »Hochzeitsmarsch« eine Entdeckung gemacht, die ich weiteren Kreisen vorzuenthalten mich nicht für berechtigt erachte. Bekanntlich rinnt in jenem Filmwerk streckenweise hemmungslos die Träne; Bubis und Mädis Walzertraum-Sentiments schlagen zu Akkorden zusammen, gegen die alle Heidelbergerei der deutschen Film-Produktion schmählich zurückbleibt. Was fehlt demnach noch, daß das Publikum in Wonnen badet? Und warum begann es im Gegenteil mitten in die holdseligste, bonbonsüßeste Gartenlauben-Lyrik hinein zu meckern, zu quaken, zu miauen?

Antwort: Die Gefühlsabschmeichlung verträgt nur einen bestimmten Grad von Naturalismus; was mit Orchesterbegleitung, zu den Klängen von »Butterfly« und »Irish rose«, herzumwühlend wirkt, enthüllt bei Original-Vogelgezwitscher und dito – Käuzchenschrei seine Komik; wenn zu den Liebkosungen des Paars in der Laube die Amsel »Kitsch-kitsch« macht, dann sagt das Publikum – – ja, was das Publikum sagt, erledigt bis auf weiteres die Frage des Geräuschfilms überhaupt – es sagt: »So genau wollen wir's jar nich wissen!«

So kann eine alte Redensart mit neuen Künsten fertig werden.

Q 28/12/873

KLEINGEDRUCKT

Ein bekannter Berliner Bankier, der mit einem der namhaftesten Kunsthistoriker einen Ausflug macht, hat einen Autounfall. Am nächsten Tag erscheinen Berichte in allen Zeitungen:

Auto-Unfall des Bankiers ...

Am Schluß der Artikel wird nebenbei bemerkt, daß Geheimrat X auch dabei war und Verletzungen erlitten hat.

Einige Tage darauf sagt ein Berliner Dichter zu seinem Freund, dem großen Kunsthändler: »Fahr nicht so toll. Ich sehe mich schon kleingedruckt.«

Q 29/5/368

IM ROMANISCHEN CAFÉ

Der Kellner serviert einen Kaffee und flitzt weiter. Ich rufe ihn und sage leise und bescheiden: »Bitte nehmen Sie den Kaffee zurück, es ist eine Fliege drin.«

»Bedaure, da muß ich erst den Geschäftsführer holen.«

Der Geschäftsführer kommt langsam und gewichtig: »Na, was gibt es denn? Sie wollen den Kaffee zurückgeben? Er schmeckt Ihnen wohl nicht?«

»Ja, ich kann doch keinen Kaffee mit Fliegen trinken. Von Schmecken war nicht die Rede.«

»Fliegen! Fliegen! *Eine* Fliege!«

Q 29/8/593

NACHWEIS DER RECHTEINHABER

Für die zur Verfügungstellung der Abbildungen auf den Seiten 56, 57, 88, 97, 122, 148, 195 danken wir der Staatsbibliothek Preußischer Kulturbesitz, Berlin